조선불교유신론

민족 지성 한용운이 제시한 한국 불교의 길

청소년 철학창고 36
조선불교유신론, 민족 지성 한용운이 제시한 한국 불교의 길

초판 1쇄 인쇄 2017년 11월 3일 | 초판 1쇄 발행 2017년 11월 10일

풀어쓴이 정은주
펴낸이 홍석 | 기획 채희석 | 전무 김명희
책임편집 김재실 | 표지 디자인 황종환 | 본문 디자인 서은경
마케팅 홍성우·이가은·김정혜·김정선 | 관리 최우리
펴낸곳 도서출판 풀빛 | 등록 1979년 3월 6일 제8-24호
주소 03762 서울시 서대문구 북아현로 11가길 12 3층
전화 02-363-5995(영업), 02-362-8900(편집) | 팩스 02-393-3858
홈페이지 www.pulbit.co.kr | 전자우편 inmun@pulbit.co.kr

ⓒ 정은주, 2017

ISBN 979-11-6172-705-9 44150
ISBN 978-89-7474-526-4 (세트)

이 도서의 국립중앙도서관 출판예정도서목록(CIP)은 서지정보유통지원시스템 홈페이지(http://seoji.nl.go.kr)와
국가자료공동목록시스템(http://www.nl.go.kr/kolisnet)에서 이용하실 수 있습니다. (CIP제어번호: CIP2017026775)

조선불교유신론

민족 지성 한용운이 제시한 한국 불교의 길

한용운 지음 | 정은주 풀어씀

朝鮮佛教維新論

'청소년 철학창고'를 펴내며

우리 청소년이 읽을 만한 좋은 책은 없을까? 많은 분들이 이런 고민을 하셨을 겁니다. 그러면서 흔히들 고전을 읽어야 한다고 합니다. 하지만 서점에 가서 책을 골라 보신 분들은 느꼈을 겁니다. '청소년의 지적 수준에 맞춰서 읽힐 만한 고전이 이렇게도 없는가.'라고.

고전 선택의 또 다른 어려움은 고전의 범위가 매우 넓다는 것입니다. 청소년 시기에는 시간과 능력의 한계 때문에 그 많은 고전들을 모두 읽을 수 없습니다. 그렇다면 어떤 책을 읽어야 할까요?

이런 여러 현실적인 어려움을 고려해 기획한 것이 풀빛 '청소년 철학창고'입니다. '청소년 철학창고'는 고전의 핵심이라 할 수 있는 '철학'에 더 많은 무게를 실었습니다. 그 이유는 무엇일까요?

사람들은 일반적으로 철학을 현실과 동떨어진 공리공담이나 펼치는 학문이라고 생각합니다. 하지만 철학적 사고의 핵심은 사물과 현상을 다양하게 분석하고 종합해서 그 원칙이나 원리를 찾아내는 것입니다. 그래서 철학은 인간과 세상에 대해 깊이 있게 생각하고, 논리적으로 종합하는 능력을 키워 줍니다. 그런 만큼 세상과 인간에 대해 눈떠 가는 청소년 시기에 정말로 필요한 공부입니다.

하지만 모든 고전이 그렇듯이 철학 고전 또한 읽기가 쉽지 않습니다. 그래서 '청소년 철학창고'는 청소년의 눈높이에 맞추기 위해 선정에서부터 원문 구성에 이르기까지 많은 노력을 기울였습니다.

첫째, 책을 선정하는 과정에서부터 엄격함을 유지했습니다. 동양·서양·한국 철학 전공자들이 많은 회의 과정을 거쳐, 각 시대마다 동서양과 한국을 대표하는 철학 고전들을 엄선했습니다. 특히 우리 선조들의 사상과 동시대 동서양의 사상들을 주체적인 입장에서 비교하고 검토할 수 있도록 했습니다.

둘째, 고전 읽기의 참다운 맛을 살리기 위해 최대한 원문을 중심으로 구성했습니다. 물론 원문 읽기의 어려움을 해결하기 위해 새롭게 번역하고 재정리했습니다. 그리고 청소년이라면 누구나 어렵지 않게 읽으면서 고전이 주는 의미와 내용을 이해할 수 있도록 설명을 덧붙였고, 전체 해설을 통해 저자의 사상과 전체 내용을 다시 한 번 정리해 주었습니다.

마지막으로 쉬운 것부터 읽기 시작해 점차 사고의 폭을 넓혀 가도록 난이도에 따라 세 단계로 구분했습니다. 물론 단계와 상관없이 읽고 싶은 순서대로 읽어도 됩니다.

우리 선정위원들은 고전 읽기의 진정한 의미가 '옛것을 되살려 오늘을 새롭게 한다(溫故知新).'는 데 있다고 생각합니다. '청소년 철학창고'를 통해 자라나는 청소년들이 인간과 사물에 대한 깊은 통찰력을 키워, 밝은 미래를 열어나갈 수 있기를 진정으로 바랍니다.

2005년 2월

선정위원 허우성(경희대 교수, 동양 철학)　　　　　윤찬원(인천대 교수, 동양 철학)
정영근(서울산업대 교수, 한국 철학)　　　　　허남진(서울대 교수, 한국 철학)
이남인(서울대 교수, 서양 철학)　　　　　한자경(이화여대 교수, 서양 철학)

들어가는 말

사춘기 중학생 시절, 한 친구가 한용운의 시 〈님의 침묵〉을 인용해 편지를 보냈던 기억이 난다. 한용운이 1970년대 한국 문단에서 민족 문학의 상징으로 떠오르던 시절의 이야기다. 그 시대 청소년들에게 한용운은 사랑과 이별, 희망 등을 노래하는 '시인 한용운'이었다. 한국 현대 문학사 속에서 그는 서정 시인으로, 저항 시인이자 민족 시인으로 처음에 그 모습을 드러냈다.

그러나 한용운은 문학의 렌즈로만 조망될 수 없는 폭넓은 삶을 살았던 인물이다. 시와 소설, 평론 등을 남긴 문인이기도 했지만 설악산, 금강산의 고요한 산중에 은거하며 부처님의 가르침을 실천한 선불교의 승려였고, 3·1 운동의 불교계 대표로서 일제에 날카롭게 저항한 독립운동가였다. 시대를 이끈 이런 선각자다운 모습은 1932년 조선 불교의 대표 인물 선정 투표에서 압도적인 1위에 오를 만큼 당대에도 높이 인정되었다.

해방 뒤에도 한용운은 식민지 치하 고난의 시대를 서릿발 같은 기상과 높은 절개로 살다 간 위대한 '민족 지성'으로서 자리매김되었다. 한용운의 정신적인 고향이라 할 설악산 백담사 기슭에는 만해 마을이 조성되었고 해마다 만해 축전이 개최되고 있으며 민족 문학의 상징이라는 차원에서 만해 문학상까지도 탄생했다. 심지어 '만해학'이라는 학문 분야가 생길 정도로 그의 사상과 업적에 대한 학문적 고찰이 이루어졌고 그를 기리는 다양한 사업들이 활발히 전개되어 왔다.

그의 업적 가운데 승려 한용운이 젊은 시절 한국 불교의 근대화와 혁신을 바라면서 저술했던 《조선불교유신론》은 우리 사상계에 큰 영향을 미친 명저 가운데 하나로 손꼽힌다. 《조선불교유신론》은 구한말에서 식민지 시대 초기에 우리 불교가 처했던 여러 문제점들을 지적하면서 한국 불교가 나아가야 할 개혁 방향을 제시한 책이다. 그 핵심은 전통 불교의 미신적·기복적·은둔적 모습을 과감하게 탈피하고 불교 본래의 철학적·종교적·대중적 정신을 회복하고 근대화 시대에 걸맞게 새로운 불교로 거듭나자는 것, 즉 유신(維新)을 하자는 것이었다.

이 책은 한용운이 일본의 조동종계 불교 대학에 잠시 유학했다가 돌아와 1909년에 집필을 시작했는데, 불교 승려의 합법적인 결혼과 같은 파격적인 주장으로 불교계와 사회 전체에 큰 충격을 주기도 했다. 통쾌하고 속 시원한 개혁을 주장했기 때문에 한편으로 열렬한 지지를 받기도 했지만, 그 주장의 비현실성과 엉성함으로 반대하는 사람들도 많았다.

하지만 《조선불교유신론》에서 가장 주목할 점은 당시 불교의 타락상과 안일함을 낱낱이 파헤친 비판 정신이다. 또 승가 교육이나 수행, 의례나 포교 방식의 혁신 등 불교계의 당면 문제에 대해 파격적이고 과감한 대안을 모색했다는 점이다. 오늘날 한국 불교는 '그때 그 문제들'에 대해 얼마나 해법을 찾고 실천해 왔는지 이제 되묻지 않을 수 없다. 한용운이 유신하고자 했던 과제들은 여전히 미완의 상태로 남아 있는 것이 아닐까 의구심이 들기 때문이다.

《조선불교유신론》을 일독하면서 건강한 한국 불교 개혁의 길을 새롭게 모색한다면 만해 정신을 역사적으로 계승하는 후손의 임무를 다하게 될 것이다.

2017년 10월
정은주

머리말

나는 일찍이 불교를 유신해야 한다는 뜻을 가슴에 품고 있었다. 그러나 일이 뜻대로 되지 않아 세상에서 실행하기는 어려웠다. 이제 시험 삼아 불교의 새로운 세계를 문자를 써서 구구하게 밝힘으로써 스스로 위로하고 적막함을 달래고자 한다.

매화를 생각하면서 갈증을 멎게 하는 것도 역시 하나의 양생(養生, 생명을 기르는 것)의 방법이라 할 수 있다. (그에 비해) 이 글은 단지 매화의 그림자에 불과하지만, 갈증의 불이 나의 온몸을 태우려 하니 할 수 없이 매화의 그림자라도 갖고 만석의 곡식을 적시는 청량한 샘물로 삼고자 한다.

근래 불교계는 가뭄이 극심한데 과연 우리 승려들도 그런 갈증을 느끼고 있는지 모르겠다. 과연 그렇게 느낀다면 이 매화 그림자를 가지고 서로 비추어 보기를 간절히 기대한다. 육바라밀(깨달음에 도달하기 위해 보살이 행하는 여섯 가지 수행) 가운데 보시 바라밀이 가장 중요하니, 이 매화 그림자를 보시한 공덕으로 나 역시 지옥행을 면할 수 있기를 바랄 뿐이다.

명치(明治) 43년(1910년) 12월 8일 밤 한용운.

《조선불교유신론》(이하 《유신론》)을 시작하기 전에 먼저 만해 한용운은 아주 소박하고 겸손한 머리말로 자신의 심정을 밝히고 있다. 《유신론》 본문에서는 조선 불교가 해결해야 할 악습과 악폐, 악조건에 대해 신랄하게 비판하고 미래의 개혁 방향에 대해 열렬하고 힘차게 주장하지만, 여기 머리말에서는 아주 간결하고 소박하게 소망을 밝히면서 개혁의 뜻이 아무리 원대해도 세상에 직접 실행하기는 결코 쉽지 않음을 고백한다. 특히 《유신론》이 당시 낙후된 조선 불교계에 하나의 보시행이 되기를 바란다는 마지막 글귀에서, 수행자로서 만해가 느낀 간절한 염원이 보인다.

이 글에 나오는 "매화나무를 보면서 갈증을 멈춘다(望梅止渴, 망매지갈)"라는 말은 소설 《삼국지》에 나오는 고사로, 적벽대전에서 패배한 조조가 지친 부하들을 이끌고 갈 때의 일화에서 유래한 것이다. 전쟁에 패배한 군사들은 지치고 힘을 잃은 데다가 뜨거운 햇빛과 타는 갈증으로 한층 크게 고통을 겪고 있었다. 이들을 지휘해야 하는 조조는 한참 고민하다가 한 가지 꾀를 내 "조금만 더 가면 매실이 주렁주렁 달린 숲이 나온다. 그러니 이 고비를 잘 넘기고 조금만 더 참고 가자."라고 설득했다. 더위와 목마름에 허덕이던 군인들은 새콤한 매실을 듬뿍 따 먹는 상상으로 입안에 군침이 돌아 잠시나마 갈증을 잊고 행군을 계속할 수 있었다는 이야기다.

만해는 이 글이 목마른 조선 불교계에 시원한 물이 되기는커녕 매화도 아닌 매화 그림자에 불과하다고 겸손하게 말하지만, 답답하고 막막한 시대에 고민에 빠진 선각자들에게 만해의 글은 당장 들이켤 수 있는 시원한 한 바가지 샘물이나 다름없었다.

육바라밀은 대승불교에서 보살이 실천해야 할 가장 중요한 수행 덕목으로서 보시, 지계, 인욕, 정진, 선정, 지혜 등 여섯 가지를 말한다. 바라밀은 바라밀다(波羅蜜多)라고도 하는데, 산스크리트어 파라미타(pāramitā)를 소리 나는 대로 한자로 쓴 것으로, 고해(苦海)의 이 언덕(차안(此岸))에서 해탈의 저 언덕(피안(波岸))으로 건너간다는 의미다. 바라밀을 도피안(到彼岸, 저 언덕에 이르다)이라고 번역하는 것도 고통과 괴로움을 극복하고 해탈하여 열반이라는 이상 상태에 도달한다는 의미다.

우리가 사는 이 세상은 늘 태어나고 병들고 죽는 윤회의 법칙에 얽매여 있고 생존경쟁으로 괴로움과 갈등이 끊이지 않기 때문에, 고통의 바다를 건너서 열반의 저 언덕에 이르는 것이 불교의 궁극적인 목적이다. 그것이 바로 깨달음이요 해탈이다. 그래서 육바라밀 수행을 통해 나와 남이 모두 함께 깨달음의 저 언덕에 도달할 수 있기를 간절히 기원한다.

보시 바라밀은 육바라밀 가운데 가장 처음이자 가장 중요한 덕목으로서 물질로든 정신으로든 가진 것을 아낌없이 나누며, 주고도 주었다는 마음조차 내지 않는 순수한 나눔을 뜻한다. 내승불교 경전의 꽃이라 할《금강경》에는 이기심이나 자만심을 버리고 너와 나를 구별하지 않는 마음으로 물질 보시(財布施, 재보시)와 정신 보시(법보시(法布施), 진리를 함께 나눔)를 행하라고 강조한다.

머리말 맨 끝에 한용운은 글 쓴 날을 명치(明治) 43년(1910년)이라고 하여, 일본 메이지유신으로 연호를 밝혀 놓았다. 명치(메이지) 유신은 일본이 과거 봉건 질서를 청산하고 근대 국가를 이루기 위해 정치·경제·문화 면에서 새로운 근대화를 수립하는 일대 개혁을 단행한 사건으로 1868년을 그 기점으로 본다. 독립운동가로서 일제에 열렬히 저항했던 한용운이 자신의 글에 명치라는 연호를 사용한 데 대해 사실 독자들이 쉽게 이해하기 힘들지도 모르겠다.

하지만 《유신론》이 낙후된 조선 불교의 개혁과 유신을 강력히 추구하는 내용이다 보니, 만해 역시 일본의 메이지유신이 보여 준 개혁 정신에 관심을 갖지 않을 수 없었던 것이 아니었을까 생각된다.

그럼에도 《유신론》 집필 당시 만해는 30여 세라는 적지 않은 나이였기에, 일제의 간악한 식민지 정책이 메이지유신에 뿌리를 두었음을 분명히 파악하고 근대화를 주장해야 하지 않았을까. 바람직한 혁신을 추구하는 선각자로서의 안목이 부족했던 것은 아닌가 하는 아쉬움이 남는 것도 사실이다.

한편 《유신론》이 처음 발간될 당시(1913년) 표지에는 '석전산인 첨'이라는 글귀가 눈에 띈다. 석전산인은 석전 박한영 스님이다. 그는 식민지 시대에 만해와 더불어 민족 불교와 혁신 불교를 이끄는 데 크게 공헌했고, 우리 근대 불교계의 뛰어난 학승이자 선각자였다. 석전 스님은 해방 후 조계종 초대 종정을 역임하고 동국대 전신인 불교전 문대학교 교장을 지낸 분인데, 식민지 시대에 불교 혁신과 중생 교화 에 노력하는 이들의 활동을 적극 지원하기도 했다. 뜻있는 이들이 내 놓는 저서에 기꺼이 발문이나 서문을 써 주었는데, 만해의 《유신론》 에도 불교 혁신이라는 큰 줄기에 동의하며 후배 수행자를 위해 기꺼 이 서명했던 것이다.

1장

서론

천하에 어찌 성공과 실패가 그 자체로 있겠는가. 오직 사람에게 달렸을 뿐이다. 성공이든 실패든 무엇 하나 사람의 노력에 따르지 않는 것은 없다. 사물에 스스로 결정하는 힘이 있지 않고 오직 사람에 의할 뿐이라면 일의 성공과 실패도 결국 사람의 책임일 따름이다.

옛사람이 이르기를 "일은 사람이 꾀하나 일의 성취는 하늘에 있다."라고 했다. 이 말의 뜻을 따져 보면 사람이 성공할 만큼 열심히 노력해도 하늘에 의해 실패할 수 있고, 사람이 실패할 만큼 조금만 노력했더라도 하늘에 의해 성공할 수 있다는 말이다. 아! 이것이 사실이라면 어찌 이보다 더 사람의 기를 꺾고 낙담하게 만드는 말이 있겠는가. 사람이 꾀하는 일의 성공과 실패를 하늘이 좌우한다면 사람의 자유는 완전히 상실한 것이나 마찬가지다. 그리고 사람의 자유를 완전히 빼앗아 가는 그런 존재가 있다는 사실을 나는 본 적도 없고 들은 적도 없다.

우리가 흔히 말하는 하늘(天)이란 유형인가 무형인가. 만약 유형이라면 우리 머리 위에 드리운 채 우리 눈에 선명히 비치는 저 푸른 하늘이 아니겠는가. 이렇게 형체가 있다면 하늘도 삼라만상 가운데 하나이므로, 자유의 법칙에 따라 다른 무엇도 침범할 수 없다는 점에서 세상 모든 사물들과 전혀 다를 바 없다고 단언하는 바다. 생명체는 엄청나게 많아 그 수를 헤아릴 수 없는데, 어찌 하늘이라는 하나의 유형물이 만물의 성패를 좌우하겠는가.

만약 무형의 하늘이라면 이는 하늘의 이치를 말함이니 유형의 하늘은 아니다. 그리고 하늘의 이치란 결국 진리를 뜻한다. 그러므로 성공할 만한 이치가 있어 성공하며 실패할 만한 이치가 있어 실패하는 것, 이것이 바로 진리임에 틀림없다. 그렇다면 성공이란 본래 스스로의 힘으로 성공하며 실패 역시 스스로의 힘으로 실패하는 것이다. 그러니 어찌 일의 성패가 오직 하늘에 달려 있다고 할 수 있겠는가. 유형이든 무형이든 하늘의 결정이란 당치도 않은 말이다.

그런데도 하늘에 달려 있다고 주장하는 이들이 있다. 하늘이 있다는 것만 알고 사람이 있다는 것은 모르는 자와 같다고 하겠다. 그런 말을 한다면 즉시 자기 이름을 노예 명단에 올리는 것과 마찬가지니, 자신을 사랑하지 않음이 어찌 이토록 심할 수 있겠는가. 만약 문명인 가운데 이런 말을 하는 사람이 있어 그를 오랜 무덤에서 끌어내어 자유를 포기한 죄를 추궁한다면, 아무리 변호해 주고 싶어도 실로 변호할 길이 없을 정도다.

참으로 하늘은 일의 성패와 관계없음이 이와 같으니, 이 세상에 아무리 수많은 일이 벌어진다 해도 그 이치를 사람이 바르게 살피면 된다. 일을 도모하는 것도 나에게 달렸을 뿐 아니라 일을 성취하는 것도 나에게 달렸다. 그러므로 이런 사실을 분명히 아는 사람은 (일의 성패에 대해) 자신을 책망할 따름이지 남을 책망하지 않으며, 오직 자신을 믿을 뿐이지 자신이 아닌 것(하늘과 같은 것)을 믿지 않는다. 세상 만물이 돌아가는 이치를 말하고자 하는 사람이라면 반드시 이런 도리를 근본으로 삼아야 한다.

오늘의 세계는 과거나 미래의 세계가 아니요 현재의 세계다. 그렇지만 천만 년 이전 세계를 연구하는 사람이 있고 천만 년 이후 세계를 연구하는 사람도 있다. 그런데 (지금) 하늘과 땅 사이에 있는 형이상(形而上, 형체가 없어 관념이나 직관으로 포착 가능한 것들)과 형이하(形而下, 형체가 있어 보통 감각으로 포착 가능한 것들)의 어떠한 문제를 연구하든, 그 누구도 유신(維新, 낡은 제도 등을 고쳐 새롭게 함)을 추구하지 않는 이가 없다. 학문의 유신이든 정치와 종교의 유신이든 누구나 유신을 외치고 있고 어디서든 유신을 외치는 소리가 천하에 가득하니, 이미 유신을 했거나 지금 유신을 하고 있거나 앞으로 유신을 하려는 사람들이 정말 헤아릴 수 없이 많은 상태다.

그런 실정인데도 조선 불교에서는 유신의 소리가 조금도 들리지 않으니 과연 무슨 까닭인지 모르겠구나. 조선 불교에는 유신할 것이 없기 때문일까, 유신할 만한 자격이 없기 때문일까. 아무리 생각해도 그 이유를 알 수 없다. 아, 그러나 그 또한 이유가 있고 우리가 알 만한 일이다. 어디까지나 책임은 나 자신에게 있으니 말이다.

조선 불교의 유신에 뜻을 둔 사람이 없지 않겠지만, 지금까지 그런 이야기가 드러나지 못한 이유는 무엇일까? 모든 것을 하늘의 운에 돌리거나 남을 탓하는 자세 때문이다. 일의 성공은 하늘에 있다는 주장을 의심하게 된 이후부터 나는 조선 불교의 유신에 대한 책임은 하늘의 운수나 남에게 있지 않고 나 자신에게 있음을 알게 되었다. 이렇게 스스로 책임을 피할 수 없음을 깨닫고 다시 한 번 조선 불교가 유신해야 할 이유를 생각해 보았다. 그리고 마침내 이 논설을 써서 스스로 경책할 뿐만 아니라 조선의 여러 승려들에게도 이를 알리고자 한다.

이 책 《유신론》이 문명국 사람들 입장에서 보면 쓸모없어 보일 수도 있겠다. 하지만 조선 불교의 앞날을 생각한다면 반드시 채택해야 할 과제들이 있으리라. 무릇 거짓 유신이 있어야 참된 유신도 생기는 법이니, 이 논설이 훗날 거짓 유신 역할이라도 하게 된다면 더 큰 영광이 어디 있으랴.

《유신론》은 근대 한국 불교 역사에서는 매우 의미 깊은 불교 개혁론으로, 200자 원고지 1만 매가 넘는 방대한 논설이다. 만해 한용운은 서른두 살이던 1910년 설악산 백담사에서 이 글을 완성했지만, 불교계 여론이 곱지 않아 바로 출간하지 못하고 있다가 3년 뒤인 1913년에 간행할 정도로 불교계 전체는 수구적이었다.

그런 여러 사정을 설명하듯 이 책을 알리는 당시 신문광고 문구가 오늘날 우리 눈길을 끈다.

"이 책이 세상에 나온 뒤 한편으로는 막대한 찬사를 받았고 다른 한편으로는 무한한 타격을 받았으니 …… 간명한 필법으로 도도한 파란을 일으켜 천년에 쌓인 오랜 폐습을 몰아내고 새로운 불교의 깃발을 드높이는 통쾌한 저서다. 뜻있는 사람들이여! 파괴스러운 혼과 유신 정신을 사랑하거든 이 책을 한번 읽어 보시라."

당시 《유신론》에 대한 여론이 찬반으로 팽팽히 끓어올랐음을 알 수 있는 글이다. 그만큼 이 책은 우리 불교계에 놀라운 충격과 신선함과 통렬함을 몰고 올 내용을 담았던 것이다.

《유신론》은 출간된 이후 오늘날까지 다양한 평가를 받았다. 만해의 뜨거운 종교적 열정에 기초해 조선 불교 전반에 걸친 예리한 관찰과 비판, 그리고 시대에 뒤떨어진 우리 불교를 개혁할 새로운 방향과 대안을 제시했다는 점에서 높이 평가받기도 했다. 반면 지나치게 주장이 과격하고 만해가 제시한 대안 실현 가능성이 부족하다는 부정적인 평가도 있었다. 특히 불교 사상이나 불교문화, 불교 계율 등에 대한 치밀하고 합리적인 통찰이 부족하고 겉으로 보이는 병폐만을 지적하고 있어, 불교에 대한 만해의 이해가 겉핥기식이라는 비판도 나왔다.

실제로 《유신론》에 나온 주장들은 대부분 당시로서는 쉽게 수용하기 어려운 파격이 많았기 때문에 많은 불교도들로부터 반발과 저항을 받았을 수 있다. 그래서인지 글이 완성되고도 바로 출간하지 못한 채 3년이 지나서야 세간에 모습을 드러냈다.

하지만 만해는 《유신론》 초고를 1910년 여름에 마무리한 뒤 당시 백담사에서 만해를 모시던 제자 이춘성 스님에게 넘겨 주며 "이것을 잘 간수하되 그냥 두지 말고 밤마다 조금씩 읽어 보아라. 앞으로 새 시대의 불법은 이 글 가운데서 찾도록 해라. 그렇다고 노스님이나 여러 큰스님들이 가르치는 바를 업수히 여겨서는 지옥에 떨어진다."라고 말했다 한다. 구시대 불교의 한계와 새로운 대안을 제자에게 전하면서도 전통 불교의 오랜 관습과 의의 또한 잊지 말고 동시에 잘 받아들여야 한다는 당부이다. 만해 역시 시대 변화와 역사적 전통은 서로 조화되어야 한다는 사실을 잊지 않았음을 알 수 있다.

본래 '유신'이라는 말은 고대 중국 은나라의 창건자 탕왕으로부터 유래한다. 그는 목욕통에 '구일신(苟日新) 일일신(日日新) 우일신(又日新)'이라는 글귀를 써 놓고, 매일 얼굴을 씻을 때마다 마음에 새겼다고 한다. '하루를 새롭게 만들려면 나날이 새로워지고 또 새로워져야 한다.'는 뜻인데 줄여서 일신우일신(日新又日新)이라고 한다. 사서삼경 가운데 하나인 《시경》에 "주나라는 오래전부터 있어 왔지만 문왕이 즉위해 주나라를 새롭게 혁신했다."라는 대목에서 유신(維新)이라는 말이 '일신우일신'과 같은 뜻으로 사용되었다. 다시 말해 유신이란 '늘 새롭게 한다'는 뜻으로 낡은 제도나 관습을 청산하고 항상 새롭게 바꾸어 나간다는 의미다.

일본에서는 19세기 말 봉건시대를 청산하고 새로운 근대사회를 세우기 위한 개혁으로 메이지유신이 단행되었다. 메이지유신을 계기로 일본은 사회제도 등에서 급속히 근대화하기 시작했는데, 만해의 《유신론》도 개혁된 일본의 모습이나 변화된 일본 불교계를 보고 크게 자극받아 탄생했다.

또한 만해의 《유신론》은 중국의 근대사상가인 양계초의 《음빙실문집》이라는 책에서 절대적인 영향을 받았다고 한다. 그런데 양계초의 《음빙실문집》은 일본 메이지유신의 학문적·문화적 개혁에 영향을 받아 집필되었으므로, 《유신론》 탄생에는 결국 메이지유신이 결정적인 계기였을 것이다.

더구나 《유신론》을 쓰기 전에 만해도 일본 조동종 승려들의 도움으로 일본 유학을 가 일본의 근대화된 문물과 불교계를 견학하고 감동을 받아, 우리 불교의 개혁을 마음속에 품었다고 한다. 그러므로 만해가 추구하는 '유신'의 뿌리는 결국 메이지유신이며 일본 근대화 정신에 기초했다 해도 과언은 아니다.

이런 맥락에서 우리는 3·1 운동 당시 항일 독립운동가로 열렬히 활동했던 한용운의 이미지와 매끄럽게 연결되지 않는 어떤 괴리감을 느끼게 된다. 앞으로 《유신론》을 읽어 가는 과정에서도 이런 모순들을 가끔 만나게 되는데, 근대화에 대한 정보와 올바른 이해가 부족했던 당시 우리나라 지식인들의 사상적인 한계라고 이해하면 될 것이다.

물론 만해는 《유신론》을 집필하고 10여 년 뒤 3·1 운동을 주도하면서 서릿발 같은 기세로 일제에 저항하는 민족운동가로 변모한다. 말년에는 일제 총독부를 바라보고 싶지 않다고 집을 북향으로 짓는다든가, 굶어 죽을지언정 일제가 나눠 주는 식량은 받아먹지 않겠다며 죽음을 맞이했던 인물이다.

이처럼 일본 제국주의에 치를 떨던 중년과 노년의 만해와는 대조적으로, 청년 시절 만해는 일본 근대화에 대해 상당히 긍정적이었던 듯하다. 물론 당시 조선의 개혁과 유신을 바라던 지식인으로서 서양과 일본이 성취한 근대화에 매료되었을 수도 있다. 그러나 그렇게 선망했던 근대화가 머지않아 악랄한 식민지 제국주의로 변모하기 위한 첫걸음이었음을 간과했다는 사실은 여전히 큰 아쉬움으로 남는다.

물론 격심한 시대 변화의 소용돌이 속에 살았던 한 인물에게서 사상이나 입장은 자연스레 변할 수 있다. 그런 면에서 우리는 만해라는 한 역사적인 인물이 청년 시절부터 노년 시절에 이르기까지 어떻게 의식과 실천의 변화를 겪었는지, 특히 일본 제국주의에 대해 어떻게 입장이 바뀌었는지를 더욱 실감할 수 있다. 어떤 학자는 만해의 초기 사상이 "조선의 내적인 봉건 질서에 대한 비판은 철저했지만 외적인 제국주의 질서에 대한 이해는 부족했다."는 평가를 내리기도 했다.

다시 말해 1910년대 청년 만해의 사상은 자신이 몸담았던 불교계의 모순과 한계에 집중되어 있어서, 일본 제국주의나 식민지 조선의 현실에 대한 민족적 자각이라는 면에서는 한계를 지녔다는 냉정한 평가다.

하지만 당시 우리 불교계는 친일 불교라 불릴 만큼 일제의 식민지 종교 정책에 순응하는 분위기였다. 이런 불교계의 친일 흐름을 차단하고 식민지 종교 정책에 저항하며 민족 불교를 지키려 했다는 점에서, 그리고 조국의 해방과 근대화에 혼신의 힘을 다 바쳤다는 점에서 만해 한용운은 참된 불교 승려요 진정한 애국자였다.

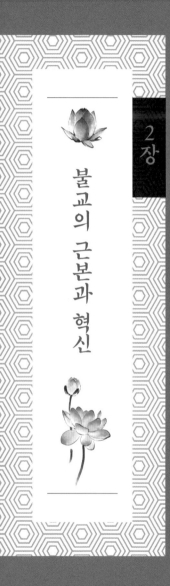

2장

불교의 근본과 혁신

1 불교의 성질

오늘날 불교의 유신을 말하고자 한다면 당연히 불교의 성질이 무엇인지 먼저 살펴봐야 한다. 그리고 불교의 성질을 현재와 미래에 비추어 비교해 본 뒤에야 비로소 불교의 유신이라는 문제를 논할 수 있다. 왜인가? 지금 세계는 계속 진보하여, 문명의 이상향에 도달하지 않고서는 그 진보를 멈추지 않을 기세다. 만약 불교가 미래 문명에 적합하지 않다면 죽은 사람을 살려 내는 기술을 배워 마르틴 루터(16세기 독일의 종교개혁가)나 토머스 크랜머(16세기 영국의 종교개혁가)를 저승에서 불러와 불교를 유신하려 해도 도무지 길이 없을 것이다. 그러므로 불교가 과연 우수한지 열등한지, 이 시대에 적합한지 그렇지 않은지 그 의미를 거듭 생각해 보지 않을 수 없다. 불교는 문명에 부담을 주는 것이 아니라 오히려 (문명에 적합한) 나름의 독특한 성격을 지닌다.

이에 나는 불교의 성질을 두 가지 측면에서 말하고자 한다.

첫째, 불교에는 종교적 성질이 있다. 무릇 사람들이 종교를 믿고 받드는 이유는 무엇인가? 아마도 종교에서 가장 큰 희망을 발견하기 때문일 것이다. 희망은 인간이 생존하고 진화하는 데 가장 근원적인 자산이다. 만약 희망이 없다면 우리는 게으르고 나태하여 그저 안일하

28

게 하루하루 사는 데 만족하고 말 것이다. 희망이 없다면 누가 힘써 일하고 노력하며 애써 살고자 하겠는가. 희망이 없다면 이 공간에 존재하는 사람이나 사물이나 모두 사라지고 말 것이다. 혹 사라지지는 않는다 해도 황폐하고 음란하고 악독해져 이전의 건강한 모습을 결코 찾지 못할 것이다. 지옥과 같은 삶과 야만적인 행동들이 늘 발생해 참혹하고 추악하기 이를 데 없을 것이니, 그렇게 되면 소위 문명인들은 야만인들이 없는 외진 곳으로 피하여 숨죽이고 살다가 삶의 의욕마저 상실해 버릴 것이다.

그렇기 때문에 사람들이 희망을 확실히 갖지 못할까 염려되어 눈물을 그치고 몰두하게 될 무형의 어떤 것을 만들어 놓고 나약한 중생들에게 믿게 하고 희망을 갖게 하려고 생긴 것이 바로 종교다. 기독교의 천당, 유대교의 신, 이슬람교의 영생 등등이 바로 이런 이유로 만들어졌다. 이들 종교는 모두 세상을 걱정해 등장했지만 그들이 만들어 내는 문제는 심각하다. 시종일관 속임수 같은 말을 하니 천당이 과연 있는지, 신이 진짜 있는지, 영생이 정말 가능한지, 사람들은 냉정히 판단해 보지도 않고 무조건 미신처럼 받들게 되었다. 인간을 우매한 존재로 몰아넣는 일이 아닐 수 없다. 이미 철학자들은 이런 종교들이 인간의 지혜를 속박한다고 끊임없이 비판해 왔기 때문에 더 언급할 필요도 없을 것이다.

하지만 구차한 말을 꾸며 미신을 변호하는 사람들도 있다. 그들에 따르면 이런 종교가 중생들의 정신을 통일해 균형감을 갖게 해 준다고 한다. 11세기 이후 구미 각국에서 수없이 탄생한 천지를 진동시키는 놀라운 업적들 상당수가 바로 이런 종교에서 나왔기 때문에, 이들 종교가 세계에 기여한 공로는 크다는 것이다.

사실 그런 면이 있다. 하지만 역사상 큰 명성을 누리며 오늘날까지 미담의 주인공이 된 인물 가운데 사람들의 피를 무수히 흘리게 한 뒤 그 공덕을 자기 것으로 만들지 않은 자가 누가 있는가? 그런 역사의 영웅들이 만약 미신으로써 사람들을 세뇌하고 침탈하지 않았다면, 과연 누가 (그를 위해) 죽음에 대한 공포심을 벗고 죽음을 향해 나갈 수 있었을까. 미신을 가지고 백방으로 사람들을 유인해 생명을 낚는 미끼로 삼고 적을 쓰러뜨리는 무기로 삼았으니, 예로부터 오늘까지 한두 가지 미신에 속아 다시는 오지 않을 목숨을 잃은 사람 수를 어찌 다 헤아릴 수 있겠는가. 인간으로서 미신에 한 가닥 희망을 걸고 산다는 것은 비애 중 가장 큰 비애임에 틀림없다. 미신이라는 것이 얼핏 세계 역사에 공을 세운 듯 보일 수도 있겠지만 사실 그 폐해가 훨씬 더 많다.

그러나 불교는 그렇지 않다. 불교는 오직 중생들이 미신 가운데 헤맬까 염려한다. 경전에서는 오직 "깨달음으로 법(진리)을 삼는다."고 했고 "중생들로 하여금 부처님과 같은 지혜의 바다에 들어가게 하는 것이 불교의 가장 큰 목적"이라 했다. 정각(正覺, 부처님의 바른 깨달음)이나 정변지(正編智, 무엇에나 막힘없이 통달한 부처님의 바른 지혜)를 말씀하신 것도 모두 이런 까닭이니, 부처님이야말로 중생들을 위해 철저히 큰 뜻을 펼친 분이다. 석가모니 부처님은 이 세상에 출현하시어 6년간 고행하시고 49년간 설법하신 뒤, 열반하실 때는 관 밖으로 발을 내보여 불법이 세세생생 살아 있음을 보이셨다. 이렇게 부처님이 보이신 몸가짐과 행동과 말과 침묵에 이르는 일거수일투족이 모두 중생들이 미혹(迷惑, 어리석음)에서 벗어나 깨달음에 이르도록 가르치지 않음이 없었다.

물론 불교에서도 천당이니 지옥이니 불생불멸이니 하는 말들이 있긴 하지만, 다른 종교에서 말하는 것과는 다르다. 경전에는 "지옥과 천당은 모두 정토(서방정토, 곧 극락세계)"요 "중생의 마음이 곧 보살의 정토"라고 했다. 천당이란 흔히 말하는 하늘에 있는 것이 아니고 자기 마음속의 천당이며, 지옥 역시 죽어서 가는 곳이 아니라 자기 마음속의 지옥이라는 뜻이다.

무릇 헤아릴 수 없이 많은 세계와 그 가운데 모든 삼라만상이 중생의 마음속에 있기 때문에, 부처님께서 설하신 팔만 사천의 법문도 우리 마음을 떠나 존재하는 것이 아니다. 자기와 관계도 없는 천당이나 신을 무작정 믿고 받드는 미신적인 종교와 달리 불교에서 불생불멸이란, 실로 원만한 깨달음의 세계에서 주인공이 되며 스스로 참된 부처를 이루는 것을 뜻한다. 그러므로 죽은 자를 살린다는 영생 이야기는 참으로 우매한 자들이 하는 소리일 뿐이다.

불교에서 말하는 불생불멸이란 진여(眞如)라 하기도 한다. 진여란 시간 면으로 과거 현재 미래를 포함하고 공간 면으로 시방(十方, 시방이란 열 군데 방위로 동서남북(4방)과 그 사이 동북, 동남, 서남, 서북(4유)과 위, 아래(상하)를 합한 것이다. 무한한 우주를 의미하며 시방세계(十方世界)라 한다.)을 아우르기 때문에 사실상 시간과 공간을 초월한 것이다. 진여란 육근(여섯 가지 감각기관)과 육진(여섯 가지 감각 대상)을 벗어나 항상 맑고 밝고 고요한 부처님과 같은 본래 성품을 회복한 것이다. 그러니 자신의 참된 불성(佛性)인 진여를 여의지 않으면 비로소 불생불멸이며 죽음과 삶을 벗어나는 생사 해탈이니, 어찌 미신적인 영생과 관련 있겠는가.

중생들은 누구나 어디에도 비할 수 없는 보배로운 진여의 성품을 지니고 있건만 스스로 미혹하여 알지 못하기 때문에, 우리 부처님께서 대자대비(大慈大悲)한 마음으로 설법해 주셨다. 다만 중생들의 근기(根機, 수행 능력이나 자질)가 각각 다르기 때문에 여러 다양한 방편을 써서 중생들을 교화하셨지만, 궁극의 목적은 누구나 갖춘 진여의 고귀한 성품을 환히 깨우치게 하려는 것이었다. 이렇듯 목적에 이르면 수단은 잊어야 하니, 물고기를 잡으면 통발을 잊고 달을 보면 달을 가리키는 손가락을 잊는 법이다. 하지만 물고기를 잡고 달을 보기 위해 사용한 통발과 손가락을 어찌 미신이라고 하겠는가. 단지 목적을 분명히 알게 하기 위한 방편(方便, 편의상 이용하는 수단)일 뿐이니, 방편은 방편대로 귀중하다.

중생들이 조그만 육체로 겨우 수십 년 이 세상을 살다 가는 일이 참으로 허망하다는 사실을 비로소 알게 되면, 영원한 참나(眞我, 참된 자아)로부터 불생불멸을 구하게 될 것이다. 그러니 이런 희망에 끝이 있겠는가. 어찌 미신을 믿어야만 희망을 말할 수 있겠는가. 불교는 지혜로운 믿음의 종교요 미신을 따르는 종교가 아님을 분명히 알아야 한다.

둘째, 불교는 철학적 성질이 있다. 철학자와 종교인들이 충돌하고 서로 용납하지 않는 일이 종종 발생하는 이유는 진리와 미신이 물과 불처럼 서로 대립하기 때문이다. 종교인들이 여전히 미신에 사로잡혀 반성하지 않는다면 철학자들이 반드시 이에 저항하게 될 것이니, 미신을 믿는 종교가들은 백 년 이내에 세상에서 자취를 감추게 될 것이다.

불교가 어떻게 이런 미신적인 종교와 같은 자리에 놓이겠는가? 경전에 이르기를 "참다운 수행을 통해 복덕과 지혜를 원만하게 모두 갖추며 일체종지(一體種智)를 얻는다."고 했다. 일체종지란 자기의 참마음(眞如, 진여)을 완벽하고 철저히 깨달아 모르는 것이 없다는 말이다. 보편적인 이치를 분명히 깨달아 알지 못하는 것이 없는 경지에 도달하는 것이 철학자들의 궁극 목표가 아니겠는가? 다만 철학자들은 포부는 크지만 힘이 모자라 스스로 깨우치기에 어려움을 겪는다. 하지만 우리 부처님께 과연 무슨 어려움이 있겠는가? 진정한 철학의 대가(大家)를 알고자 한다면 석가모니 부처님을 제외하고 누구를 찾겠는가. 내 말이 믿기지 않는다면 동서양 철학이 불교와 얼마나 잘 부합하는지 잠깐 살펴보자.

중국의 근대사상가 양계초는 말했다.

"불교와 기독교가 모두 외래 종교이지만 중국에 들어와 불교는 번성한 데 비해 기독교는 번성하지 못했다. 그 이유는 무엇인가? 기독교는 오직 미신을 중심으로 삼고 그 철학 원리가 천박하기 때문에 중국의 선비나 군자의 마음을 사로잡지 못했다. 반면 불교는 철학과 종교 양면을 갖추었으며 궁극적으로 '깨달음을 도(道)의 근본'으로 삼는다. 지혜를 통해 도에 들어가며, 스스로의 힘으로 수행하여 도력을 얻는다고 했다. 그러니 여타 종교와 불교를 어찌 동일시하겠는가? 불교가 중국에 들어와 그 가르침을 널리 펼친 이후 중국의 철학은 마침내 자기 특색을 분명히 띠게 되었다. 그러므로 중국의 철학이 빛을 발하기까지 불교가 얼마나 크게 기여했는지 말하지 않을 수 없다."

오호라, 우리나라에 불교가 들어온 지도 어느덧 천오백여 년이 흘렀다. 그동안 조선에서 살아온 분들에게 "조선의 철학은 불교를 통해 어떤 특징을 띠게 되었는가?"라고 묻는다면 과연 어떤 대답이 나올까. 똑같이 손을 트지 않게 하는 약을 알았지만 한 사람은 이 약으로 장수가 되었고 또 한 사람은 솜 빠는 일을 면치 못했다. 그러므로 약을 어떻게 쓸지는 사람의 책임이지 약을 원망할 일이 아니다.(《장자(莊子)》〈소요유〉편에 나오는 이야기로, 빨래를 직업으로 하는 집에 겨울에 찬물로 빨래해도 손이 트지 않는 약이 있었다고 한다. 어느 날 과객이 그 신기한 약의 제조법을 배워 왕에게 약을 바쳤고 왕은 그를 장군으로 삼았다. 겨울에 전쟁이 터지자 장군은 이 약으로 군사들의 손이 트지 않게 지켜 전쟁을 승리로 이끌 수 있었다. 과객은 승리한 공으로 제후가 되었지만 그 약의 제조법을 애초부터 알았던 집은 여전히 솜 빨래를 하며 가난하게 살았다고 한다. 같은 약이라도 쓰는 방법에 따라 제후가 되기도 하고 가난을 면치 못하기도 한다는 뜻이다.)

독일의 철학자 칸트는 말했다.

"나의 삶에서 드러난 행위는 모두 나의 도덕적 성질이 표현된 것이다. 그러므로 나의 본성이 과연 자유로운가를 보려면 겉으로 보이는 현상으로 말할 수 없으며 마땅히 도덕적 성질에 의해 판단해야 한다. 도덕적 성질이란 자유롭지 못한 면이 털끝만큼도 없기 때문에 불생불멸이며, 시간과 공간의 구속을 받지 않고, 과거나 미래도 없고 오직 현재만 있을 뿐이다. 사람들은 시간과 공간을 초월한 자유로운 본성에 따라 스스로 도덕적 성질을 만들어 낸다.

그러므로 진정한 자아(眞我, 참나)는 나의 눈으로 볼 수 없지만 도덕적 성질에 의해 현상을 뛰어넘어 현상 밖에 있다. 필연적 법칙에 매인 육체와 달리 참나는 언제나 활발하고 자유자재하여, 선인이 될지 악인이 될지 모두 스스로 선택한 것이다. 자유의지가 어느 쪽을 택하느냐에 따라 육체는 그 명령을 따를 뿐이니, 결국 자유와 부자유는 모두 내 안에 함께 존재하는 것이 분명하다."

양계초는 칸트의 주장을 이렇게 해석했다.

"부처님께서는 진여를 말씀하셨는데, 진여는 칸트가 말한 진정한 참나와 같이 자유롭다. 진여와 반대되는 무명(無明)은 칸트가 말한 현상의 나로서, 필연 법칙에 지배되는 부자유로운 것이다.

부처님 말씀에 따르면 '중생은 이런 진여와 무명 두 종자를 모두 지니고 있으며, 두 종자는 본성의 바다와 식장(識場, 의식 세계) 속에서 서로 훈습(薰習, 향기가 스미듯이 서로 깊이 영향을 미침)하기 마련이다. 범부(凡夫, 보통 사람)는 무명(밝지 못함 즉 어리석은 생각과 행동)으로 진여(본래 지닌 밝고 자유로운 성품)를 훈습하기 때문에, 반야(般若, 모든 현상과 참모습의 실상을 파악하는 지혜)의 지혜를 키우지 못하고 어리석음으로 식(識, 인식)을 삼는다. 하지만 도인은 진여로 무명을 훈습하기 때문에 어리석음을 반야의 지혜로 바꿀 수 있다.'라고 했다.

송나라 유학자들은 이런 원리를 이용해 중국 철학을 조직했다. 주자는 의리(義理)의 성품과 기질(氣質)의 성품을 구분하면서 《대학》을 인용해 '명덕(明德, 사람이 본래 지닌 밝은 의리의 성품)은 하늘에서 받은 것으로, 허령불매(虛靈不昧, 망상이나 비뚤어진 생각 없이 마음이 항상 밝고 맑음)하여 모든 이치를 갖추고 어떤 일에나 작용하는 근본 성품이다. 다만 개인의 성품(기질)이나 욕망에 가려 때때로 어두워진다.'라고 해석했다.

그러나 불교에서 말하는 진여는 일체 모든 중생들이 똑같이 보편적으로 지닌 것이며, 각자 독특한 진여를 지닌 것은 아니다. 그런 점에서 사람이 각자 자신의 참나를 지닌다고 한 칸트의 주장과 차이가 있다.

36

부처님께서는 '한 중생이라도 성불하지 못하면 나도 성불할 수 없다.'고 말씀하셨다. 사람의 본체인 진여가 모두 동일하다고 보았기 때문이다. 그런 면에서 불교는 중생 구제의 뜻이 무엇보다 넓고 깊은 종교라 하겠다. 칸트는 선한 사람이 되고자 하면 누구나 선해질 수 있다고했는데, 인간의 근본 성품이 자유롭다고 믿었기 때문이다. 갈고닦는 수행 면에서 보면 칸트의 생각이 더 절실하고 행하기 쉬운 특징을 지녔다.

주자는 명덕이 누구나 지닌 보편적인 본성임을 지적하지 못했기 때문에 불교 사상에 미치지 못하는 아쉬움이 있다. 또 명덕이 개인의 성품이나 욕망에 가려지는 장애가 있다고 하여, 자유로운 참나와 자유롭지 못한 현상의 나를 분명히 구분하지 못했기 때문에 칸트의 논리에도 미치지 못한다. 칸트에 따르면 참나는 어떤 것에 가려지거나 구애받지 않는다. 혹시라도 구애받는 것이 있다면 참나를 자유롭다고 하지 않았을 것이다."

그런데 양계초가 지적한 불교와 칸트의 차이가 반드시 옳다고 할 수는 없다. 석가모니 부처님은 '천상천하 유아독존(天上天下 唯我獨尊)'을 말했기 때문이다. '천상천하 유아독존'이란 세상에서 '나'는 누구나 오직 하나밖에 없는 귀하고 존중받아야 할 존재이며 누구나 자유로운 참나를 내면에 지니고 있다는 뜻이다. 그러므로 부처님은 모든 사람에게 보편적으로 존재하는 참나와 각자가 지닌 참나를 모두 말씀하셨다. 반면 칸트는 만인에게 보편적으로 존재하는 참나를 제대로 알지 못했다. 그런 점에서 불교 철학이 칸트 철학보다 더 깊은 이치를 담고 있다.

부처님은 이미 성불하시고도 중생으로 인해 성불하지 못한다 했으니, 중생 또한 부처님으로 인해 이미 중생이라 할 수 없다. 부처와 중생과 마음은 어찌 보면 셋이지만 서로 차이가 없기 때문에 누가 부처이며 누가 중생이라 할 것인가. 서로 같으면서 서로 다르고 서로 다르지만 서로 떼어놓을 수 없으므로 하나가 곧 일체요 일체가 곧 하나다. 부처와 중생을 구분하고 그 사이에 경계를 긋는다면 단지 허공 속에 핀 꽃이요 두 번째 달을 만든 것(여기서 말한 꽃이나 달은 모두 실제로는 없는 허상)과 같아서 아무 의미가 없다.

영국 철학자 베이컨은 말했다.

"우리 정신은 오목볼록 거울과 같아. 사물이 거울에 비칠 때 오목한 곳에 비치기도 하고 볼록한 곳에 비치기도 한다. 동일한 사물이라도 어디에 비치는가에 따라 다르게 관찰될 수 있다. 오류가 생기는 첫 번째 이유다. 또 다섯 가지 감각기관(눈, 귀, 코, 혀, 피부)을 통해 지각한 것은 사물의 본질이 아니라 거짓 감각일 수 있다. 오류가 생기는 두 번째 이유다. 그리고 사람마다 각자 체질이 다르기 때문에 인식하는 데에도 차이가 있다. 오류가 생기는 세 번째 이유다."

베이컨이 한 주장은 스스로 깊이 고민하고 사색하며 체험을 통해 직접 확인한 것으로, 불교 경전《능엄경》의 내용과 유사한 데가 많다.《능엄경》에는 "비유해 보면 만약 어떤 사람이 깨끗한 눈으로 맑게 갠 하늘을 보면 오직 맑은 하늘만 보이지만, 눈동자를 움직이지 않고 계속 응시해서 눈이 아주 피로해지면 하늘에 환상의(헛된) 꽃이 보인다."라고 했다. 깨끗한 눈과 피로한 눈은 베이컨의 오목볼록 거울과 같아서, 같은 사물이라도 어느 쪽에 비치는가에 따라 맑은 하늘이 될 수도 있고 환상의 꽃이 될 수도 있다.

또《능엄경》에서는 "몸과 감각은 모두 허망하다."라고 했다. 감각 대상과 감각기관은 모두 어떤 고정된 실체가 없는 가상의 것이므로 둘 다 허망하다고 했다. 베이컨은 감각 대상인 객관적인 사물이 실제가 아님은 깨달았으나, 감각기관 또한 실제가 아님을 깨닫지는 못했기 때문에 부처님 가르침에는 미치지 못했다. 또《능엄경》에는 "물속에 해그림자가 비치는데, 두 사람이 같이 물속의 해를 보고 각자 동서로 나뉘어 간다면 해도 두 사람을 따라가기 때문에 한 해는 서쪽으로 또 한 해는 동쪽으로 간다. 그러므로 햇빛도 고정된 기준이 없다."라고 했다. 베이컨의 세 번째 원인도 같은 맥락에서 이해될 수 있다.

프랑스 철학자 데카르트는 이렇게 생각했다.

"만약 사람들이 각자 소신껏 진리를 품고 있다면 그것은 스스로 하나의 체계를 이룬다. 그러나 자기 소신과 다른 용납할 수 없는 주장과 부딪치면 대항하면서 상대방 주장을 공격하게 된다. 그리하여 지속적인 토론을 거치고 상당한 시일이 지나면 마침내 완성된 진리가 그 사이에 만들어진다. 지혜는 크고 작은, 또는 높고 낮은 차이가 있다 해도 본질적으로 서로 같으며, 진리는 오로지 순수하기 때문이다. 같은 본성을 지닌 지혜로 순수하고 잡되지 않은 진리를 구하려고 힘쓸 경우, 어찌 방법은 달라도 같은 길에 도달하지 않겠는가. 그러므로 처음에는 사람마다 (진리에 대한) 생각이 달라도 마침내 서로 웃으며 손잡는 날이 올 것이다."

데카르트가 한 주장은 불교 경전 《원각경》의 말씀과 잘 통한다. 데카르트가 말한 '각자의 소신'은 《원각경》의 '각자의 견해가 장애'라는 말과 같다. 또 생각의 차이로 인해 서로 대항하고 공격한다는 것은 《원각경》에 '환상을 일으켜 환상을 제거한다.'라는 말과 같다. 보다 완성된 진리에 도달한다는 부분은 《원각경》에 '궁극의 진리를 얻는다.'라는 대목과 통한다. 같은 본성을 지닌 지혜란 《원각경》에 '중생과 국토가 같은 법성(法性)'이라는 말과 같다. 서로 다른 생각이 마침내 한길에서 웃으며 손잡게 된다는 말은 '어리석음과 지혜가 모두 반야가 된다.'라는 말과 그대로 부합한다.

본성에 어찌 둘이 있으며 이치에 어찌 차이가 있겠는가. 둘이 아닌 본성으로 차이가 없는 이치를 탐구한다면 결국 반드시 한곳에서 만나 서로 손잡게 될 것이다. 4에 4를 더하면 8이라는 건 변치 않는 수학적 진리이지만, 수학을 모르는 아이는 7이나 9라고 답할 수도 있다. 7이나 9라는 답은 (개인의) 견해가 장애를 일으켜 사실이 아닌 환상을 본 것이다. 그러나 환상을 점차 제거하면 8이라고 답하지 않을 아이가 없으니, 진리란 4와 4가 합쳐 8이 되는 것과 같다. 아마도 데카르트는 전생에《원각경》을 많이 읽었던 모양이다. 그 밖에 플라톤의 대동설(大同說), 루소의 평등론, 육상산과 왕양명의 선학(禪學)도 모두 불교의 중심 사상과 근본적으로 통한다.(대표적인 유교 경전 가운데 하나인《예기(禮記)》에는 '대동'을 이렇게 설명하고 있다. "큰 도가 행해지면 천하가 공평해져서 ······ 서로 신뢰하고 화목한 세상이 된다. 사람들은 자기 부모만 부모로 여기지 않고 자기 자식만 자식으로 여기지 않으며 노인은 여생을 편안히 마치고 젊은이는 잘 쓰이며 어린이는 잘 자란다. 홀아비와 홀어미, 부모 없는 아이와 자식 없는 노인, 의지할 데 없는 사람과 병든 사람도 모두 공평하게 봉양을 잘 받게 된다······." 이렇게 누구나 자기에게 맞는 자리에서 편안히 잘사는 세상이 대동 사회이며 유학자들이 꿈꾸는 이상 사회다. 플라톤이 추구하는 이상 국가(유토피아)도 이와 비슷하다. 그래서 플라톤의 유토피아 사상을 대동설이라고 여기서 말하고 있다. 루소의 평등론도 플라톤의 이상 국가론과 맥락을 같이한다. 루소는 인간은 천부적으로 자유롭게 태어났으나 현실에서는 모든 곳에서 사슬에 얽매여 있다고 보면서, 인간이 앞으로 어떻게 자유를 되찾을 수 있는가, 올바른 정치적 자유를 어떻게 회복할 수 있는가, 모든 사람이 자신에게 알맞은 자리에 있는 공정한 사회를 어떻게 이룰 것인가를 고민했다. 이 역시 모두가 골고루 잘사는 대동 사회나 유토피아와 같은 이념이다. 육상산은 중국 남송 시대 유학자로 심즉리(心卽理) 사상을 주장했다. 즉 모든 존재를 존재하게 하는 근본 이치는 내 마음이라고 보았다. 세상 모든 이치는 인간의 마음속에 있고 우주가 곧 내 마음이며 내 마음이 곧 우주이므로, 본래 마음으로 돌아가면 모든 이치가 완전해진다고 보았다. 이런 사상은 명나라의 개혁 사상가 왕양명에게 전수되어 양명학의 토대가 되었고 이들의 사상은 전통 사상과 봉건주의를 탈피하고자 하는 중국 근대 개혁사상으로 발전되었다. 그리고 인간의 마음으로 우주 만물의 이치를 설명한다는 점에서 불교의 선사상과 통했기 때문에 당시 대립하던 주자학파로부터 비판을 받기도 했다.)

이렇게 많은 동서양 철학이 불교 사상과 같은 맥락에 있다는 사실을 대강이나마 살펴보았다. 그러나 나는 서양 철학서를 한 권도 읽어 본 적이 없다. 다만 그 짧은 말이나 구절이 샛별과도 같아 여러 사람의 책 속에 번역되어 전해진 것이 어쩌다 눈에 띄어 인용했을 뿐이다. 그 전모를 보지 못해 매우 아쉽다.

하지만 동서고금의 여러 철학 사상이 그렇게 소중히 여기던 내용이 결국 불교 경전 내용과 다름없다. 앞서 인용한 서양 철학자들은 모두 철학 분야에서 학문의 일가를 이룰 만큼 명망 높은 분들이니, 그들이 진정한 철학자임은 당연히 짐작할 수 있다. 만약 근본 이치가 바르다면 어떤 하나의 철학이 여타 다른 철학과 어찌 서로 어긋날 것이며, 근본 이치가 변하지 않는다면 과거의 철학이 오늘날 철학과 어찌 차이가 있겠는가.

이미 앞서 몇몇 철학자들이 한 주장이 불교 사상과 일치함을 보았는데, 그들 아닌 다른 철학자들의 사상도 불교와 통하지 않는다고 어찌 단언할 수 있겠는가. 차이가 있는데 억지로 같다고 구차하게 끌어다 붙이는 것이 아니다. 사람마다 동일한 불성에 동일한 진리를 지니고 있기 때문에 비록 과정이 달라도 같은 결론에 도달하며 만 가지가 결국 하나로 귀결됨이니, 불교는 모든 철학의 가장 큰 바탕이라 하지 않을 수 없다.

무릇 중생계가 끝이 없으니 종교계가 끝이 없고 철학계 또한 끝이 없다. 다만 문명이 날로 발전하면 종교와 철학도 더욱 높은 수준으로 발전할 것이니 잘못된 철학이나 미신이 어찌 발을 붙일 것인가. 종교이자 철학인 불교는 미래에 도덕과 문명의 기초가 될 것이다.

여기서 만해는 불교에 종교적인 성격과 철학적인 성격이 있다고 하면서 불교 사상이 가진 의미를 밝힌다. 불교는 먼저 종교적인 차원에서 보더라도 인간 스스로의 해탈(깨달음)을 추구하므로, 신이니 악마니 천당이니 지옥이니 하는 삐딱한 신앙, 즉 미신과는 거리가 멀다고 말한다. 나아가 불교는 그 인식론이나 세계관에서 철학적인 요소가 강하다면서 서양 근대의 칸트나 베이컨, 데카르트 등의 사상과 비교하고 주자의 성리학과도 비교하며 불교 사상의 진정한 깊이를 강조한다.

그러면 여기서 불교의 인식론을 간략하게나마 살펴보자.

불교에서는 인간이 무엇을 인식할 때 여섯 가지 감각기관(6근)을 통해 여섯 가지 감각 대상(6진)을 보고, 그것에 대한 여섯 가지 감각 인식(6식)을 얻는 과정을 통해 그것이 무엇인지 알게 된다고 한다. 다시 말하면 불교에서는, 인간이 자신을 둘러싼 주변 세계를 알아보는 감각과 인식의 작용을 18계(界)로 설명하는데 18계는 6진+6근+6식을 합한 열여덟 가지 영역이다.

6진(六塵)은 우리가 지각할 수 있는 모양, 소리, 냄새, 맛, 감촉, 생각 같은 여섯 가지 감각 대상이며 6근(六根)은 감각 대상을 지각하는 눈, 귀, 코, 혀, 몸, 의식의 여섯 가지 감각기관이다. 그리고 여섯 가지 감각기관을 통해 여섯 가지 감각 대상을 각각 알아차릴 때 여섯 가지 감각 인식 즉 6식(六識)이 발생한다. 이렇게 6근을 통해 6진을 보고 6식이 발생하는 18계의 작용 과정이 인간의 인식 활동이다. 6식을 뺀 6진과 6근을 합해 12처(處)라고 하는데, 주관적인 나(6근)와 객관적인 환경(6진)을 뜻하며 인간이 처한 주객관적인 삶의 조건을 뜻한다.

그런데 본문에 나오듯이 《능엄경》에서는 "몸과 감각은 모두 허망하다."라고 했다. 다시 말해 감각 대상이나 감각기관, 그 결과인 감각 인식 등은 어떤 고정된 실체가 없는, 즉 상황이나 상태에 따라 수시로 변화할 수 있는 허상이므로, 딱 정해진 어떤 실상이 없기 때문에 궁극적으로 모두 헛된 것이다.

예를 들어 엄마가 집 안에서 고기를 굽다가 전화를 받는 사이에 고기가 새카맣게 타 버렸다고 가정해 보자. 그러면 여러 냄새가 집 안에 풍길 것이다. 고기 냄새, 양념 냄새, 탄 냄새, 그 외 방 안에 원래 있던 화장품 냄새 등등이 뒤섞여 코에 전해질 것이다. 그러니 아빠는 탄 냄새가 난다고 하고 아들은 고기 냄새가 난다고 하며 딸은 비염이 심해서 아무 냄새도 안 난다고 한다.

그렇다면 누가 어떤 냄새를 어떤 코로 가장 바르게 맡았다고 할 수 있을까? 냄새 자체도 복합적으로 얽혀 어떤 냄새라고 콕 집어서 말할 수 없고, 냄새 맡을 때의 코 상태도 각각 다르기 때문에 어떤 코가 바르게 맡았다고 할 수 없으며, 무슨 냄새인지도 사람의 상태에 따라 다르기 때문에 결국 하나로 고정된 정답은 있을 수 없다.

그런 점에서 6진 6근 6식은 허상이며 모두 허망하다는 결론이 나온다. 즉 인간의 감각과 인식과 행동의 일체 과정을 분석해 보면, 주객관적인 어떤 실제가 있지 않고 매 순간 변하기 때문에 고정된 하나의 정답은 언제 어디에서도 찾을 수 없다. 그러므로 집착할 것이 없고 내가 옳고 네가 그르다며 시비 분별할 것이 없다.

이것이 불교의 공(空) 사상이다. 공(空)이란 아무것도 없는 허무(虛無)나 아예 끊어지고 사라지는 단멸(斷滅)이 아니다. 모든 삼라만상은 이것이다 하고 정해진 실체가 없다는 뜻이다. 그래서 유무(有無), 시비(是非), 미추(美醜), 우열(優劣) 같은 이분법적이고 극단적인 생각과 행동을 벗어나 늘 자유롭게 무념무심으로 살아야 한다고 강조한다.

한편 불교의 인식론에서는 인간의 의식 구조를 전5식, 6식, 7식, 8식으로 나누어 설명한다.

전5식(前五識)이란 안·이·비·설·신(眼耳鼻舌身, 눈, 귀, 코, 혀, 몸) 다섯 가지 감각기관을 통해 외부 존재들을 인식하고 외부 세계와 작용하는 외부 의식이다. 전5식은 '나'라는 주관이 외부 객관과 통할 수 있는 통로다. 전5식은 그 자체로서는 판단하고 비판하는 능력이 없으며, 자신이 외부 세계를 통해 얻은 정보를 6식에 보고하고 6식의 판단과 통제에 따른다. 6식은 우리가 일상적으로 판단하는 의식이나 앎을 가리키는데 6식은 더 깊은 7식과 8식의 작용에 의존한다.

이렇게 전5식에서 더욱 나아가면 흔히 '마음'이라 부르는 내부 의식으로 들어가는데, 내부 의식은 6식, 7식, 8식(아뢰야식)으로 구분한다. 현대 심리학에 따르면 6식은 의식의 세계, 7식과 8식은 무의식의 세계로 그 가운데 가장 깊고 근원적인 마음이 8식이다.

본문에 "진여와 무명의 두 종자는 모두 식장(識場)에 있으며 서로 훈습(薰習)한다."라는 대목이 나오는데, '식장'이 바로 8아뢰야식을 의미한다. 일체의 행위와 의식은 이 아뢰야식에 씨앗처럼 오랫동안 깊이 저장되기 때문에 종자식, 저장식이라고도 한다. 아뢰야식이란 우리가 전생이든 현생이든 오랜 세월 거쳐 오면서 갖게 된 모든 의식이 종자(種子)로 다 들어 있는 무의식 세계다.

사람마다 같은 상황에서도 생각하고 행동하는 방식이 천차만별인 이유는, 현생 이전 거쳐 온 수많은 전생의 경험과 생각이 8식에 깊숙이 씨앗으로 저장되어 있다가 어떤 상황에서 각자 발현하기 때문이다. 그렇게 헤아릴 수 없이 많은 무의식 정보로 인해 각자 만물을 인식하고 대응하는 방식이 다르며 다양한 삶이 나타나는 것이다. 8식은 어떤 사람이 살아 오면서 경험하는 어떠한 미세한 정보라도 모두 차곡차곡 내면에 저장하고 훈습(연기가 조금씩 스며들어 어느새 그 냄새가 몸에 배듯 어떤 것에 차츰 물들어 습관화되는 것)하는 특징이 있는데, 이러한 8식은 7식을 통해 그리고 6식을 거쳐 전5식으로 나타나 사람들이 온갖 생각과 모습으로 분별하며 살게 만든다.

7식은 말나식이라 하는데 내면에서 끊임없이 생각하고 헤아리는 사량 분별심(思量分別心)이다. 말나식은 아뢰야식에 저장된 종자를 이끌어 내어 지금 나타나게 함으로써 현재 인식이 이루어지게 하고 생각과 생각이 끊임없이 일어나게 하는 역할을 한다. 말나식은 아뢰야식과 6식(六識) 사이에 매개 역할을 하여 끊임없이 6식이 일어나도록 하는, 작용하는 마음이다. 말나식이 부정적이면 번뇌에 물든 자기중심주의로 나타나 아치(我痴, 주관적 어리석음), 아견(我見, 주관적 의견), 아만(我慢, 주관적 자만심), 아애(我愛, 주관적인 사랑)의 4번뇌가 되고, 긍정적이면 나와 남을 평등하게 보고 사랑으로 대하는 평등심과 자비심으로 나타난다.

이렇게 불교의 인식론을 알면 불교의 궁극적인 목표가 드러난다. 만해는 《불교대전》에서 이렇게 적고 있다.

"부처님께서 말씀하셨다. '선남자야, 비유컨대 가난한 집에 귀한 보배가 있는 것과 같다. 내가 여기 있다고 보배가 스스로 말할 수 없기 때문에 주인은 보배가 있음을 알지 못한다. 또한 일러 주는 사람도 없기 때문에 그 사람은 자신 속에 든 보물을 스스로 개발하지 못한다. 중생도 이와 같아서 여래의 큰 가르침의 보물 창고가 자신 속에 들어 있지만 그에 대해 들은 바 없고 알지 못해 오욕(五慾, 인간의 다섯 가지 근본 욕망. 재욕(財欲), 색욕(色慾), 식욕(食慾), 수면욕(睡眠欲), 명예욕(名譽欲))에 빠지고 생사(生死) 윤회하며 무한한 고통을 당한다.' 그러므로 부처님께서 세상에 나타나시어 중생 안에 여래장(如來藏)이 있음을 관찰하시고 여러 보살을 위해 이 법을 설하셨느니라."

말하자면 부처님이 중생들에게 팔만 사천 법을 설하신 목적은 누구나 갖추고 있는 본래의 여래장을 알려 주고 드러내는 데 있다. 대승불교에서는 만물에 깃든 본래 밝고 맑은 참된 성품을 진여라 하는데, 그것이 곧 여래장이다. 이 진여의 본성은 일체 중생 누구나 자기 안에 지닌 근본 성품으로 본래 자유롭고 때 묻지 않고 행복한 보물과 같은데 단지 어리석고 둔하여 내면 깊숙이 숨겨진 그 실상을 중생은 보지 못할 뿐이다.

석가모니 부처님이 사바세계에 태어나신 이유도 기독교에서 말하듯 죄에 빠진 타락한 중생을 구원하러 오신 것이 아니다. 중생은 이미 완전하게 구원되어 있음을, 즉 아무리 부족하고 못난 존재라 할지라도 누구나 부처님과 똑같은 진여의 본성을 이미 자기 안에 갖추고 있음을 알려 주기 위해 오신 것이다. 아무리 무지하고 천박한 사람이라도 부처님과 조금도 다를 바 없지만 해가 먹구름에 덮여 잠시 빛이 가려지듯이 어둡고 어리석은 무명(無明)에 가려 자기 내면에 빛나는 불성(佛性)을 깨닫지 못할 뿐이다.

이처럼 불교 사상이 깊고 오묘한 까닭에, 만해도 동서양 주요 철학자들의 주장을 인용하고 비교하면서 이들의 주장도 근본적으로 불교 철학으로 귀결된다고 말한다. 마치 강물이 산과 들판을 지나 여러 갈래를 이루며 흘러가지만 결국 바다에 이르듯, 동서양 철학자들의 다양한 주장도 결국 불교의 가르침으로 연결되며 불교 사상으로 대부분 포괄할 수 있다고 보았다. 불교 승려이기 때문에 당연히 그런 논리를 편 것이라고 치부할 수도 있겠지만, 불교 사상의 이루 말로 다할 수 없는 방대함과 심오함 때문에 가능한 주장이다.

2 불교의 주의(主義)

주의(主義, ~ism)란 어떤 사상의 중심이다. 주의(主義)가 없으면 세상에 이루어지는 일이 없을 것이다. 만약 어떤 일에 '주의'가 서지 않으면, 일이 혼란스럽고 잘못된 방향으로 흘러 아무리 성인의 지혜가 있다 해도 일을 효과적으로 성취할 수 없다. 일단 주의가 정립되면, 어떤 일이 나아갈 향방을 쉽게 알아보고 그 일의 성패와 길흉을 앉아서도 알 수 있게 된다. 그러므로 어떤 일을 논하려면 먼저 그 주의를 알아야 갈팡질팡 흔들리지 않는다.

불교의 주의는 크게 두 가지로 평등주의와 구세(救世)주의다.

평등주의는 불평등의 반대로 예부터 오늘까지 세상에 불평등은 그렇게도 많은데 평등은 왜 그렇게도 보기 어려운지 모르겠다.

공자의 제자들이자 같은 현인(賢人)인 안연은 요절하고 중유는 죽음의 형(刑)을 받았다.(공자의 제자 가운데 《중용》에 나오는 제자는 안연과 중유다. 안연은 공자에 버금가는 인물로 칭송받았고 중유는 무사로서 순박하고 강직한 인물이었다. 안연(안회)은 공자가 특별히 아끼던 제자로 중국 춘추 시대 노나라 사람이었다. 빈곤하고 불우했으나 학덕이 높아 공자 다음가는 성인으로 받들어졌다. 그러나 32세 젊은 나이에 요절하여 공자는 안연의 죽음 앞에 크게 통곡했다고 한다. 중유(자로)는 용맹한 무사 출신의 제자로 위(衛)나라에서 벼슬할 때 위나라의 왕위 다툼이 일어나자 이미 모시던 군주에게 충성심을 지키다가 반란군에게 죽임을 당했다.) 같은 미인이지만 달기는 요사스러웠고 초선은 충성스러웠으며(달기는 중국 은나라의 마지막 왕인 주왕의 애첩으로 음란하고 잔인한 행실로 나라를 위기에 빠뜨린 중국 역사상의 대표적인 요부(妖婦)로 통한다. 초선은 소설 《삼국지》에 나오는 인물로 동탁의 전횡을 막기 위해 정치적 희생물로 자신을 바친 충성스러운 여인이다.) 같은 영웅이지만 워싱턴은 성공하고 나폴레옹은 실패했다. 같은 만물이지만 어떤 것은 태어나고 어떤 것은 죽으며, 어떤 것은 강하고 어떤 것은 약하다. 이렇게 불평등이 불평등과 이어져 무수한 불평등을 낳으니, 불평등의 이유를 생각할 때마다 마음이 아파 눈물을 흘리지 않을 수 없다.

그러면 평등의 도리는 무엇인가? 장수와 요절, 선과 악, 성공과 실패, 강함과 약함 등등의 차이가 사라지고 모두 같아지면 평등인가? 그럴 수도 있고 아닐 수도 있다. 불평등의 입장에서 보면 불평등하지 않음이 없고 평등의 입장에서 보면 평등하지 않음이 없다. 불평등이란 사물이나 현상이 피할 수 없는 법칙에 의해 제약받는 것이며, 평등이란 시간과 공간의 제약을 벗어나 자유로운 진리의 상태에 이른 것이다.

그렇기 때문에 안연의 요절이나 중유의 형벌, 달기의 요사스러움과 초선의 충성스러움, 워싱턴의 성공과 나폴레옹의 실패, 만물의 생사와 강약은 현상이 어떤 필연 법칙의 제약을 받는 것일 뿐이다. 시간과 공간의 제약을 벗어난 진리에서는 일찍이 이런 제약을 받은 적이 없다. 소자첨(송나라 문인 소동파)은 "변화라는 입장에서 보면 천지가 한순간도 머무름이 없지만 불변이라는 입장에서 보면 사물과 내가 모두 한없는 무진장이다."라고 했다. 이는 현상과 진리의 참모습을 분명히 파악한 것이다. 평등이란 진리의 차원이지 현상에 있지 않다.

부처님은 불평등한 여러 현상에 미혹되어 해탈하지 못한 중생들을 안타깝게 여겨 평등한 진리를 가르쳐 주셨다. 경전에는 "몸과 마음이 결국 평등하여 여러 중생이 모두 차이가 없으며, 성품을 갖추었든 갖추지 못했든 모두 끝내 성불할 수 있다."라고 했다. 부처님은 참으로 깊고 넓은 평등의 도리를 꿰뚫고 계시니 불평등한 현상과 확연히 다른 진리를 가르치셨다. 근대사회 자유주의와 세계주의는 사실 이 평등이라는 진리에서 나왔다. 자유주의에서 자유란 타인의 자유를 침범하지 않는 것이라 한다. 사람들이 각자 자신의 자유를 지키고 남의 자유를 해치지 않는다면 서로의 자유가 수평선처럼 평등해져 각자 누리는 자유에 조금도 차별이 없으니, 이보다 더한 평등이 있겠는가. 또 세계주의는 나라와 지역과 인종을 막론하고 모든 세계를 한 집안과 한 형제로 본다. 서로 이기려고 경쟁하거나 침탈하지 않고 온 세계를 하나의 집안처럼 통치하면 어찌 과연 평등이라 하지 않겠는가.

평등에 대한 이런 논의가 아직은 공허한 이론에 불과할지 몰라도 앞으로 문명이 극도로 발달하면 평등을 실현하는 날이 반드시 오고야 말

것이다. 원인이 있으면 결과가 있게 마련이고 진리가 있으면 언젠가 현실로 나타나게 마련이기 때문이다. 물건에는 그림자가 따르고 소리에는 메아리가 따르는 것과 같은 이치다. 그러므로 진리가 다가오는 추세를 거부하면서 솥을 들어 올리는 힘과 산을 쪼개는 대포를 가지고 저항한다 해도 결코 막아 내지 못할 것이다.(초나라의 패왕 항우는 어릴 때부터 거대한 몸으로 청동 무쇠솥을 단번에 들어 올릴 정도로 힘이 셌다고 한다. 그가 죽기 전에 쓴 시에 '역발산 기개세(力拔山氣蓋世, 힘은 산을 뽑을 만하고 기운은 세상을 덮을 만하다.)'라는 구절을 인용했다.)

그렇다면 이제부터 세계는 불교의 세계라 할 수 있다. 불교는 평등과 자유를 가장 중요하게 여기며 세계가 모두 하나라고 보기 때문에 미래는 불교의 세계다. 그러나 부처님의 평등사상이 어찌 이 정도에서 그치겠는가. 갠지스 강의 모래알 수만큼 헤아릴 수 없이 많은 연화장 세계와 그 세계에 존재하는 모든 것들이 하나도 빠짐없이 평등한 것이 바로 부처님 세계다.

불교의 또 다른 주의인 구세주의(救世主義)란 무엇인가? 이기주의와 반대다. 불교를 자신의 구제만을 추구하는 독선적인 종교라고 하는 사람도 있지만, 이는 불교를 제대로 이해하지 못한 것이다. 자신만을 생각하는 독선은 불교와는 정반대이다.

《화엄경》에는 "나는 마땅히 일체 중생을 위해 모든 세계와 모든 악도(惡道, 악업을 지은 중생이 다음 생에 태어나는 지옥·아귀·축생의 세 가지 세계로 삼악도) 가운데서 미래가 다할 때까지 모든 고통을 다 받으리라."

라고 했다. 또한 "나는 마땅히 저 지옥계와 축생계와 염라대왕의 처소

에 내 몸을 인질로 삼아 모든 악도에 빠진 중생들을 구제해 해탈케 하

리라."라고 했다. 그 외에도 부처님의 말씀과 게송(偈訟, 부처의 가르침

을 노래한 글귀)에는 모두 중생 구제를 가장 큰 뜻으로 삼고 있는데 어찌

불교를 자신만 생각하는 독선적인 종교라 하겠는가. 아! 부처님이야말

로 세상을 구제하려는 구세주의 일념(一念)만을 품은 분이시니 중생들

이 어찌 부처님의 깊고 깊은 은혜에 보답할 수 있을까.

요임금은 순 같은 훌륭한 사람을 얻지 못함을 걱정했고 순임금은 우

같은 훌륭한 사람을 얻지 못함을 걱정했으며, 우는 치수(治水, 홍수나 물

의 관리) 사업을 할 때 세 번이나 자기 집 대문 앞을 지나면서도 들어가

지 않았다.(요임금 말년 중국에서는 홍수가 대륙을 휩쓸어 국가적인 재앙을 맞

았다. 요임금은 치수 사업을 우의 아버지 곤에게 맡겼으나 곤은 임무를 완수하지

못했고 그 아들 우는 13년에 걸쳐 치수 사업을 완성하고 홍수로부터 재난을 막는

데 성공했다. 이 사업 기간에 우는 세 번이나 자기 집 앞을 지나가면서도 집에 들

르지 않았다고 한다. 첫 번째는 부인이 막 출산하여 아이를 낳아 아기 울음소리가

들렸을 때이며, 두 번째는 아이가 엄마 품에 안겨 지나가는 아빠에게 손을 흔들었

을 때이고, 세 번째는 아이가 열 살이 되어 아빠 손을 이끌고 집으로 가자고 했을

때였다. 이런 사적인 감정을 모두 접고 오직 공공을 위한 치수 사업에만 열중해

그 공로를 인정받아 순임금으로부터 왕위를 이어받았다는 이야기다.) 공자는 진

나라와 채나라 사이의 국경에서 고난을 당했고 예수는 길거리에서 사형을 당했으니, 모두 세상을 구제하고자 하는 고귀한 뜻에서 나온 역사적인 사건들이다. 어찌 세상을 구제하려는 뜻을 품지 않고 역사에 오래도록 향기를 남길 수 있겠는가.

그러나 구세주의를 이루려는 크고 많은 원력(願力, 어떤 뜻을 품은 소원)과 넓고 깊은 자비심을 말하자면 사실 불교만 한 것이 일찍이 없었다. 만약 자신만을 생각하는 독선의 허물을 논하자면 소부와 허유(두 사람 모두 요순시대의 현자로 순임금이 왕위를 물려주려 하자 거절했다고 한다.), 장저와 걸닉(《논어》에 나오는 은둔하는 현인들로, 나루를 묻는 자로에게 공자가 불가능한 일을 찾아 돌아다니는 사람이라고 비판한다.), 하조장인(역시 《논어》에 나오는 은둔형 현인으로, 자로에게 공자가 일하지 않고 말로만 떠드는 사람이라고 비판한다.), 양주의 무리(양주는 전국 시대의 철학자로 자신만이 소중하다는 위아설을 내세워 맹자의 비판을 받는다.)나 신선도(神仙道)를 배우는 이들(주로 노자와 장자의 사상을 따르는 무리들)이 모두 그 죄를 벗어나기 어려울 것이다. 참으로 부처님은 이 세상에서 둘도 없는 구세주임이 명백하다.

만해는 1904년경 설악산 백담사에 들어가 스승 연곡 선사로부터 '용운'이라는 법명을 받고 본격적으로 불교 경전을 공부하면서 승려의 길에 들어섰다. 하지만 이 무렵 중국의 근대 개화 사상서인 《영환

지략》을 이미 읽었고 서구는 물론 아시아에서도 근대화 물결이 밀려와 세상이 급변하고 있음을 알았다. 그러다가 백담사에서 스승 연곡 선사로부터 당시 유명한 개화 서적인 양계초의 《음빙실문집(飮氷室文集)》을 받아 읽고 개화사상과 근대화의 흐름에 더욱 깊은 관심을 갖는다.

《음빙실문집》은 당시 지식인들에게 매우 유명한 계몽 이론서로 중국은 물론 우리나라 선각자들도 앞다투어 읽던 책이다. 만해 역시 이 책을 통해 서구 근대사상이 내세운 사회 진화론이나 계몽주의에 확연히 눈뜨는데, 이런 사상적 배경이 《유신론》에도 큰 영향을 미쳤다. 만해는 양계초로부터 근대 의식을 형성하는 데 압도적인 영향을 받았으며 만해 스스로 서양 철학서를 직접 읽어 본 적이 없다고 고백했듯 칸트·헤겔·데카르트 등 《유신론》에 나오는 서양 철학자들에 대한 이해는 대부분 양계초의 글에서 가져온 것이다. 이 책은 그동안 성리학과 불교 사상을 중심으로 세계를 이해하던 만해에게 근대정신과 근대 철학에 대한 새로운 관심과 열의를 불러일으켰으며, 그 결과 만해는 근대적 지식인으로 거듭난다.

양계초(1873~1929)는 19세기 말 중국에서 대표적인 계몽주의 지식인이었다. '음빙실'이란 양계초의 호(號)로 '얼음을 먹는 집'이라는 뜻인데, 무지몽매한 중세의 어둠을 벗어나 얼음같이 냉철한 근대 의식을 중국인들에게 촉구하려는 뜻에서 지은 것이다. 양계초는 중국 사회를 개혁하기 위해 스승 강유위와 함께 청나라 말기에 '변법자강운동'을 일으켰다. 이 운동은 사회 진화론·민족주의·계몽주의를 비롯한 근대 서구 사상을 중국 사회 변혁의 밑바탕으로 삼고, 근대화된 서양 국가들을 본받아 과학기술과 정치·경제·사회·문화 등 모든 분야를 개혁해 부강한 민족 국가를 세우려는 운동이었다. 그리고 이 운동은 아시아 국가 중 가장 먼저 근대화를 실천하던 일본 메이지유신을 그 모범으로 삼았다. 그러나 서태후를 중심으로 하는 수구파가 반격해 변법자강운동은 실패했고, 양계초는 가까스로 목숨을 건져 일본으로 망명한다. 일본에서 그는 여러 활동을 펼치며 계몽 잡지를 발간하는 등 유명세를 떨쳤는데, 우리나라에도 그의 사상이 도입되어 애국계몽운동 등 근대 개혁 운동이 일어나는 데 크게 영향을 미쳤다.

그런데 양계초는 당시 일본 학자들의 입장을 상당 부분 수용했다. 예를 들면 일본 철학자 이노우에 엔료는 메이지유신 이후 침체된 일본 불교에 기독교를 비롯한 서구 문명이 강력히 도전해 오는 데 어떻게 대응할지 고심하던 인물이다. 그는 "불교가 진리에 적합하며 불교의 반은 철학이고 반은 종교이며 서양 철학의 진리는 불교의 진여와 통한다."라고 주장했다. 우리가 앞 절에서 읽었던 "불교는 종교와 철학의 성질을 함께 가지고 있다."라는 주장도 여기에 바탕을 두었다. 엔료는 일본 불교의 근대화를 고민하면서 서양 철학에 못지않은 불교 사상의 심오함에 초점을 맞추었고 양계초는 그런 엔료의 불교 해석을 수용했다. 그러므로 만해 역시 양계초의 글을 통해 일본 근대사상을 받아들인 셈이다.

물론 만해가 양계초의 입장을 무조건 수용한 것은 아니었다. 그는 양계초가 조선을 중국의 종속 국가 정도로 치부하는 데 불만이 컸고, 양계초의 불교 사상과 자신의 사상이 일치하지 않을 때는 양계초를 비판하기도 했다.

"부처님은 모든 사람에게 보편적으로 존재하는 참나와 각자가 지닌 참나를 모두 말씀하셨다. 반면 칸트는 만인에게 보편적으로 존재하는 참나를 제대로 알지 못했다. 그런 점에서 불교 철학이 칸트 철학보다 더욱 깊은 이치를 담고 있다."라고 지적한 대목이 그러했다.

그런데도 당시 만해가 지닌 세계 인식의 한계를 지적하지 않을 수 없다. 머리말에서 이미 지적했듯이 철저한 항일 독립운동가라는 이미지를 지닌 만해가 메이지 연호를 자신의 저술에 쓴 것은 일본 제국주의 실체를 아직 파악하지 못했음을 말해 주는 대목이다. 다시 말해 《유신론》을 저술할 당시 만해는 제국주의의 두 얼굴을 제대로 인식하지 못했던 듯하다. 근대화와 세계화 구호를 앞세우며 계몽주의라는 미소를 띤 얼굴이 겉모습이라면, 제국주의적 탐욕을 고스란히 드러내며 약소국을 송두리째 침탈하고 식민지 정책을 펼치는 것이 숨겨진 얼굴임을 미처 간파하지 못했던 것이다.

하지만 이런 세계 인식의 한계는 만해뿐만은 아니었다. 한말에서 일제 초기 우리나라 지식인들 대다수가 서양에서 전해진 계몽사상과 진화론을 근대화의 근본이념이라고 생각했다. 당시 근대화 이론이 거의 일본이나 중국에서 들어왔고, 서양 근대화를 직접 체험한 이가 드문 우리로서는 자연스러운 귀결이었다. 《유신론》에도 만해는 냉혹한 현실을 직시하라고 주장하면서 약육강식 법칙이 인간 사회에도 그대로 적용된다는 입장을 곳곳에 드러냈다.

사실 사회 진화론은 약육강식과 적자생존을 내세워 강자의 약자에 대한 지배를 정당화하는 논리로 이용된 면이 크다. 그 결과 이 주장은 제국주의 세력의 식민지 지배정책과 약소국 침탈을 옹호하는 사상으로 기능했다. 더구나 이런 논리에 따라 후진국의 근대화를 앞당기고자 할 경우 자기 고유의 문화나 전통을 부정하고 비하할 가능성이 매우 높아진다. 사회 진화론에서 보면 뒤처진 후진국의 문화는 항상 열등한 극복 대상이 되기 때문이다.

만해도 진화론에서 내세운 자유주의와 세계주의를 굳게 믿었기 때문에, 제국주의라는 악마의 숨겨진 발톱을 파악하지 못하는 순진함을 보인다. 다음 주장에는 그런 면이 잘 드러난다.

"근대사회의 자유주의와 세계주의는 평등이라는 진리에서 나왔다. 자유주의에서 자유란 타인의 자유를 침범하지 않는 것이라 했으니, 사람들이 각자 자신의 자유를 지키고 남의 자유를 해치지 않는다면 서로의 자유가 수평선처럼 평등해져 각자 자유에 조금도 차이가 나지 않게 될 것이니 이보다 더한 평등이 어디 있겠는가. 또 세계주의는 나라와 지역과 인종을 막론하고 모두 같은 집안과 같은 형제로 보는 것으로 서로 경쟁하거나 침탈하지 않고 세계를 하나의 집안처럼 통치하는 것이니, 이렇게 한다면 과연 평등이라 하지 않을 수 있는 가."

이런 만해의 생각은 칸트가 말한 사해 평등주의라는 막연한 이상론을 떠올리게 한다. 하지만 그것은 국가 간 대립이나 침략이 없고, 평화적인 세계 연방이 실현되어 전 인류가 한 울타리 안에서 동등한 시민으로 자리 잡는다는 순진한 꿈일 뿐이다. 알다시피 근대 세계에서 자유와 평등은 어디까지나 서구 제국주의 국가들이 내건 표면적인 구호였을 뿐, 세계는 자본주의 열강의 약육강식 논리가 지배하는 무서운 정글과도 같았기 때문이다. 그리고 우리나라는 그 논리에 철저히 희생되어 피식민의 고난을 일본 제국주의로부터 고스란히 받아 왔던 역사를 지니고 있지 않은가.

3 불교의 유신은 파괴가 먼저

유신이란 무엇인가? 파괴의 자손이다. 파괴란 무엇인가? 유신의 어머니다. 천하에 어머니 없는 자식이 없다는 것은 누구나 말할 수 있지만, 파괴 없는 유신은 없다는 것은 잘 알지 못한다. 그러니 사례를 비교하며 배우고 유추해서 알아내는 일이 어찌 이리도 어려운가.

그런데 파괴란 모든 것을 부수고 없애는 것이 아니다. 단지 오래된 습속 가운데 시대에 부합하지 않는 것을 혁신하고 새로운 방향으로 이끄는 것일 뿐이다. 비록 파괴라 부른다 해도 사실 파괴가 아니며 유신을 잘하면 파괴도 잘하게 된다. 파괴가 느리면 유신도 느리고, 파괴가 신속하면 유신도 신속하며, 파괴가 작으면 유신도 작고, 파괴가 크면 유신도 크니, 유신의 정도는 당연히 파괴와 비례한다. 그러므로 유신을 제대로 하려면 제일 먼저 할 일은 파괴다.

어떤 사람이 커다란 종기를 앓아 여러 의사들을 만나 치료를 받는다고 해 보자. 먼저 종기가 터질 때까지 기다려 병이 스스로 낫기를 바라는 의사는 의술의 근본 도리를 모르는 사람이므로 말할 필요가 없다. 그다음 간단히 침과 뜸을 이용해 겉으로만 피부를 아물게 하는 의사는, 근본 원인을 제거하지 않아 일시적인 효과만 추구하는 무능한 사람이다. 이런 의사는 근본 치료를 하지 않고 손을 놓기 때문에 그사이 종기 속에 남아 있던 독이 안으로 곪아, 병자의 고통이 이전보다 더 심해지고 마침내 죽음이 다가온다는 사실을 어찌 알겠는가.

하지만 훌륭한 의사는 군살을 도려내고 엉긴 피를 뽑아내고 속에 든 독을 제거하여 근본을 치료한다. 그다음 증세에 따라 약을 주어 점차 피부가 깨끗이 낫도록 하니 마치 병이 나기 이전처럼 건강히 회복된다. 무능한 의사는 훌륭한 의사가 살을 자르고 피를 뽑는 광경을 보고 사람을 무자비하게 죽인다고 생각할지 모른다. 그러나 완치된 뒤 결과를 비교해 본다면 과연 누가 환자에게 이익을 주었는지, 어느 의사가 진정으로 우수한지는 바보라도 알 것이다.

그러므로 파괴란 환자의 병든 살을 도려내고 나쁜 피를 뽑아내는 것과 같다. 유신하기 위해 먼저 파괴하는 것은 유능한 의사가 살을 도려내고 피를 뽑는 것과 다르지 않다. 유신을 원하면서 파괴를 거부하는 것은 마치 남쪽의 월나라로 가려고 하면서 북쪽으로 마차를 모는 것과 다를 바 없다. 승려들 가운데 수구파들이 과연 어떻게 이런 일들을 해낼 수 있겠는가 짐작하고도 남는 일이다.

무릇 어떤 일이 오랫동안 폐단 없이 잘 유지되기를 바라지 않는 사람이 있겠는가. 그러나 세월이 흐르고 세상이 바뀌면 뜻하지 않게 어딘가에서 폐단이 발생해, 예전의 건강한 모습을 찾아볼 수 없게 된다. 조선에 불교가 들어온 지도 천오백여 년이 되었다. 오랜 세월이 흐르면서 폐단이 생기고 폐단이 또 다른 폐단을 부르니 오늘날 그 폐단은 극에 이르렀다. 폐단이란 사실 파괴해야 할 대상인데, 그 파괴의 대상을 그대로 간직한 채 피상적인 개량(改良)만을 추구한다면 있을 수 없는 일이다. 무릇 불교의 유신이 필요하다고 생각하는 이라면 유신이 되지 않음을 걱정하지 말고 파괴가 제대로 되지 않음을 염려해야 한다.

이 글에서 만해는 당시 우리 불교계는 교단의 문제가 너무나 심각해 대수술을 받아야 할 중환자와 같다고 보았다. 그래서 수술, 즉 대대적인 개혁을 위한 일차 작업으로 《유신론》을 집필했다. 그러면 《유신론》이 쓰일 수밖에 없던 당시 상황을 잠시 살펴보기로 하자.

당시 불교계는 스스로 개혁할 힘조차 없는 무기력과 무질서 상태에 놓여 있었다. 조선 시대 초기부터 억불숭유(抑佛崇儒) 정책에 따라 불교는 억압 대상으로 심한 차별과 수모를 당해 왔다. 심지어 양반이 사찰에 올 때는 승려가 양반의 가마를 메고 들어와야 할 정도로 사회적 차별과 천시를 받았고, 승려가 사대문 안에 함부로 들어오면 곤장 백 대를 맞고 영구히 노비가 된다는 '승려 도성 출입 금지법'이 조선 말기까지 그대로 남아 있었다. 1895년 을미개혁으로 이런 악법은 사라졌지만 승려들은 여전히 자유롭게 출입을 하지 못했고 하층민과 다를 바 없는 가난과 핍박을 벗어나지 못하고 있었다.

이런 까닭에 불교는 지배 계급에 굴종하면서 살아남을 수밖에 없었고 급변하는 세상에 적극적으로 대처할 안목이나 역량도 갖출 수 없었다. 물론 이러한 멸시와 냉대의 분위기에도 일부 뛰어난 수행자들은 의연히 도를 닦으며 수행자로서의 위엄을 지켜 나갔지만, 소수의 승려들에게나 해당될 뿐 불교계는 전체적으로 오랫동안 무기력하고 타성에 젖은 나날을 보내고 있었다.

이런 상황에서 조선이 문호를 개방한 이후 일본 불교가 파도처럼 밀려 들어와 조선 불교에 엄청난 영향력을 행사하게 된다. 메이지 시대 일본 불교는 국가로부터 보호받으며 대외 침략의 앞잡이 역할을 톡톡히 담당했다. 조선 불교를 장악하기 위해 갖가지 방법을 동원한 결과 1898년까지 조선에 일본 불교 포교당이 열일곱 곳이나 세워졌다. 더욱이 '승려 도성 출입 금지'와 같은 악법을 없애는 데에도 일본 불교가 앞장서서 마치 조선 불교에 큰 혜택을 베푸는 듯한 분위기를 조성했다. 조선 불교의 근대화를 추구한다는 명분 아래 조선 승려들에게 눈에 보이는 조치를 취해 주거나 일본 유학을 알선하는 등 불자들의 호감을 사기 위해 다양하게 움직였다. 이렇게 되면서 점차 일본 불교에 동화하는 승려들이 늘었고 심지어 진심으로 감사장을 보내는 승려도 있는가 하면, 일본으로 건너가 계(戒)를 받고 오는 승려까지 생겼다.

또 일부 승려들은 일제 통감부를 움직여 '사찰 재산 보호(寺財保護)

에 관한 법령'을 내리도록 하고자 뒷전으로 권력과 결탁하기도 했다. 그래서 "조선의 승려들은 어떤 종지(宗旨, 종파의 근본)를 써야 할지 갈피를 잡지 못하고 있었다. 일본의 정토종을 표방해도 말이 없고, 일본의 원종(圓宗)을 조선에 만들어도 무조건 따르며, 일본 임제종에 부속해도 수수방관하는 지경이었다."라고 어떤 불교학자는 당시 상황을 말했다.

이렇게 조선 불교에 위기감이 팽배한 시점에서 만해는 《유신론》 집필에 대한 필요성을 더욱 절실히 느꼈을 것이다. 사실 만해는 파괴를 통해 폐단을 도려내고 유신으로 나가야 한다고 목청 높여 주장했지만, 도리어 조선 불교계 내부로부터 강한 비판과 저항을 받을 만큼 당시 불교계는 안일 무사했고 지리멸렬했다.

이런 상황에 대처하기 위해 만해는 《유신론》을 쓰고 난 뒤 개혁을 위한 실천 활동에 나서고자 송광사로 갔다. 당시 해인사 주지였던 이회광이 일본식 원종을 창시하여 조선 불교 친일화에 앞장서며 일본 조동종과 맹약을 체결하자, 이에 반기를 들고 조선 임제종 설립 운동에 적극 참여하기 위해서였다. 그리고 일본 불교에 자발적으로 예속하려는 원종에 맞서 우리 민족 불교를 임제종으로 자리매김하는 대회를 개최하여 임제종의 취지와 규칙을 제정하고 임제종 종무원을 세우는 등 민족 불교 창립을 위한 활동을 주도적으로 이끌었다. 1911년 3월에는 만해 자신이 임제종 종무원장으로 취임하기도 했다.

조선 임제종은 부산·대구·서울·광주 등 곳곳에 포교당을 지어 종단의 힘을 강화하고 대중화를 위해 여러 노력을 기울였다. 임제종 포교당이 강한 기세로 활동을 벌이자, 일제는 포교당 건립 기금 모금이 불법이라며 만해를 체포했고 강압적인 판결을 내려 임제종 간판을 내리도록 조치했다. 결국 만해를 비롯한 뜻있는 승려들이 움직인 조선 임제종 창립은 일제에 의해 좌절되고 말았지만, 조선 불교를 근대화하고 민족 불교가 설 기반을 마련하려고 시도했다는 점에서 그 역사적 의의는 대단히 크다. 이런 측면을 감안하면 《유신론》은 조선 불교가 당면했던 심각한 위기를 타개하려는 만해의 열정이 담긴 시대적 소산이었다고 생각된다.

3장

승가의 혁신

1 승려 교육

교육이 잘되면 문명이 발달하고 교육이 안되면 문명이 쇠퇴하니, 교육을 하지 않는다면 인간은 야만과 동물의 수준으로 떨어지고 만다. 고대 중국 주(周)나라에서는 상(庠), 은(殷)나라에서는 서(序), 하(夏)나라에서는 교(校)라는 학교를 세워 사람들을 교육했는데, 인간을 야만과 동물의 수준에서 벗어나게 하기 위함이었다. 맹자는 '인간이 안일무사하게 그저 먹고살기만 한다면 동물이나 다를 바 없다.'고 했다. (이런 까닭에) 사람이 스스로 할 일을 택하게 한다면 반드시 교육부터 받으려고 할 것이다.

무릇 모든 문명은 교육에서 시작되었으니 교육은 문명의 꽃이요 문명은 교육의 열매라 하겠다. 문명은 온도계의 수은주와 비슷하고 교육은 기후와 비슷하다. 기후가 어떠하냐에 따라 수은주가 오르고 내리듯 교육이 어떠하냐에 따라 문명이 발달하기도 하고 쇠퇴하기도 한다. 이런 까닭에 배우고 안다는 것은 얼마나 귀하고 놓칠 수 없는 일인가.

사람이 세상에 태어나 먹고 입고 자고 일어나는 기본 의식주를 해결하는 일 외에 다른 삶의 목적이 반드시 있다. 그 목적이란 무엇인가? 피안에의 도달! 그것이 바로 우리의 의무이자 목적이다. (피안에 도달함은 해탈과 열반을 이루는 것을 뜻한다. '마하반야 바라밀'이 바로 그 뜻인데, 큰 지혜(마하반야)를 통해 고통의 이 언덕(차안)에서 해탈의 저 언덕(피안)으로 건너가(바라밀) 열반의 영원한 행복을 누린다는 의미다. 불교의 목적은 고해(苦海, 고통의 바다)라는 이 세상에서 모든 괴로움을 여의고 참된 행복을 실현하는 것, 다시 말해 이고득락(離苦得樂)이다. 그런데 그런 참된 행복은 오로지 무명(無明, 어리석음)을 벗어나 깨달음을 얻어야만 가능하다. 무지의 늪에서 빠져나와 깨달음을 이루고 모든 고통과 번뇌가 사라질 때만이 진정한 행복을 누릴 수 있다. 붓다(Buddha, 부처)라는 말도 깨달은 자라는 뜻이다. 그러므로 불교 사상은 깨달음을 성취하기 위한 가르침이다.) 이런 목적을 이루려면 각각 방법이 있기 마련이다. 그 방법이 뒤바뀌거나 문제가 생기면 곤란하니, 먼저 요령을 배워야 한다. 이이즈미 기쿠조(飯泉規矩三(1865~1933), 일본 언론인)는 "일단 뜻을 세워 목적을 달성하고자 한다면 그 방도는 스스로 배움에 기초해야 한다."라고 말했다. 이 말도 같은 뜻이다.

배움에도 요령이 있을까. 물론 있다. 지혜를 자본으로 삼고, 사상의 자유를 원칙으로 삼고, 진리를 목적으로 삼으니, 배움은 이 중 어느 하나도 버릴 수 없다. 그런데 지혜는 없다 해도 어느 정도 허용될 수 있지만 사상의 자유가 없다면 배움은 허용될 수 없다. 지혜가 없다 해도 만약 사상의 자유가 있다면, 학자라고 할 수는 없어도 자유로운 인격은 상실하지 않기 때문에 우직한 사람이라도 될 수 있다. 그러나 사상의 자유가 없다면 그의 학문이 얼마나 높은지 물을 필요도 없이 한

마디로 노예의 학문이라 하겠다.

노예란 무엇인가? 딱히 말할 수 없지만 굳이 말한다면 살아 있으나 죽은 사람이라 하겠다. 살아 있으나 죽었다는 것은 삶이 죽음과 마찬가지라는 뜻이다. 정말 죽어서 죽는다 해도 그 슬픔을 견디기 어려운데 살아서도 죽은 것이라면 어찌 그 슬픔을 다 말할 수 있겠는가.

장자는 "마음의 죽음이 가장 큰 슬픔이요, 몸의 죽음은 그다음이다." 라고 했으니, 옛 성인들의 말씀이 어찌 우리를 속이겠는가. 육체의 노예는 물질(금전)의 노예지만 학문의 노예는 정신의 노예다. 물질의 노예는 일시적이나 정신의 노예는 영원하다. 그런데도 사람들은 어떤 마음으로 영원한 노예가 되기를 즐기는지 모를 일이다.

배우는 자는 어떤 책을 마주할 때 글의 깊고 얕음이나 아름답고 추함을 따지지 않고 자신의 지혜로 하나씩 검토한 다음, 자기 뜻에 맞지 않는 부분이 있다면 비록 위대한 철학자나 성인의 이론이라 해도 헌신짝처럼 버려야 한다. 또 마음에 맞는다면 비록 매우 어리석은 사람이나 미천한 사람이 한 말이라도 진기한 꽃을 감상하듯 음미하며 여러모로 입장을 바꿔 검토해 보고 진리에 맞도록 해야 한다. 만약 진리에 부합한다면 흔들리지 않는 정론으로 삼아 오랫동안 전해 내려온 견해에 대항할 만한 자립심을 가져야 하며, 세상을 지배하는 견해에도 흔들리지 않도록 중심을 가져야 한다. 그러므로 사상의 자유는 인간의 생명이며 학문의 핵심이다.

아! 조선에는 바르게 배우고 지도하는 승려들이 없으니 얼마나 더 노예의 경지로 들어가야 할까. 노예의 지경이 된 뒤에는 책임을 피하려해도 피할 수 없다.

하지만 학자들의 사상적 자유는 사실 승려들만도 못하고, 사상적 부자유도 승려들만 못하다. 도대체 무슨 말인가? 이에 대해 언급해 보겠다.

승려들이 공부할 때는 수준에 따라 각기 학급이 정해지기 때문에 자기수준에 맞는 과정을 공부할 수 있다. 매일 자신의 능력에 맞게 정해진 과정을 스스로 공부해 터득한 다음 동급생들과 서로 토론하고 논쟁하며 득실을 따진다. 그다음 스승에게 질문해 옳고 그름을 결정하니 이런 방식은 승려들이 공부할 때 중요한 특징이다. 다른 분야에서 배우는 사람들은 스스로 연구하지 않고 무엇이나 스승의 의견만 따르려 하기 때문에, 사상의 자유라는 면에서 승려가 하는 연구 방식과는 상당한 차이가 있다.

그러나 오랜 세월 내려오면서 이렇게 자유로운 승려의 학업 방식에 여러 폐단이 나타나 원칙과 실제 상황은 많이 달라졌다. 문구의 뜻이나 따지는 짧은 주석으로 연구를 대신하고 토론과 논쟁도 남을 누르고 나를 내세우려는 경향으로 변했다. 그리고 정작 큰 뜻이나 깊은 취지는 지나쳐 버리고 묻지도 않기 때문에, 종일 연구하고 강의하면서도 무엇을 연구하고 무엇을 강의하는지 모르고 아무런 소득도 없는 사람들이 열 중 칠팔이다.

만약 자기 의견을 내세워 선배 의견을 반박이라도 하면 사견(私見)이요 외도(外道)라고 몰아 감히 더 말할 수 없게 만든다. 앞서 말한 배움이라는 원칙 면에서 보면 승려의 세계는 얼마나 자유로운가. 그러나 운영 실태라는 면에서 보면 승려의 세계는 얼마나 부자유스러운가.

사상의 자유가 어찌 경전의 몇몇 구절에 대한 해석에 치중하고, 나와 남의 개인적인 견해를 밝히는 데 그치겠는가? 오늘날 학계의 사상적 자유는 승려의 학문적 자유만도 못하지만, 승려의 사상적 부자유 또한 비길 데 없는 실정이다. 이렇게 결국 노예의 학문으로 돌아간다면 승려라는 이름도 끝내 감당하지 못하게 될 것이다.

일단 사상이 자유롭지 못하면 아무리 지혜와 지식이 많아도 노예 노릇을 잘하는 도구가 늘어난 데 지나지 않는다. 지혜롭고 박식해도 학문과 사상의 자유가 없어 오늘날 승려들의 배움이 타락하고 말았으니, 배우는 이들이 어찌 반성하지 않을 일인가.

승려 교육에서 급히 이루어야 할 세 가지 임무가 있다.

첫째, 보통학이다. 보통학이란 음식이나 의복과 같다. 동서양을 막론하고, 황인 백인을 따질 것도 없이 인간이라면 누구나 옷을 입고 밥을 먹어야 살 수 있다. 옷을 입지 않고 음식을 먹지 않는 사람은 얼마 가지 못해 이 세상을 떠나게 될 것이다. 보통학이 이와 똑같다. 만약 이 사실을 모르면 어떤 일을 할 때 늘 장애에 부딪혀 생존경쟁 시대에 살아남기 어려울 것이다. 그러므로 문명국 사람으로서 사지와 육근(여섯 가지 감각기관)을 모두 갖추고 말하는 사람이라면 이런 사실을 모르지 않을 것이다. 보통학은 전문학의 예비 과목이므로 종교를 배우는 사람은 보통학의 중요함을 거듭 잊지 말아야 한다. 학인 승려들은 학력이 높고 낮음에 관계없이 대부분 전문학에 종사하며 보통학을 원수같이 보는 경향이 있다. 그래서 보통학을 배우지도 않고 오히려 훼손하는 지경이라 그 심각성을 헤아리지 못한다.

또 불교 교과서와 교육 절차가 모두 적절하지 못해서 종종 힘은 두 배로 들어가고 성과는 반도 못 되는 실정이다. 불교학은 점점 쇠퇴하고 새로운 것을 받아들이지도 않고 안목은 고루하고 속은 썩어 들어가 괴상망측해졌다. 게다가 허황한 말을 늘어놓아 세상을 놀라게 하니, 사람들은 이제 승려를 심지어 버린 물건처럼 취급하고 승려는 사람들 무리에 떳떳이 끼지도 못하는 실정이다. 승려 자신들에게 이런 해를 끼치는 일도 슬프지만 불교 자체에 손상을 입히는 일은 어찌 우려스럽지 않겠는가.

사태가 이러하니 불교 교과서를 새로 편찬하거나 개정해 그 차례를 정해, 이해하기 쉬운 내용은 보통과에 넣고 보통과를 졸업한 뒤 스스로 사리를 가릴 능력이 생기면 그다음에 전문 과정에 들어가도록 해야 한다. 그렇게 하면 일이 순탄해지고 이치가 분명해질 것이니 보통학을 무시하면 심히 곤란하다.

둘째, 사범(師範, 스승)학이다. 무릇 골(뒤틀린 모양을 바로잡는 데 쓰는 틀)이 골 노릇을 못하고 본(모범이나 기준)이 본 노릇을 못하면 어떤 그릇도 반듯하게 만들어지지 않고 움푹 패거나 한쪽으로 기울어 버린다. 그러나 본을 바로 세우면 거기에 맞춰, 모나고 둥근 것이나 길고 짧은 것이나 높고 낮은 것이나 기울고 곧은 것들을 알맞게 조절해 그릇이 반듯해질 것은 말할 필요도 없다. 사람을 가르치는 일도 그와 같아 스승이 지켜야 할 도리가 제대로 서면 그 결과는 말할 것도 없다.

사범에는 두 가지가 있는데, 하나는 자연 사범이며 또 하나는 인사 사범이다. 자연 사범이란 자연계의 물질들이 우리 감각과 의식에 감촉되어 우리가 받아들이고 배우는 것이다. 인사 사범이란 사람을 바르게 가르치고 인도하여 폐단을 바로잡고 구제하는 것이다. 예부터 지금까지 이 두 가지 사범에 따르지 않고 배운 사람은 없을 것이다.

복희씨의 팔괘(八卦)는 하도(河圖)에서, 우왕의 구주(九疇)는 낙서(洛書)에서, 콜럼버스의 지구학은 물에 뜬 풀에서, 뉴턴의 중력학은 사과가 떨어지는 데서 배운 것이다.(복희씨는 고대 중국의 전설적인 임금으로 삼황오제(三皇五帝) 중 한 사람이다. 백성에게 처음으로 어업과 수렵·농경·목축 등을 가르치고 팔괘와 문자를 만들었다고 한다. 하도는 황하에서 용마(龍馬)가 지고 나왔다는 그림인데, 복희씨가 여기서 착안해 복희 팔괘를 만들었다고 한다. 낙서는 옛날 중국 하나라의 우왕이 홍수를 다스릴 때 낙수에서 나온 거북 등에 있었다는 무늬인데, 문왕 팔괘와 홍범구주(洪範九疇)가 여기서 탄생되었다고 한다.) 또

74

와트의 증기기관은 끓는 물에서, 다윈의 진화론은 물살이 거센 여울의 자갈돌에서 배운 것이니, 모두 자연 사범으로부터 나온 것이다. 그리고 《우서(虞書)》의 교관(教官), 《예기(禮記)》의 임사(任師), 태임과 태사의 태교(胎教), 맹모의 세 차례 이사 등은 모두 인사 사범에서 나왔다.(우서는 하서(夏書)라고도 하는데 사서오경(四書五經) 중 하나인 《서경(書經)》으로, 고대 중국의 정치와 제도 등을 기록한 책이다. 《예기》도 사서오경 가운데 하나인데 거기에 나오는 교관이나 임사는 모두 고대 중국에서 민중 교육을 담당했던 관리들을 뜻한다. 주나라 문왕(周文王)의 어머니인 태임과 주나라 무왕(周武王)의 어머니인 태사는 모두 현명한 어머니들로 자식을 바르게 교육하는 데 정성이 지극하여 훌륭한 어머니의 표본으로 높이 칭송받았다. 맹모삼천지교(孟母三遷之教)라는 고사성어가 있듯, 맹자의 어머니도 자녀 교육에 특별히 정성을 쏟아 맹자가 어릴 때 세 번이나 이사하며 바람직한 교육 환경을 마련한 것으로 유명하다.) 철학자나 성인군자, 영웅호걸이나 구류 백가(九流百家, 제자백가로 불리는, 중국 춘추 전국 시대에 활약한 학자들) 등 뛰어난 업적으로 후세에 그 이름을 길이 남긴 사람들 가운데 훌륭한 스승 없이 성공한 이가 어디 있는가. 사범의 도리가 제대로 갖추어지지 않는다면 길거리에 글 읽는 소리가 아무리 가득해도 좋은 성과를 얻기 어렵다.

오늘 스승은 과거 학생이었으니 오늘날 스승이 훌륭한지 아닌지 판단하려면 과거 교육이 어떠했는지 살펴보면 된다. 승려의 학업에 대해서는 앞서 이미 언급했기 때문에 오늘날 소위 스승이라는 사람들의 자질은 쉽게 유추할 수 있을 것이다. 요행으로 스승이 된 자들은 육대주(大洲)를 구분하지 못하고 오곡(五穀)을 알지 못한다. 생존경쟁에 대한 이야기를 들으면 귀머거리가 음악을 듣듯 이해하지 못하고, 만국 지도를 봐도 눈먼 소경이 그림을 보듯 캄캄한 실정이다. 이런 사람들 수를 다 헤아리기 어려운 것이 현실이다.

아! 세상은 크고 학문 세계는 넓은데 후손들이 무슨 죄로 이런 스승에게 가르침을 받아 그 전철을 고스란히 밟고 제2의 뽕나무 벌레가 되어야 하는가.(《시경(詩經)》에 나오는 말로, 뽕나무 벌레는 새끼를 낳으면 그대로 자기를 닮게 만든다는 데서 나온 표현이다.) 이런 일들이 계속된다면 후손들이 입는 피해는 참으로 끝없을 것이다.

그 이유는 다름 아니라 사범학이 바로 서지 않았기 때문이다. 사범학을 바로 세우고자 한다면 마땅히 먼저 사범학교를 설립해야 한다. 그리하여 승려들 가운데 15세부터 40세 사이의 인재들을 가려 배우게 하고 그 과정에서 보통학, 사범학, 불교학을 적절히 조합해 가르쳐야 한다. 그러면 4, 5년 이내에 소학교 교사가 부족하지 않게 되고 불교학계도 더는 불신과 혐오감을 주지 않을 것이다.

이렇게 혁신에 혁신을 거듭하면서 후퇴하지 않는다면 장래 불교는 온 세계에 큰 광명을 비출 것이다. 교육을 자꾸 부르짖으며 사범학을 무시한다면 섭공이 용을 좋아한 것과 같아 교육의 필요성을 진정으로 느낀다고 볼 수 없다.(섭공호룡(葉公好龍)이라는 고사성어로 《장자》에 나오는 우화다. 중국 춘추 시대 초나라의 섭공은 용을 매우 좋아해 집안 곳곳에 용을 그리거나 용무늬를 새겨 넣었다. 이 말을 들은 하늘의 용이 직접 섭공의 집을 찾아갔는데, 진짜 용의 모습을 본 섭공은 놀라서 도망가고 말았다고 한다. 섭공이 용 그림을 좋아했을 뿐이지 실제 용을 좋아한 것이 아니라는 뜻으로, 어떤 행동이나 주장이 실제와 다른 것을 뜻한다.)

셋째, 외국 유학이다. 먼저 승려들을 인도에 보내 부처님과 조사(祖師)들의 참된 발자취를 찾아 배우게 하고, 경론(經論) 가운데 우리에게 아직 전해지지 않은 것들을 구해 와 중요한 것은 번역하고 세계에 널리 펼칠 필요가 있다. 또 중국으로 유학을 보내 불교가 중국에 전래된 이후의 역사를 공부하고, 조사 스님들의 특별한 행적이나 불교와 관련된 여러 자료들을 수집해 와 자료로 만들어야 한다. 그리고 구미의 여러 문명국에 가 서양 종교의 현황과 역사를 연구하고, 여러 문물을 배워 와 그 가운데 아름다운 것을 택해 우리의 부족함을 보충하는 기회로 삼는다면 어찌 좋지 않겠는가. 유학이란 대체로 이런 의미가 있기 때문에 지식과 학문을 교환하고 소통한다면 세계가 서로 발전하며 관계가 오래 지속될 것이다. 외국 유학이 제대로 이루어진다면 우리가 미처 알 수 없었던 이익이 대단히 많을 것이다. 뜻있는 사람들은 유학에 대해 마땅히 심사숙고해야 한다.

오늘날 올바른 교육은 더는 미룰 수 없는 아주 시급한 일이다. 하지만 저 낡고 부패하고 완고하며 비열한 무리들이 갖가지 방법으로 바른 교육의 길을 막고 낡은 관습을 고수하며 한 걸음도 나가지 않아, 청년들이 아까운 시간을 헛되이 보내게 만든다. 아! 저들이 배우지 않아 자신의 몸을 망치고 자신의 종교를 망치고 그것도 모자라 성장하는 청년들까지 망칠 작정인가. 청년들이 무슨 잘못을 했길래 그들과 함께 망하는 길로 들어서야만 하는가. 선량하지 못함이 어찌 이리도 극에 이르렀는가.

문명의 흐름은 그 힘이 대단해서 이런 비열한 무리들이 감히 막을 수 있는 것이 아니다. 앞으로 교육은 한층 더 보급되고 발전할 것임은 손바닥을 들여다보듯 분명하다. 그러나 오늘날 문명은 너무나 급속히 발달해 말 네 필이 끄는 수레를 타고 따라가도 붙잡기 힘들 지경이다. 그러므로 조금이라도 속도를 늦추면 그 차이는 엄청나게 벌어질 테니, 급하게 하지 않으려 해도 급한 마음이 들지 않을 수 있겠는가.

그러므로 나는 승려 여러분에게 큰 소리로 절규한다.

"교육의 발전을 저해하는 자는 반드시 지옥에 갈 것이며, 교육의 발전을 앞당기는 자는 마땅히 성불의 길을 갈 것이다."

만해는 여기서 주로 승려 교육에 대한 문제와 대책을 말하고 있지만, 당시 조선의 뒤떨어진 교육 현실에 대한 우려와 고민도 함께 말하고 있다. 그는 "교육이 잘되면 문명이 발달하고, 교육이 안되면 문명은 쇠퇴한다."는 입장에서 무엇보다 근대 문명이 교육과 불가분의 관계라는 사실을 강조한다. 오죽하면 마지막 줄에, 교육에 임하는 자세의 차이로 지옥행과 성불행의 갈림길에 놓인다고까지 했을까.

승려 교육으로 보통학, 사범학, 외국 유학이라는 세 가지 방안을 주장하고 있다.

여기서 보통학은 생존경쟁 시대를 살아가기 위한 토대로서 필수 학문이며 다음 단계인 전문학을 하기 위한 기초 학문이라 했는데, 오늘날 대학의 교양 과정에 해당되는 듯하다.

그리고 사범학은 자연(自然) 사범과 인사(人事) 사범으로 나누었는데 자연과학과 인문학을 전문으로 가르칠 수 있는 사범(교육자) 양성이 시급하다는 뜻이다. 실력 있고 올바른 교육자가 먼저 양성되어야 질 높은 교육을 기대할 수 있고 그런 교육자로부터 배운 사람들이야말로 근대화된 문명 발전에 이바지할 수 있다는 주장이다.

외국 유학을 말한 부분도 상당히 눈길을 끈다. 인도와 중국, 그리고 구미 각국으로 유학생들이 퍼져 나가 세계 각국에서 다양한 문물을 배우고 들여와, 낙후된 우리 현실과 시대에 뒤처진 불교계를 새롭게 변화시키는 견인차로 활용하자는 말이다. 근대화된 선진 문물에 대한 만해의 높은 열망과 기대감이 엿보인다.

만해는 《유신론》을 집필하기 이전에 이미 드넓은 세상에 대한 호기심과 변화하는 세계에 대한 탐험이라는 부푼 꿈을 안고 홀로 시베리아 여행을 시도한 적이 있다. 그러나 어린 나이에 무모할 만큼 과감히 추진한 외국행은 용두사미로 끝나고 말았다. 시베리아에 닿기도 전에 만주 지역에서 동포에게 목숨을 잃을 뻔한 극단적인 사건이 벌어졌고 좌절과 허탈감만 안고 귀국했던 일이 있다. 비록 자신의 시도는 좌절되었지만 많은 젊은이들에게 선진국 유학을 권유한 것은, 만해가 동양이든 서양이든 선진 문물에 대한 열망과 기대감이 높았음을 말해 준다. 만해가 승려 교육에 이렇게 각별한 관심을 가진 이유는 승려들의 의식이 먼저 근대화해야 조선 불교를 유신할 주체들이 만들어진다고 보았기 때문이다. 그러니 승려 교육은 만해에게 무엇보다 시급한 과제였을 것이다.

한편 만해 자신도 근대 교육을 받고 사찰의 강원에서 강사를 역임하는 등 승려 교육 면에서 꾸준히 실천과 노력을 해 왔다. 만해는 1906년 28세 때, 서울에 세워진 최초의 근대 불교 학교인 명진학교(현재 동국대학교의 전신)에 입학했다. 명진학교는 한말 불교 근대화를 이끌어 갈 승려 인재를 양성하기 위해 설립되었는데, 전국의 각 본산 사찰에서 청년 승려를 각기 두 명씩 선발하여 전통 불교학과 근대 신식 학문을 두루 가르치는 2년제 교육기관이었다. 만해는 백담사의 본사인 건봉사의 추천으로 명진학교에 입학했다. 당시 만해는 정식 강원(재래식 불교 학교)을 수료하지 않았기 때문에 명진학교의 2년제 과정에 정식 입학하지 못했고, 보조과에서 짧은 기간 공부한 뒤 명진학교를 졸업하고 곧장 건봉사로 갔다.

당시 불교계에서는 상당한 재력과 권위를 자랑하던 건봉사와 인연을 맺으면서 가난한 시골 출신 승려 '봉완'(만해의 첫 법명)은 한국 불교의 중심으로 다가가게 되었다. 당시 건봉사는 금강산의 유명한 사찰로 특히 불교 근대화에 많은 관심을 기울여, 불교계 청년들을 일본으로 유학 보내는 역할도 적극 담당했다.

1907년 29세 때 건봉사로 간 만해는 그해 4월 본격적으로 참선 수행을 하기 위해 선방에 들어갔다. 건봉사 선방에서 최초로 경험한 참선 수행은 이전에 간간히 맛본 불교와는 차원이 달랐다. 만해도 건봉사의 무불 선원에서 경험한 참선 수행을 자신의 최초의 안거(불교의 참선 수행자들은 1년에 겨울과 여름 두 차례 각 3개월씩 동안거와 하안거를 통해 절집을 떠나지 않고 오직 수행에만 몰두하는 기간을 갖는다.)라고 말했다. 이때 치열하게 선 수행을 했던 경험이 뒤에 다양한 잡지와 신문에 참선과 관련된 글을 쓸 수 있었던 기초가 되었다.

만해는 안거 수행 이후 건봉사의 큰 스승 만화 스님으로부터 법을 받고 백담사 승려 봉완에서 건봉사 승려 '용운'으로 법명을 정식으로 다시 받았다. (그러므로 우리에게 익숙한 한용운이라는 이름은 불교식 법명이며 어릴 때 속가에서는 한정옥과 한유천 두 이름으로 불렸다. '만해'라는 이름은 그가 35세 때 필명으로 쓰기 위해 스스로 지은 호다.) 건봉사에서 1년 정도 선 수행을 마치고 난 만해는 금강산 유점사로 가 《화엄경》을 배웠고, 유점사의 유명한 강사인 서진하 스님으로부터 일본행을 권유받아 마침내 일본 유학까지 간다.

만해는 '나는 왜 승려가 되었나'라는 기고문(《삼천리》 6호, 1930년)에서 이 시절을 다음과 같이 회고한다.

"반도에 갇혀 지내는 것이 사내의 본의가 아닌 듯하여 일본으로 뛰어들었다. 그때 조선의 새 문명은 일본을 통하여 많이 들어왔으니 비단 불교문화뿐 아니라 새 시대 기운이 번창한다는 일본의 자태를 보고 싶었다."

일본에 건너간 만해는 일본 승려들의 후원으로 조동종 대학(현 고마자와 대학)에 입학했고 서양 철학도 이때 처음 접했다. 일본 각지를 다니며 근대화를 향해 급속히 달려가는 일본의 실상을 목격했고, 조선인 일본 유학생들도 만나 문명과 근대화에 대한 관심이 더욱 깊어갔다. 만해가 승려 교육의 일환으로 외국 유학을 강조한 이유도 자신의 일본 유학 경험이 크게 작용했을 것이다. 불교 대중화를 위해 노력하고 있던 일본은 불교 대학을 비롯해 중고등학교, 유치원 등 불교 교육기관을 곳곳에 설립하고 도시 포교당이나 복지 시설을 설립하는가 하면, 불교 관련 서적 출판 등 다양한 사회활동을 시도하고 있었다. 이런 현장을 직접 체험했으니 낙후한 조선 불교가 처한 현실과 극도로 대비되었을 것이고 조선 불교의 유신이라는 시대 과제를 떠올렸을 것이다. 그러나 학비도 부족하고 이국 생활의 고독과 어려움도 만만치 않아, 만해는 6개월 정도 머물다 1908년 10월 일본 생활을 접고 귀국했다.

귀국 후 1908년 12월 명진학교 부설 기관이던 명진 측량 강습소의 소장으로 취임해 토지 측량 기술을 교육하는 일을 담당하기도 했다. 토지 측량은 봉건 토지 제도를 변화시켜 근대적인 토지 소유와 관리, 세금 부과를 위해 당시로서는 매우 필요한 첨단 기술이었다. 만해는 이 강습소를 운영하면서 근대 기술교육과 불교 유신의 필요성을 더욱 절감했을 것이다.

그러나 이 강습소는 그다음 해 일제가 압박해 문을 닫았고 만해는 금강산 표훈사에 들어가 강원의 강사로 일하게 된다. 표훈사에서 강사로 활동하면서 만해는 전통적인 기존 불교 교육 방식을 답습하지 않고 교과 과정을 재편해 승려 기초 교육의 혁신을 시도하는 등, 일본에서 보고 배운 근대 문명의 흐름을 조선 불교에 도입하고자 나름대로 노력했다.

특히 만해는 교육에 대한 열렬한 관심으로 《유신론》 이후에도 불교 대중화를 위한 저술 작업을 계속 이어 갔다. 통도사 강원의 강사로서 스님들의 불교 교리 교육을 담당하기도 했는데, 별명이 '고추 여래'일 만큼 매서운 강사로 소문이 났다. 이 무렵 스님들을 위한 교육용 교재로 《불교 한문 독본》도 펴냈다. 또 통도사에 있을 때 팔만대장경을 열람하고 그 가운데 아주 중요한 내용만 뽑아 《불교대전》이라는 책을 저술하기도 했다. 《불교대전》은 팔만대장경이 너무나 방대하여 그 전체에 대해 어느 누구도 감히 접근을 시도하기 어려운 실정에서, 그 내용을 대중들이 쉽게 접할 수 있도록 진수만 뽑아서 한 권으로 만든 책이다. 당시 불교 잡지인 〈해동불보〉에는 이 책을 "불교 포교의 교과서요 우리 사회의 복음(福音)"이라 평가했고 간행되자마자 수천 부가 팔려 서적계에서 판매 기록을 깼다는 광고문도 내보냈다.

만해는 이런 저술 사업과 더불어 불교 대중화와 불교 혁신 사업을 이끌어 갈 중심 기관이 필요하다고 생각해 조선 불교회를 조직하고 그 회장으로 취임했다. 그러나 친일 불교 인사들이 거세게 반발하고 일제의 집요한 방해로 그 과정은 순탄하지 못했고, 결국 조직 사업의 한계에 직면해 자신의 포부를 접을 수밖에 없었다.

다시 전국 사찰을 돌며 심신을 재충전하면서 동양 고전 《채근담》을 읽고, 대중들이 이 책을 쉽게 이해할 수 있도록 해설을 곁들여 1915년 《정선강의(精選講義) 채근담》을 출간했다. 원래 《채근담》은 유불선 3교의 중요 일화를 다룬 책인데, 이 책 서문에서 만해는 "조선 정신계가 수양하는 데 필요한 거울"로 이 책을 활용하라고 주문했다. 이렇듯 만해는 스님들뿐 아니라 일반 대중의 정신적인 성숙을 목표로 강연을 하는 틈틈이 글을 써서 이런 교양서들을 펴냈던 것이다. 이 책 역시 발행한 지 불과 몇 개월 만에 매진될 만큼 호응이 좋았고 《유신론》의 제목을 써 주었던 석전 스님은 이 책에도 추천 서문을 써 주었는데, 거기에 "고기 맛을 잊고 텅 빈 뿌리로 돌아가게 해 주는 책"이라는 유명한 말씀을 남겼다.

　나중에 만해는 승려 교육뿐 아니라 식민지 교육 전반을 비판하며, 바람직한 민족 교육을 지향하기 위해 '조선 민립 대학' 설립 운동에도 적극 동참했다. 민립 대학 기성회의 중앙부 집행위원과 상무위원으로 임명되어 한국인과 일본인의 공동 교육을 반대하고 조선인 중심 교육의 필요성을 강조하면서 식민지 교육의 우민화 정책이 불러올 위험성을 경고했다. 이처럼 만해는 교육이 조선 불교와 조선 민족의 미래를 여는 핵심 열쇠라고 보고 그 무엇보다도 교육 문제에 열정을 다해 참여했다.

2 승려의 인권 회복과 생산

조선 시대 수백 년 동안 승려들은 심각한 핍박을 받으며, 사람이지만 사람 취급을 제대로 받지 못하고 살아왔다. 그 까닭은 일하지 않고 먹고 입고 놀았던 탓도 상당히 크다. 그저 놀면서 먹고 입는 것은 요즘 경제학자들이 말하는 소위 분리(分利, 다른 사람이 올린 이익을 나눠 가짐)에 해당한다. 남이 만든 이익을 앗아 가는 부류는 다른 사람들에게도 해롭고 나라와 세계에도 해롭다. 누군가 길쌈질을 하기 때문에 옷을 입을 수 있고 누군가 경작을 하기 때문에 밥을 먹을 수 있는데, 정작 길쌈하지 않고 옷을 입는다면 남이 지은 옷을 입는 것이요, 밭을 갈지 않고 밥을 먹는다면 남이 경작한 곡식을 먹는 것이다.

이처럼 길쌈질도 밭갈이도 하지 않고 남이 만든 것으로 입고 먹고산다면, 나도 어떤 가치를 창출해 내가 받은 만큼 보답해야 한다. 그래야 피차 원망이 사라지고 전체 경제에도 문제가 생기지 않을 것이다. 만일 한 사람이 놀면서 먹고 입으며 조금도 보답하지 않는다면, 경작하고 길쌈하는 사람의 노력 일부분을 소모하는 것이며 전체 경제에서 한 사람의 역량을 감소시키는 셈이다. 일정한 이익을 나누어 갖는 사람들이 많은가 적은가에 따라 대중의 노동력이 늘 수도 줄 수도 있으며 경제 발달이 될 수도 안 될 수도 있다. 남이 생산한 이익을 노력 없이 가져가는 사람은 남의 생산물을 빼앗아 가는 도둑과 같다. 그러니 생산한 사람들에게 핍박받는 것은 당연하고 어떠한 변명의 여지도 없는 것이다.

스스로 가치를 창출하지 않으면서 남의 도움만 받고 산다면, 생존권이 나에게 있지 않고 남에게 있는 것과 같다. 때문에 차라리 죽는다면 모를까 살고자 한다면, 남이 비록 천시하고 경멸할지라도 받아들이지 않을 수 없고 그저 목숨을 구차하게 영위함을 영광으로 여겨야 할 형편이니 자신의 자유를 어떻게 지키고 핍박을 면하겠는가.

조선의 승려들 가운데 이익 나누어 갖기를 하지 않는 사람이 과연 얼마나 있을까.

예전부터 승려들은 두 가지 방법으로 생계를 해결해 왔다. 하나는 속임수요 둘째는 구걸이다. 속임수로 얻는 법은 문자깨나 아는 교활한 승려가 길흉화복, 보시 같은 그럴듯한 말을 써서 우매한 부녀자들을 꾀어내는 것이다. 마치 개같이 행동하고 여우같이 아첨해 먹고 입는 문제를 해결하는 방식이다. 두 번째 구걸하는 법은 승려 대부분이 오래전부터 해 온 방식으로, 집집을 돌아다니며 문 앞에서 절하고 돈이나 곡식을 구하는 것이다. 그런 두 가지 방식 외에 승려들이 생계를 해결할 길은 없다.

승려들 사이에는 '보살 만행'이라는 이상한 말이 있다.(대승불교에서는 자신이 먼저 부처가 되어 홀로 열반에 들기를 미루고 오직 고해에서 허덕이는 중생들을 제도하는 일에 앞장서는 이를 보살이라고 한다. 중생이라는 병든 자가 있는 한 대승 보살은 그 병이 모두 치유될 때까지 그들을 위해 헌신하는데, 이런 보살들이 중생 구제를 위해 실천하는 모든 수행법을 보살 만행이라고 한다.) 보살 만행 중 걸식 잘하기를 최고로 여겨 마치 걸식이 불교의 근본인 양 앞다투어 걸식하려는 경향이 있다. 심지어 걸식하지 않고 생산을 직접 하는 승려들을 마치 승려 자격을 상실한 듯 비난하고 지목하기도 한다.

아, 슬프다. 보살 만행을 말하자면 걸식은 그 가운데 만분의 일도 안 될 만큼 사소한 것이다. 보살 만행은 오직 수행과 중생 제도라는 지극한 뜻에서 나온 갖가지 방편일 뿐이다. 보살 만행이 승려의 호구지책으로 공공연히 걸식이나 일삼으라는 말은 결코 아니다. 그런데 하나같이 보살이 지켜야 할 9999가지의 보살행은 묻지도 않고 오직 만분의 일에 불과한 걸식만 부지런히 지키고 있으니, 이를 어찌 참된 법이라 하겠는가. 조선의 승려들은 수십, 수백, 수천 명의 걸식자들이 떼를 지어 살고 있는가 하면 다른 한편 소위 상류층 승려들은 속임수를 써 생계를 해결하고 있으니, 과연 승려가 사회로부터 천대받지 않기를 어찌 바랄 수 있겠는가.

이런 까닭에 온 나라에서 사람들이 승려를 소나 말처럼 여기고 노예처럼 대하며 조금도 불쌍히 여기지 않는다. 그런데도 정작 승려 자신들은 걸식이 마치 천직인 양 당연히 여기고 이상하게 생각하지 않는다. 심한 경우에는 걸식 행위를 인욕(忍辱, 굴욕과 고통을 참음)과 하심(下心, 마음을 늘 겸손하게 내려놓음)이라 내세우고 부처님 법이라고 입에 발린 구두선(口頭禪, 말로만 하는 선 수행)을 일삼고 있으니, 천시받고 경멸받는 일을 오히려 기뻐하는 지경에 이르렀다.

아! 하늘에서 타고난 인권은 누구나 똑같으며 특별히 누구에게 더 많거나 부족함이 없거늘, 조선의 승려들은 스스로 그 천부의 권리를 극도로 손상시키고도 어찌 부끄럼조차 느끼지 못하는가.

부처님은 위대하고 뛰어난 능력으로 천상천하 유아독존(天上天下唯我獨尊, 하늘 위 하늘 아래 그 어디서나 '나'와 같은 존재는 없고 누구나 유일한 존재로서, 그 가치는 무엇과도 바꿀 수 없이 오직 높고 귀하다)의 기개를 펼치셨는데, 부처님을 따르는 불자들은 무엇을 배웠기에 부처님 뜻에서 그리도 멀어지고 있는가. 용기와 기개가 없어도 너무 없다 하겠다.

그 이유는 무엇인가. 승려들 스스로 생계를 유지할 수 없기 때문이다. 만약 남의 덕으로 간신히 살아간다면 그 몸을 약한 버들가지처럼 휘청대지 않을 수 없고 그 마음을 바람 앞의 풀처럼 굽히지 않을 수 없으니, 어찌 슬프지 아니한가.

오늘날 세계는 과반수 사람들이 황금을 좇아 경쟁하고 있다. 문명은 돈의 힘으로 건설되고 성공과 실패는 오직 이익 다툼에 좌우될 뿐이다. 생산하지 않으면 세계가 파괴될 수 있고 한 나라가 망하기도 하며 개인은 스스로 설 수 없게 된다.

사람과 생산의 관계는 물고기와 물의 관계와 같다. 양자강이나 황하의 물이 많을 때는 고기 떼가 활발하고 자유롭게 헤엄치며 놀 수 있고 언젠가 북해(北海)와 남명(南冥)으로 갈 수도 있다.(《유신론》에는 중국 고전 《장자》에 나오는 우화가 자주 인용되는데, 물고기가 남명으로 간다는 말은 《장자》〈소요유〉편에 나오는 이야기다. 북명(北冥, 북쪽의 큰 바다)에는 곤(鯤)이라는 이름을 가진 큰 물고기가 사는데 그 크기가 몇천 리인지 알 수 없었다. 어느 날 곤은 멀리 여행을 떠나기 위해 붕(鵬)이라는 새가 되었는데 이 또한 얼마나 큰지 누구도 그 어마어마한 크기를 알 수가 없다. 붕이 하늘로 날아오르자 거대한 날개는 하늘을 다 덮어 버렸고, 큰 날갯짓은 엄청난 태풍을 일으켜 바다의 물결이 삼천 리나 높이 일었다. 붕은 태풍을 타고 구만 리 상공을 날아올라 여섯 달 동안 날다가 잠시 쉬는데, 이렇게 거대한 바람을 타고 북해 반대쪽 남명(南冥, 남쪽 큰 바다)으로 갔다는 이야기다.)

그러나 물이 마른 수레바퀴 자국에 있는 물고기를 건어물 가게에서 만나지 않는다는 보장 또한 없다.(이것도 《장자》〈외물〉편에 나오는 이야기다. 장자가 먹을 양식이 떨어져 하루는 감하후라는 사람에게 양식을 빌려 갔는데, 그가 연말에 세금을 걷으면 그때 많이 빌려 주겠다고 했다. 그러자 화가 난 장자가 이렇게 대답했다. "내가 오는 길에 수레바퀴가 패어 놓은 웅덩이에 붕어가 있었는데 그 붕어가 당장 물 한 바가지를 끼얹어 자기를 살려 달라 했네. 내가 붕어에게 장강의 물을 서쪽으로 흐르게 한 다음에 너희들을 적셔 주겠다고 했더니 그 붕어는 화가 나 말했네. '나는 한두 바가지 물만 있으면 살 수 있는데 그렇게 말하다니 차라리 나를 건어물 가게에서 찾는 게 나을 것이요.'라고 말일세." 필요한 상황에 맞추어 적절한 조치를 취하지 않으면 때를 놓치고 결국 일을 그르치고 만다는 사실을 경고하는 말이다.) 사람도 이와 같아서 때에 맞추어 일하지 않고 그저 놀고 입고 먹는다면 자신을 망치는 길이다.

그러므로 문명국 사람들은 놀고먹는 일을 가장 천시하고 혐오한다. 갈수록 사회는 문명화할 것이 분명한데, 승려들이 예전과 다름없이 생산을 외면한다면 과연 사람들이 어떻게 볼 것인가. 장차 말할 수 없는 곤욕을 치를 것이며 전제 정치 시절보다 더한 압박과 천대를 받게 되리니, 그때 가서 후회해도 아무 소용이 없다. 우리가 예전의 구속을 벗어나 인간으로서 고유한 권리를 회복하려 한다면 무엇보다 승려들도 스스로 생산하고 자활할 필요가 있다. 굴욕의 원인을 근본적으로 제거한다면 누가 승려들을 조금이라도 능멸하겠는가.

생산하지 않음을 비판받을 때 승려들이 내세우는 변명은 다음 두 가지다. 첫째 자본이 없고, 둘째 생산 방법을 모른다는 것이다. 일리 없는 말은 아니다. 승려들은 오직 걸망 하나 짊어지고 구름처럼 떠돌며 세상일과는 담을 쌓고 살아간다. 하늘에서 꽃비가 내리고 하늘의 좋은 음식이 무궁무진 내리기를 기다리는데, 뜻밖에도 나무 인형과 흙 인형이 서로 주고받는 이야기처럼 자연의 법칙은 무정하다.(사마천이 지은 역사책《사기》〈맹상군열전〉에 나오는 이야기다. 비가 내리자 나무 인형이 흙 인형을 보고 풀어질까 봐 걱정했다. 이때 흙 인형은 나무 인형도 홍수에 떠내려갈 처지면서 어차피 대지에서 난 대지로 돌아갈 나를 걱정하느냐고 핀잔했다. 겨 묻은 개가 똥 묻은 개를 나무란다는 속담과 유사하다.)

홀연히 어느 날 아침 잠자는 세상 바깥에서 풍우와 벼락이 진동하며 동방의 문명을 일깨우니, 둘러보고 돌아보아도 강산이 다시 달콤한 봄잠에 잠길 수는 없게 되었다. 남의 행복을 자기 행복으로 만드는 타화천의 복과 즐거움이 완전히 사라졌으니 당연히 자본도 없고 생산 방법도 모르게 되었다.(불교에서는 해탈하기 전 고해 중생들이 사는 세계를 욕계·색계·무색계라는 삼계로 나눈다. 타화천은 삼계 중 가장 낮은 욕계에 있는 하늘로 그중 가장 높은 하늘 세계이다. 타화천에서는 남들이 변화해서 나타내는 즐거움을 자유로이 자기의 쾌락으로 삼을 수 있기 때문에 타화자재천(他化自在天)이라고도 한다. 남들이 변화시키고 남들이 변하여 나타내는 모든 것을 그대로 내 것으로 즐기는 곳이라는 의미다.)

하지만 이는 그리 걱정할 것 없다. 가치를 지녔다면 무엇이나 자본이 될 수 있고 자본이 되려면 반드시 노력을 가해야 한다. 가령 길이가 한 자나 되는 구슬이 있고 몇 아름이나 되는 큰 나무가 있는데 그것이 아무리 아름답고 보배롭다 해도, 기술자의 노력이 가해져야 비로소 진귀한 물건이 되어 특별한 가격으로 팔릴 수 있다. 사람의 노력을 가하지 않으면 돌에 박힌 구슬을 떼어낼 수 없고 나무도 산을 떠나지 못하니, 한 푼어치 값도 받을 수 없다. 그러므로 노력은 자본의 자본이며, 방법은 자본을 움직여 이익을 만드는 설계이다.

그러므로 자본이 없다면 먼저 자본을 갖출 방법을 생각해야 하며 이익을 키우는 일은 그다음 문제다. 자본을 갖추는 것도 노력 이외에 다른 방법이 없으니 노력이야말로 천연의 자본이며 최초의 방법이다. 아무리 거대한 자본과 훌륭한 방법이 있다 해도 그 시작은 손을 들고 발을 움직이는 사소한 노력에서 나온다. 세상 모든 것은 다 노력의 산물이다. 이 노력과 저 노력의 결과가 서로 상대하며 어깨를 겨루고 견주는 방법 외에 다른 길은 없으니, 과연 노력이란 얼마나 좋은 자본이며 방법인가. 노력은 사람마다 자유롭게 하는 것이니 가만히 기다린다고 해서 생기지는 않는다. 지금 바로 노력하지 않으면 오직 승려의 태만일 뿐이다.

승려들이 생산을 시도한다면 일반인들에 비해 자연과 인간 두 가지 면에서 장점이 있다. 자연 면에서 보면 승려에게는 산림 자원이 있다. 사찰은 산림을 많이 소유하고 있지만 대부분 활용하지 않아 생산이 없고 제대로 간수하지 않아 황폐해지고 말았는데, 아는 사람들은 이를 매우 탄식한다. 경전에도 "땅이 있으면 재물이 있다."라고 했다. 산림이 그렇게 많은데도 가만히 앉아 가난을 기다린다면 바른 도리가 아니다. 과일, 차, 뽕, 무, 도토리 같은 사업에 착수하면 당연히 좋아질 것이다. 동서양에서 여러 훌륭한 제도를 본받아 채택하고 춥고 더운 기후와 거칠고 윤택한 토지 등을 잘 참작해 힘쓰고 게으르지 않는다면 4, 5년 이내에 작으나마 성과를 올릴 수 있고 10여 년 뒤에는 큰 성공을 거두어 이익이 상당히 많을 것이다. 나무를 키우고 가꾸는 산업은 그리 많은 비용을 들이지 않고도 예상 밖에 이익을 거둘 수 있다.

인간 면은 무엇인가? 승려들은 항상 수십, 수백 명이 집단을 이루어 한 사찰에서 살기 때문에 서로 통하기 쉽고 서로 믿고 일을 맡기기 좋다. 다시 말해 공동 경영-주식회사, 합자, 합명회사 같은-에 적합한 조직을 갖추었는데, 공동 경영은 본래 상업 분야에 유익한 규정이라 먼 나라 사람들도 종종 시도하는 방법이다. 그러니 한솥밥을 먹는 사람들 사이에서야 그 유익함을 말해 무엇하겠는가.

앞서 말한 두 장점은 세속에서 구할 수 없는 승려 사회만의 특징이니 이 얼마나 좋은가. 아, 옷 안에 든 빛나는 구슬이 고용살이라는 가난을 면하게 해 주지 않는다면 누가 과연 그렇게 하고 있는지 생각해 볼 일이다.(《법화경》〈오백 제자 수기품〉에 나오는 비유다. 어떤 사람이 친구 집에 갔다가 술에 취하여 자고 있는데, 주인 친구가 관청 일로 길을 떠나게 되어 잠자는 친구의 옷 속에 커다란 보석을 매어 주고 갔다. 그런데 잠자던 친구는 이 사실을 알지 못했고 술에서 깨어난 뒤 여러 곳을 다니며 의식주를 해결하려고 갖은 고생을 다했다. 그러다가 오랜 세월이 흐른 뒤 친구를 다시 만났더니 "애닯구나 이 사람아, 어찌하여 이 지경이 되었는가. 내가 예전에 그대로 하여금 편안히 살게 해 주려고 값진 보배를 그대 옷 속에 매어 주지 않았던가. 지금도 그대로 있는데 알지 못하고 온갖 고생을 다하면서 궁색한 생활을 하고 있으니 참으로 가련하다.

이제라도 이 보배를 팔아 필요한 것을 마련한다면 만사가 부족함이 없으리라."라고 말했다. 여기서 구슬이란 부처님의 지혜와 가르침을 보배에 비유한 것이다. 중생에게 최상의 깨달음을 이룰 수 있는 보배를 이미 지니도록 했건만 사람들은 이를 모르고 스스로 고해의 바다를 허우적대며 번뇌와 곤경 속을 헤매고 다닌다는 뜻이다.)

만해가 제기한 승려의 생산 활동 문제와 의식주 해결법에 대해 생각해 보자.

먼저 승려의 걸식 문제를 지적했는데, 걸식은 불교 용어로 탁발이라고 한다. 탁발은 인도에서 전통으로 행해 온 사문들의 수행 방식이었다. 사문이란 당시 지배계급 승려로서 귀족 지위를 누리던 바라문들에 대항해 새롭게 등장한 수행자들이다. 사문은 힌두교 정통 사제인 바라문의 권위와 형식주의에 반대하여 강변과 숲 속에서 자유로이 수행하며 탁발에 의지해 생계를 이었다. 탁발 수행은 불교가 생기기 이전부터 있었는데, 수행자들이 물질 소유에서 벗어나 늘 자신을 비우고 낮추기 위한 수행의 한 방편이었다.

석가모니 부처님도 이런 전통 수행법을 받아들여 제자들과 하루한 차례 몸소 탁발에 나서 음식을 구했고, 중생에게는 수행자들에게 보시할 기회를 주어 스스로 복의 밭을 일구도록 하셨다. 탁발은 승려들이 단순히 밥을 해결하는 차원을 넘어 이런 중요한 의미를 담고 있다.

수많은 불교 경전 가운데 가장 초기 경전이라는 《숫타니파타》 제1장에는 이런 이야기가 나온다.

세속에서 밭갈이를 하며 살아가는 바라문 바라드파자는 어느 날 부처님께서 탁발을 하려고 한쪽에 서 계시자 이렇게 말했다. "사문이여, 나는 밭을 갈고 씨를 뿌린 뒤에 먹습니다. 당신도 스스로 갈고 뿌린 다음 먹으십시오." 그러자 부처님이 대답하셨다. "바라문이여, 나도 밭을 갈고 씨를 뿌립니다. 그리고 먹습니다." 그러자 바라문은 말했다. "우리는 당신의 쟁기나 호미, 작대기나 소를 본 일이 없습니다. 당신은 스스로 농부라 하지만 우리는 일찍이 당신이 밭을 가는 모습을 보지 못했습니다. 당신이 밭을 간다는 사실을 우리가 알아듣도록 말씀해 주십시오." 이에 부처님이 대답하셨다. "나에게 믿음은 씨앗이요, 지혜는 쟁기와 호미입니다. 부끄러움은 호미 자루이고 의지는 쟁기를 매는 줄이며 생각은 호미 날과 작대기입니다. 몸을 근신하고 말을 조심하며 음식을 절제하여 과식하지 않습니다. 나는 진실을 김매는 일로 삼고 있습니다. 노력은 나의 소와 같아 나를 절대 자유라는 경지로 실어다 줍니다. 물러남 없이 앞으로 나아가 그곳에 이르면 근심 걱정이 사라집니다. 나의 밭갈이는 이렇게 해서 이루어지고 달디단 이슬의 열매(깨달음)를 가져옵니다. 이런 농사를 지으면 온갖 고뇌에서 풀려나게 됩니다."

그러자 깨달음을 얻은 바라문은 "당신은 진실로 밭을 가는 분입니다. 달디단 이슬의 열매를 가져다주는 농사를 짓기 때문입니다."라고 말하며 부처님께 귀의해 제자가 되었다.

이 이야기처럼 승려의 걸식은 단순히 나태한 승려들이 하는 호구지책이 아니라 두타행으로 이해해야 한다. 두타는 인도 범어를 한자로 표기한 것인데 버리다·씻다라는 의미다. 다시 말해 수행자들이 의식주에 대한 욕심이나 집착을 버리고 무소유를 원칙으로 번뇌와 장애를 벗어나기 위해 고행 수도하는 것이다.

탁발의 원칙은 '항상 걸식으로 밥을 해결하고 신도 집으로 공양 초청을 받지 않으며, 부잣집과 가난한 집을 가리지 않고 순서대로 탁발하며, 하루 중 오전 한 끼만 받아먹고 아무 때나 마음대로 먹지 않는다.'는 것이다. 그러므로 탁발은 청빈한 수행자가 행하는 무소유 실천이며, 보시하는 이에게는 복덕을 길러 주는 방편이다.

탁발은 불교에서만 하는 것이 아니다. 불교가 생기기 이전부터 탁발로 살아가는 수행자들이 많았고 기독교에도 탁발 전통이 면면히 이어 왔다. 예수님과 그 제자들도 탁발로 의식주를 해결했고 13세기에 공인된 프란치스코회, 도미니코회와 가르멜 수도회 등은 아예 탁발 수도회로 불리는데, 초기에는 공동의 토지나 고정적인 수입조차 소유하지 않았다고 한다. 이처럼 탁발은 종교를 막론하고 수행자들의 무집착 무소유 정신을 기르기 위한 수행 방편으로 세계적으로 널리 행해졌다.

하지만 만해는 《유신론》에서 오히려 탁발을 질타했다. 왜일까? 탁발이 수행 수단이 아니라 생계유지 수단으로만 활용되었기 때문이다. 이런 악습은 현대까지도 이어졌는데, 유랑승, 동냥승, 가짜승 등 탁발을 빙자한 여러 사회문제와 부작용이 생기자 이를 막기 위해 1964년부터 조계종에서는 승려의 탁발 행위를 공식으로 금지했다. 가끔 '생명 평화 탁발 순례'나 '자비의 탁발' 행사 등이 열리곤 하는데, 전통적인 탁발의 의미를 오늘날 되새기며 사회적 관심을 불러일으키려는 의도에서 그렇게 이름을 붙인 것이다.

태국, 미얀마, 라오스 같은 남방불교 지역에서는 아직도 부처님 당시의 전통을 충실히 계승한다는 뜻으로 탁발을 하고 있다. 이들 지역에선 발우를 들고 가사를 입은 맨발의 수행자들이 매일 아침 거리에 나와 일렬로 탁발하는 모습을 쉽게 볼 수 있다. 이런 청빈한 수행자들을 대하면 탁발에 대한 부정적인 인상보다는 참다운 수행자에 대한 존경심이 절로 우러나게 된다.

그러나 국민 대부분이 불교도인 동남아 국가들과 달리 우리는 불교가 다른 종교에 비해 상대적으로 지위가 약하기 때문에 탁발이 사회문제를 불러올 수 있다. 때문에 만해는 승려들이 직접 생산 활동에 참여하라고 주장한다. 그는 조선 시대 이래 승려의 인권이 땅에 떨어지게 된 이유는 스스로 일하지 않고 의식주를 남에게 의존했기 때문이라고 보았다. 한마디로 남의 이익을 빼앗아 무위도식(無爲徒食)하는 승려 사회에 대한 뼈아픈 자성인 셈이다. 중국에서도 초기 선 불교 수행자들은 선농일체를 내걸며 스스로 땅을 파 먹거리를 마련했고 탁발이나 보시에 의존하지 않았다. 이런 자립 정신으로 다시 돌아가자는 것이다.

오늘날 우리나라 승려들은 몸소 거리로 나가지 않고 대부분 신도들이 가져다주는 시주 물품에 의지해 살아간다. 그런데 시주물이 점점 쌓이자 승려의 안일함과 소유욕도 함께 늘었고 재물이나 명예에 탐착하는 경우도 종종 본다. 그러므로 시주에 의존하는 오늘날 사찰의 생존법도 만해가 주장하는 '자립적이고 건강한 생산'이라는 승려 자활 방식과는 거리가 멀어 보인다.

한편 사찰의 경제 자립을 위해 만해가 한 제안은 오늘날 사찰에서 행하는 수익 사업과 유사한 면이 있다. 사찰이 소유한 수많은 산림(山林)을 이용해 조림 사업(과일, 차, 뽕나무, 도토리 등)을 하고 공동생활이라는 장점을 활용해 다양한 공동 경영 방식을 도입하자는 제안이다. 실제로 요즘 큰 사찰에서는 다양한 물품을 스스로 개발해 사찰 재정을 확보하는 수익 사업을 많이 시도한다. 그런 재정 기반을 바탕으로 불교 대학을 운영하고 각종 문화 행사나 교육 강좌 등을 기획하기도 한다. 그런 점에서 사찰의 경제 자립은 사찰의 생계 유지뿐 아니라 포교 활동을 원활히 하는 데 분명 기여하는 바가 있다.

하지만 승가의 본래 정신은 무소유와 청빈을 바탕으로 한 깨달음을 향한 수행 실천이다. 때문에 사찰의 경제 자립을 추구해 얻은 풍요가 반드시 승려 인권과 불교 지위를 높이는 일인지 짚어 볼 일이다. 사찰에서 벌이는 각종 재정 사업이 승려의 경제 자립을 넘어 물질에 대한 탐욕을 부채질할 수 있다. 춥고 배고픈 상황에서 참된 수행이 된다고 하듯이 사찰의 재정 사업은 수행자들을 참수행과 멀어지게 하고 일상에 안주하게 하며 더욱 안일하게 만들 수 있기 때문이다.

물론 오늘날 탁발 부활이란 쉽지 않다. 그러므로 우리 시대에 맞게 승려의 청빈한 수행 풍토를 북돋을 방안이 무엇인지 심각하게 고민해 볼 일이다. 유교 선비들이 주경야독(晝耕夜讀, 낮에는 밭을 갈고 밤에는 글을 읽으며 살아감) 하듯이 우리나라 천태종에서도 주경야선(晝耕夜禪)이라 하여, 낮에는 일(울력)하고 밤에는 참선 수행을 하는 전통이 오래 지속되어 왔다. 또 선농일치(禪農一致)라는 전통을 이어받아 중국이나 우리나라의 선 수행자들도 묵묵히 농사를 지으며 수행과 일을 겸하는 경우도 있다. 《백장청규》(중국 선 불교에서 정한 규칙을 담은 책)에서 수행자들이 지켜야 할 기본 원칙으로 "하루 일하지 않으면 하루 먹지 않는다(一日不作 一日不食)."고 했다. 일과 수행은 따로 있지 않고 몸을 움직이며 일하는 일상 가운데 수행을 늘 실천해야 한다는 가르침이다. 만해의 시대가 지나치게 걸식에 의존했다면 오늘날은 지나치

게 재정 자립에 관심을 기울이는 것은 아닐까 우려하며 청빈한 수행
과 건전한 재정이 조화를 이루는 방안을 만들어 내는 것이 우리 시대
의 과제라 하겠다.

3 승려의 결혼 문제

"앞으로 어떻게 불교를 발전시킬 것인가?"라고 누군가 묻는다면 나는 이렇게 답하겠다.

"승려의 결혼 금지를 푸는 것도 오늘날 불교가 해결해야 할 급선무 중 하나다."

그러면 아마도 나에게 이런 비난이 쏟아질 것이다.

"당신은 왜 그런 옳지 못한 말로 불교의 계율을 더럽히는가?《범망경》에 '부처님의 가르침을 따르는 사람은 스스로 음행해서도 안 되며, 남을 음행하게 해도 안 되며, 어떤 여성하고든 고의로 음행하는 것은 금한다.'라고 했다. 또 대승 계율 중 하나인 〈사분율〉에는 '부정(不淨)한 행동을 마치 동물처럼 범하면 비구(혹은 비구니)는 바라이 불공주를 받는다.'라고 했다.(바라이(波羅夷)는 그것을 범하면 비구나 비구니가 승려직을 그만두어야 할 만큼 심각하고 무거운 계율을 뜻한다. 승려가 지켜야 할 계율 중에서 가장 엄격한 계가 바라이계인데 바라이를 불공주(不供住)라고 번역한다. 비구의 바라이죄는 사음(邪婬, 음행), 투도(偸盜, 도둑질), 살생(殺生, 살아 있는 것을 죽임), 망어(妄語, 거짓말) 이 네 가지이며 비구니는 여기에 또 네 가지를 더해 여덟 가지 바라이죄를 적용한다.)

또 승려들이 지켜야 하는 계율 가운데 사미 10계가 있는데 그중 세 번째가 음행하지 말라는 것이다.(사미란 사미계를 받은 남자 승려로, 일반적으로 처음 출가하면 6개월 또는 1년 정도 행자(行者) 생활을 하여 승려가 될 기본 자질을 갈고닦은 뒤, 스승이 될 만한 은사 스님을 정하고 스승으로부터 사미계를 받아 사미승이 된다. 사미승은 아직 정식 승려가 아니고 예비 승려로 몇 년 뒤 구족계(具足戒)를 받아야 정식 승려인 비구가 된다. 사미는 사미 10계를 지켜야 하는데, 사미 10계란 살생하지 말라, 도둑질하지 말라, 음행(淫行)하지 말라, 거짓말하지 말라, 술을 마시지 말라, 꽃다발을 갖지 말고 향수를 몸에 바르지 말라, 노래하고 춤추고 풍류를 즐기는 데 가서 보고 듣지 말라, 높고 넓은 큰 평상에 앉지 말라, 때 아닌 때에 먹지 말라, 돈과 금은보물을 갖지 말라 등이다.) 또 비구승에게 가장 엄격하게 적용되는 4바라이 계율 가운데 첫 번째가 음행(淫行)계다. 이렇게 많은 경전에 음행을 금지하는 계율이 있으니 승려의 결혼 금지는 불교에서 아주 중요한 계율이다. 불교를 수호하는 사람으로서 어찌 함부로 결혼해서 계율을 손상할 것인가. 승려의 결혼은 불교 발전이 아니라 불교 멸망의 길이다."

그런 비판도 일리가 있다. 그러나 이는 《화엄경》의 '사사무애(事事無碍)'라는 대승불교 진리를 제대로 이해하지 못한 것이다.

불교의 진수는 고상하고 현묘(玄妙)하며 참으로 깊고 넓다. 진실됨과 허망함이 어떤 정해진 성품 안에 있지 않다. 또 공덕과 죄악이 모두 공(空)해서 들어가지 않는 곳이 없으며 받아들여지지 않는 일이 없다. 그런데 어찌 소소하고 구구한 계율 속에서 불교의 참뜻을 찾으려 하는 가. 불교의 참뜻을 계율에서 구함은 한 잔의 물속에서 용을 낚으려 함이요 개미집 속에서 호랑이를 찾는 격이니 어찌 가능하겠는가.('사사무애'라는 불교 용어는 아주 높은 수행 경지에 도달하지 못한 중생들로서는 사실 이해할 수 없는 세계라 하겠다. 《화엄경》에서는 이 세상을 끝없이 서로 겹치고 무한히 연결된 '법계연기(法界緣起)'라고 한다. 우리가 보고 듣고 느끼며 살고 있는 이 세계는 법신(法身, 진리의 본체)인 비로자나 부처님이 구체적인 모습으로 나타난 것이기에 '법계(法界, 진리의 세계)'라 한다. 이 법계는 한 티끌 속에 우주 전체가 들어 있고 한순간 속에 영원함이 들어 있다. 즉 하나를 들면 거기에 전체 우주가 관계되고, 반대로 우주 전체가 하나의 사물에 온전히 들어 있으며, 서로 끝없이 관계하고 융합하며 서로 작용하는 일즉일체(一卽一切, 하나가 곧 전체임) 일체즉일(一切卽一, 전체가 곧 하나임)로 존재한다. 이러한 법계를 사법계(事法界) · 이법계(理法界) · 이사무애법계(理事無礙法界) · 사사무애법계(事事無礙法界)라는 네 세계로 구분한다. 사법계는 중생들이 살아가는 어리석고 미혹한 현실 그대로의 세계다. 우리 삶이 펼쳐지는 현실 우주는 차별이 있는 현상계이다. 이법계는 근원적인 진리의 세계로, 삼라만상은 이런 진리 세계에 근본 바탕을 두고 존재한다. 이사무애법계는 근본 진리라는 세계(이법계)로, 미혹한 현실 세계(사법계)와 분리되어 있지 않다. 즉 번뇌가 보리(깨달음)이며, 현상계와 진리계가 둘이 아닌 세계다. 사사무애법계는 모든 현실 존재들은 서로 밀접히 연결되어 연기 관계로 작용하며, 하나는 홀로 존재하지 않고 여러 개와 동시에 무한한 관계 속에서 장애 없이 서로 작용하는 세계다. 그러므로 우리들이 지금 살고 있는 이 세계야말로 부처님이 계신 곳이며, 나고 죽고 변화하는 무상(無常)의 세계 가운데 부처님의 영원한 생명이 표출되고 있다. 사사무애법계는 화엄경의 대승 사상을 극명하게 담고 있다.)

과연 결혼이 불도를 이루는 데 장애가 된다면 과거 칠불 가운데 자식이 없는 부처님이 없었고 무수한 보살들이 어떻게 승가(僧家, 출가 수행자)가 아닌 재가(在家, 세속에서 수행하는 일반 신도)에서 나올 수 있었겠는가.(과거 칠불이란 석가모니불 이전 세상에 출현한 일곱 부처님인데, 제1 비바시불, 제2 시기불, 제3 비사부불, 제4 구류손불, 제5 구나함모니불, 제6 가섭불, 제7 석가모니불을 말한다.) 다만 소승 수행자들이 나약한 근기(根機, 수행 능력)로 욕망의 유혹에 빠져 돌이키기 어려운 지경에 처하지 않도록 바르게 이끌기 위해 사소한 계율들을 설정하고 여러 제약을 둔 것이다.

무릇 부처님의 가르침은 실제가 있는 듯해도 텅 비어 공(空)하고, 놓아주는 듯해도 앗아 가고, 어진 왕인 듯해도 패권 군주 같고, 천지같이 큰가 하면 터럭같이 작다. 그래서 불법은 딱히 고정된 무엇이라 할 수 없고 어느 하나를 가지고 전체를 논할 수 없다.

그 미묘함과 지극함으로 부처님께서는 오직 중생의 병에 따라 약을 주시고 인연따라 저마다 도(道)에 들어가게 할 따름이다. 그러므로 조용한 마음으로 먼저 불교의 근본을 찾는다면 저절로 그 근본 이치가 나타나, (불법의 이치는) 가히 멀고도 광활하다 하겠다. 우물 안 개구리가 어찌 상상도 못할 천하의 큰 바다에 대한 이야기를 듣기나 했을까. 나뭇가지에 보금자리를 치고 사는 뱁새가 어찌 하늘 높이 떠서 남명으로 날아가는 붕새의 큰 뜻을 알기나 할 것인가. 원교(圓敎, 불교의 원만한 궁극의 가르침)는 율종(律宗, 계율을 중심으로 하는 종파)이 감히 바랄 것이 아니다. 다만 가을 달 비치는 고요한 산과 봄 물결 넘실대는 큰 바다에 뜻이 있다면 불법은 바로 여기에 있다 할 것이다.

경전에 "지금 세상에 살면서 옛날의 도로 돌아간다면 그 재앙이 반드시 몸에 미친다."라고 했다. 오늘의 무대는 예전의 도량이 아니다. 긴 소매가 달린 옛 옷을 짧은 소매 옷으로 고쳐 입지 않으면 춤을 잘 출 수 없는 세상이 되었다. 석가모니불께서는 제자 오천 명이 자리를 일시에 물러나는 상황에서 할 수 없이 《아함/방등부》를 먼저 설하시어 제자들을 인도하셨다.(석가모니 부처님께서 깨달음을 얻으신 뒤 어떻게 이 깨달음의 진리를 중생들에게 전해 줄까 고심하다가 대승불교의 가장 높은 가르침을 담은 《법화경》을 제자들에게 먼저 설했다. 그러자 소승 진리에 만족한 오천여 수행자들이 더는 말씀을 들으려 하지 않고 한꺼번에 자리를 떠나 버렸다. 이에 부처님께서는 마음을 바꾸어 사람들의 근기에 맞게 이해하기 쉬운 《아함경》과 《방등부》의 경전을 먼저 설하여 이들을 설득하고 인도하셨다. 그 뒤 제자들이 불법의 대의에 조금씩 눈뜨자 가장 높은 사상을 담은 대승 경전인 《반야/화엄부》를 나중에 설하셨다고 한다.) 음탕한 사내를 교화하기 어려우면 관세음보살이 미인으로 몸을 바꾸어 제도할 수밖에 없으니, 모두 다 때에 맞추고 근기에 맞추어 중생을 가르치는 방편들이다.

비록 계율에 어긋나기 때문에 실행하기 어렵다 해도 만약 승려의 결혼이 시기나 근기 면에서 이로운 점이 있다면 하나의 방편으로 허락할 수 있다고 본다. 또 승려의 결혼이 이롭지 못한 때가 온다면 다시 결혼을 금지해 예전 상태로 돌아간다 해도 어느 누가 잘못이라 하겠는가. 승려의 결혼 금지는 세상의 도리 면에서도 적합하지 않다. 그 이유를 말해 보겠다.

첫째, 윤리 면에서 해롭다. 사람의 죄 가운데 불효죄가 크다는데 자손이 없다면 참으로 큰 죄라 한다. 자손이 없으면 제사가 끊어지고 대를 잇기 어렵기 때문이다. 내 한 몸으로 인해 과거 수백 세 조상과 미래 수백 세 후손으로 대가 이어지지 않는다면 그 죄를 어찌 용서받을 수 있겠는가. 남녀가 결혼하지 않으면 헤아릴 수 없이 많은 죄를 낳게 된다. 그 의미는 이미 수많은 사람들이 말해 왔고 동서고금의 글 가운데 모두 담겨 있기 때문에 여기서 굳이 더 언급할 필요도 없다.

둘째, 국가 차원에서 해롭다. 오늘날 종족주의가 지구상에 성행해 많은 정치가들 입에서 식민, 식민이라는 말이 성행하고 있다. 그런 까닭에 생산 기술과 위생에 대한 학문이 나날이 발달하고 있지만 여전히 미흡한 지경이다. 국가는 사람들의 조직이기 때문에 문명국은 당연히 결혼의 자유를 인정한다. 그래서 놀라운 속도로 인구가 증가하고 있고 쉽게 진화하니 그들의 힘이 들불처럼 확산되고 있다. 그런데 결혼에 어찌 금지가 있겠는가. 서양의 훌륭한 정치가들이 조선 승려의 결혼 금지 사실을 듣는다면 어찌 놀라고 슬퍼하며 괴이하게 여기지 않겠는가. 지금 승려 금혼을 풀지 않는다면 후일 반드시 법에 의해 결혼을 유도하는 법적 조치를 받아 이 계율을 풀게 될 것이다.

셋째, 포교에 해롭다. 우리는 승려의 결혼 금지를 계속 추구할 것인가, 아니면 장차 불교의 세계화를 추구할 것인가. 삼라만상이 태초부터 지금까지 자라고 끝없이 계속 이어 내려왔지만 무너져 없어지지 않는 것들이 과연 하나라도 있었는가. 과연 어느 하나라도 태어나 죽지 않고 지금까지 내려온 것이 있는가.

오래 살기로 유명한 대춘(나무)과 팽조(팔백 년을 넘게 살았다는 은나라의 전설적인 인물)는 어떤 것은 팔천 년을 봄으로 삼았고 어떤 것은 오백 년을 가을로 삼았다고 한다. 그리고 조균(버섯의 일종)과 하루살이는 수명이 짧기로 유명한데, 어떤 것은 그믐과 초하루를 모르고 어떤 것은 아침과 저녁을 모른다고 한다. 장수와 요절의 극단적인 경우들이지만 세상 만물은 모두 이런 양극단 사이 어딘가에서 살고 죽으며 단지 조금 빠르거나 느린 차이가 있을 뿐이다. 그러니 죽고 죽으면 과거가 되고, 나고 죽으면 현재가 되고, 나고 또 나면 미래가 되는 것이다. 이렇게 삼세(과거, 현재, 미래)는 본래 나고 죽는 시간일 뿐이니, 하나가 죽고 다른 하나가 나지 않는다면 백 년도 못 가 어찌 생명체를 다시 볼 수 있겠는가.

오늘날 불교를 세상에 널리 펴고자 하면서 모두 계율을 지키게 해 혼인을 막고 자손을 두지 못하게 한다면 어느 누가 불교에 들어오겠는가. 누가 이 계율을 실천하려 하겠는가. 불교에 들어왔다가 다시 속세로 돌아가는 자가 절마다 넘칠 테니 다른 무엇보다 승려 결혼 금지가 가장 큰 원인일 것이다. 그러므로 포교 면에서 승려 금혼은 이익보다 손해가 훨씬 큰데 장차 무슨 재주로 이 문제를 해결하겠는가. 끝내 이같이 간다면 불교는 오래 보존되기 힘들 것이다. 불교는 봄이라는 계절처럼 태어남을 좋아하고 죽음을 싫어하며 사람의 도리를 좋아하고 악한 도리를 미워하는데, 어찌 위대한 성현의 가르침이 인종을 보존하지 않고 실현될 수 있다는 말인가. 결혼 금지를 풀지 않는다면 아무리 말을 잘하는 소진과 장의(중국 전국 시대의 유명한 변설가)가 와 설득한다 해도 그 빛을 잃고 말 것이며 포교에 아무런 도움이 되지 않을 것이다.

넷째, 교화(教化)하는 데 해롭다. 사람들의 욕망이 다양하지만 지혜롭든 어리석든 현명하든 바보 같든 누구나 식욕과 성욕을 가졌다. 사람의 욕망은 다양하지만 희로애락과 함께 반드시 지닌 것이 식욕과 성욕이다. 그러므로 이 세상에 육체를 갖고 태어난 사람이 식욕, 성욕이 없다면 헛소리일 뿐 믿을 수 없는 말이니 어찌 이를 금하는 게 가능할까. 단지 난잡한 지경에 이르지 않으면 군자라 할 것이며 천하의 사람들이 모두 군자가 되기는 참으로 어렵다. 그러므로 식욕과 성욕이 법도를 잃고 끓어 넘치면 사람 목숨을 기러기 털처럼 가볍게 여기며, 후

회조차 없는 무서운 일도 벌어진다.

아! 거꾸로 쏟아지는 물은 막을수록 더 쏟아지고 도망치며 달리는 말은 통제할수록 더 난폭해진다. 식욕과 성욕도 억제할수록 더 심해지니, 이것이 보통 사람의 성질이다. 세상에는 보통 이하인 사람들이 많은데 계율이라는 이유로 억지로 욕망을 누르게 하여 향락의 그림자를 끊게 한다면 과연 가능하겠는가. 설사 누른다 해도 형식이고 명분일 뿐이다. 겨울을 지낸 나비는 꽃이 그리워 발병하고, 골짜기를 떠난 뻐꾸기는 버들을 못 잊어 발광하니, 오랫동안 억눌린 욕망을 펴고자 하는 마음이 너무나 절실한 것이다. 정욕을 펼치지 못하면 마음은 천리를 달리게 마련이다. 죽은 노루를 싸 가지고 여자를 유인한 남자와 진수를 건너 애인을 만나러 온 여자가 예부터 있었다.(《시경》에 나오는 이야기들로, 한 남자가 죽은 노루를 흰 띠풀로 감싸 둔 채 봄을 그리는 여자에게 보이려고 했다고 한다. 애정을 과시하며 사귀어 보자고 유혹하는 뜻이라고 한다. 또 어떤 여인은 사랑을 찾을 수 있다면 치마를 걷고 진수라도 건너겠다는 애절한 한탄을 노래로 불렀다고 한다.)

이처럼 결혼을 금지해 풍속을 해치고 뜻과 기개를 상실하게 만든다면 이보다 더 심한 것이 있겠는가. 우리 불교 역사를 돌아보면 고려 말 이후 승려들의 음란한 행동이 심각해 불교 전체를 훼손한 경우가 허다했다. 결혼 금지는 불교 교화에 이토록 깊은 관련이 있으므로 승려의 금혼은 분명 문제가 있다. 그렇다고 불교의 계율을 완전히 무시하고 모든 승려들을 파계로 몰고 가자는 말은 아니다. 다만 자율에 맡기자는 것이다.

역사적으로 유명한 사람들 가운데 기번, 데이비드 흄, 벨포어는 일생을 결혼하지 않고 역사학을 아내로 삼았고 데카르트, 파스칼, 스피노자, 홉스, 스펜서, 로크, 루소, 벤담, 칸트는 일생을 결혼하지 않고 철학을 아내로 삼았다. 뉴턴, 애덤 스미스는 과학을, 볼테르, 괴테는 문학을, 윌리엄 베트는 정치를, 카르보나리는 이탈리아를 아내로 삼고 일생 동안 결혼하지 않았다. 이들은 모두 천지를 빼앗고 귀신을 울리는 지략과 걸출한 능력으로 세상에 길이 빛날 업적을 남긴 위인들이지만 결혼하지 않았다. 그러니 승려도 불교를 아내로 삼아 평생 결혼하지 않을 수도 있지 않을까. 과연 그렇다면 내가 어찌 이들을 공경하고 예배하고 꿈꾸고 칭송하며 독신이기를 원치 않겠는가.

과거 칠불 가운데 비바시불이 있었는데 일찍 결혼하여 방응이라는 아들을 하나 두었고, 또 시기불은 무량이라는 아들을, 비사부불은 묘각이라는 아들을, 구류손불은 상승이라는 아들을, 구나함모니불은 도사라는 아들을, 가섭불은 진군이라는 아들을 두었다고 한다. 우리가 알다시피 석가모니 부처님도 일찍이 결혼하시어 아들을 하나 낳았으니 그 이름이 라훌라였다. 모두 일천 부처님들 가운데 가장 오랜 스승이요, 만법의 근원이신 분들이지만 다 결혼하여 아들을 두었으니, 아! 모르겠도다. 승려도 이런 부처님의 마음을 자기 마음으로 삼고 이런 부처님들의 삶을 따라 아내를 맞이하고 자식을 낳아도 되는지. 과연 그렇다면 내가 어찌 이들을 공경하고 예배하며 꿈꾸고 칭송하며 결혼하기를 원치 않겠는가.

아! 비간(은나라 주왕에게 바른말로 간언하다가 죽임당한 신하)은 죽음으로써 충성을 바쳤고, 기자(비간처럼 주왕에게 간언하다가 감옥에 갇혔는데 주나라 무왕에 의해 풀려난 신하)는 삶으로써 인(仁)을 성취했으며, 지백(중국 춘추 시대 말기에 진(晉)나라의 실권자였는데 다른 실권자였던 조양자를 공격하다가 한씨, 위씨 두 제후의 배반으로 도리어 자신이 죽게 됨)의 군대는 물을 끌어들이는 전략으로 크게 패배했고, 적벽강에서 위나라 군대를 공격할 때는 불을 끌어들이는 전략으로 성공할 수 있었다(《삼국지》에서 유비와 손권의 군대가 조조의 군대를 격파할 때 제갈량이 화공법을 써 성공한 적벽대전 이야기). 무릇 삶과 죽음, 물과 불은 서로 반대되는 두 극단이지만 필요할 때 실행해도 모순이 없었던 이유는 그 상황에서 가장 적절했기 때문이다. 옛사람들이 비록 승려 금혼을 계율로 정하고 불법을 숭상했지만, 오늘날 결혼을 허락하고 불법을 숭상한들 무슨 해로움이 있겠는가. 다만 시기적절하기만 하면 될 것이다. 나는 이 같은 불교 혁신을 큰 소리로 주장해 왔건만 사람들이 들으려 하지 않아 정치적 힘을 빌려고 국가에 두 번 청원을 올린 적이 있다. 다음에 그 전문을 소개하겠다.

〈중추원 헌의서(獻議書)〉

엎드려 생각해 보니 인간 세계의 일에는 변화보다 좋은 것이 없고 변화하지 않음보다 나쁜 것은 없습니다. 한번 정하고 변화하지 않는다면 세상에 존재하는 온갖 사람과 사물들을 볼 수 없습니다. 세상은 늘 변화하기 때문에 온갖 만물이 거기서 생성되며 변화하고 그렇게 계속되어 다함이 없는 것입니다.

이처럼 끊임없이 생성되고 끝없는 변화를 계속하면서 오묘한 세계는 날로 진화합니다. 과연 얼마나 많은 진화가 있어 왔는지 아무리 계산에 뛰어난 사람이라도 그 수를 결코 셀 수 없을 것입니다. 무릇 변화와 불변이 이렇게 비교되는 까닭에 세상 사람들은 변화를 귀중히 여깁니다. 변화는 천년이나 내려온 생각을 바꾸는 것도 있고 한 세기의 논의를 바꾸는 것도 있고 며칠이나 몇 달 만에 바꾸는 것도 있기에, 변화 기간에는 길고 짧음이 있지만 진화를 향해 달려간다는 점에서는 차이가 없습니다. 그러므로 변화는 진화의 다른 이름이며 변화가 없다면 과연 어찌 되겠습니까?

오늘날 바꾸어야 할 것이 참으로 많겠지만 오직 저에게 밀접히 관계된 것만 건의하오니 살펴 주신다면 참으로 다행입니다. 가만히 생각해 보건대 승려가 결혼하고 자식 두기를 스스로 금한 것은 실로 수천년 변하지 않은 계율입니다. 하지만 어찌 이토록 도리에 어두운 것이 있겠습니까? 이 문제가 국가의 정책과 관련이 적지 않기에 승려들이 스스로 처리하도록 방관해서는 안 될 것이라 생각합니다.

지금 세계에는 큰 문제들이 너무 많아 어느 한 가지만 딱 꼽을 수 없지만 그래도 식민지 문제가 가장 중요하다고 봅니다. 현재 우리나라 전국에 승려가 대략 오륙천 명이 될 듯하고 앞으로 얼마나 늘어날지 알 수 없지만, 이들을 그저 옛 틀에 맡긴 채 돌보지 않는다면 식민지 정책에 상당한 손실임은 말할 필요도 없습니다. 이 점은 평균 이상의 지성인이라면 아침저녁으로 누구나 우려하는 일인데 어찌 개선하려 하지 않는지 모르겠습니다.

불교는 가르침이 크고 원만하기 때문에 무엇이나 금지하지 않는 종교이며 다만 근기가 약한 중생들을 위한 방편으로 계율을 정한 것입니다. 그런데 후세 사람들은 이를 잘못 알고 계율을 금쪽같이 여겨 넋을 잃고 거기에 매여 한 걸음도 나아가지 못하고 있습니다.

아! 과거에 불교가 중생에게 끼친 영향은 이미 아득히 멀어졌고 수천 년간 승려들은 이 문제에 대해 아무 말이 없으니, 어찌 슬프지 않은 일입니까. 만약 불교가 세상에서 종적을 감춘다 해도 아무런 여한이 없다면 모르겠지만 그렇지 않다면 승려들이 결혼해 자식을 두고 그 범위를 확장시켜 종교 경쟁이 치열한 세상에 불교의 기치를 높이면 이 또한 교세를 보존하는 길이 아니겠습니까. 결혼 금지를 바꾸면 공적으로는 식민 정책에 도움이 되고 사적으로는 교세 보존에 기여하는데 무엇을 우려해 바꾸지 않는 것입니까. 승려 결혼 금지는 애초에 법률과 무관해 불교계가 스스로 금지하든 허락하든 큰 문제가 아니겠지만, 다만 천년을 내려온 관습이라 하루아침에 개선하기 어렵고 여러 의견이 분분하고 또 의심과 두려움이 남아 스스로 뜻을 두고도 이루지 못한 지 벌써 몇 해가 되었습니다.

이제 해는 지고 갈 길은 멀어 더 이상 늦출 수 없기에 감히 어리석은 말씀을 올리니 깊이 생각해 주시면 다행입니다. 만약 이런 제 건의가 진화하는 오늘날 아무런 보탬이 되지 않는다면 버려도 되겠으나, 조금이라도 채택할 부분이 있다면 각의에 제출하고 천하에 법령으로 공표하여 승려의 결혼을 자유롭게 해 주시길 바랍니다. 진화에 걸림이 없도록 이렇게 법적 조처를 내리신다면 공적으로나 사적으로 매우 다행이라고 봅니다.

융희 4년(1910년) 3월

중추원 의장 김윤식 각하

〈통감부 건백서(建白書)〉

엎드려 생각하건대 승려의 결혼을 금지한 불교의 계율은 그 유래가 오래되었지만 백 가지 법도를 새롭게 유신하는 오늘의 현실에는 적합하지 않음은 말할 나위가 없습니다. 만약 승려의 결혼 금지를 풀지 않는다면 식민 정치와 도덕 원리와 포교 어디에도 해로울 뿐 이익이 없습니다. 누구나 말할 수 있는 사실이기에 굳이 근거를 밝힐 필요는 없지만 설명을 약간 덧붙일까 합니다.

불교로 말하자면 그 깊은 진리와 광대한 사상은 승려의 결혼 여부로 손상되거나 이익 되거나 하지 않습니다. 다만 부처님은 중생들이 미혹에서 벗어나 깨달음을 얻고 악을 고쳐 선을 행하도록 하셨습니다. 그러나 중생들의 근기가 각각 달라 한 가지 방법으로 인도할 수 없기 때문에 형편상 부득이 정(情)을 없애고 욕망을 끊도록 가르치신 것이며, 사람들에게 필요한 수단을 방편으로 활용해 중생들을 인도하시고자 한 것입니다. 그러므로 승려 결혼 금지 계율은 본래 하나의 방편에 불과할 뿐 불교의 궁극적인 차원과는 거리가 먼 것이니 이를 해제한다고 어찌 불교의 근본에 손상을 입히겠습니까.

게다가 남녀 간 욕망은 지혜로운 이나 어리석은 이 모두 가졌기에 이를 평생 금한다면 오히려 폐단이 커지고 또 다른 폐단을 낳게 됩니다. 실로 조선의 승려들은 결혼 금지를 푸는 것이 이로움을 모르는 바 아니지만 천년의 관습을 하루아침에 타파할 수는 없기에 의구심을 잔뜩 품은 채 해가 가도록 주저하는 실정입니다.

국가 법령으로 금혼을 해제하기를 바랐기 때문에 올해 3월에 이 사실을 전(前) 중추원에 청원한 바 있었습니다. 그러나 나라에서는 아무 조처가 없고 승려들의 의구심은 깊어 가 환속하는 사람들이 날로 늘어나고 포교 활동도 점점 위축되고 있으니, 하루 속히 금혼을 해제해 교세를 보존하는 것이 낫지 않겠습니까?

많은 승려늘이 지금까지의 태노를 바꾸어 결혼하고 자식을 둔다면 오히려 정치나 도덕 종교계에 좋은 영향을 미치지 않겠습니까? 그러므로 감히 소견을 올리니 깊이 살피시고 특별법으로 발표하시어 천년의 오랜 관습을 혁신하고 세상에 보기 드문 정치 업적을 이루시길 바랍니다. 정치는 혁신이 제일 중요합니다. 이 일이 비록 작은 듯하나 실로 중대한 임무이니, 하루 바삐 조처해 주시면 매우 다행이며 다시 한 번 간곡히 바라 마지 않습니다.

명치 43년(1910년) 9월

통감 자작(子爵) 데라우치 마사다케(寺內正毅) 귀하

앞서 건의서를 올린 일제시대 중추원은 1894년 갑오개혁 때 설치되어 내각 자문 기관 역할을 했으나 이후 친일파 집합소로 변질된 곳이다. 일본은 일제 식민지 전략에 적극 협력했던 친일파들을 중추원에 모아 놓고 조선 침략 합리화에 이용했으며 중추원을 식민지 통치에 대한 선전·홍보 기구로 활용했다.

중추원에 올린 건의서에 아무런 응답이 없자 만해는 몇 개월 뒤 통감부에 다시 건의서를 올렸다. 일제는 대한제국과 1905년 을사늑약을 맺고 내정간섭과 식민지 정책 추진 본부로 통감부를 설치했는데, 통감부는 1910년 강제 합병 이전까지 약 5년간 조선의 군대, 사법, 경찰권을 단계적으로 장악하면서 식민지 핵심 역할을 담당했고 강제 합병 이후에는 총독부로 이름을 바꾸었다.

만해가 처음에 중추원에 올린 글을 보고 한말 개화 사상가이자 당시 중추원 의장이었던 김윤식은 "문체로 보나 사상으로 보나 근세에 짝을 찾기 어려운 글"이라고 호평하면서 만해의 입장을 적극 두둔했다. 하지만 막상 중추원은 만해의 승려 결혼 합법화 요구에 어떠한 조처도 취하지 않았다. 그렇지만 이 청원서로 인해 만해는 불교계에서 일약 주목받게 되었고 승려 금혼 문제는 뜨거운 감자로 커다란 논란거리가 되기 시작했다.

일본 승려들은 과거는 물론 오늘날에도 대부분 가정을 꾸리며 가업으로 승려직을 대대로 물려주는데 일제강점기 일본 불교의 그런 풍토가 우리에게 자연스럽게 밀려들었다. 사실 만해가 승려 결혼 합법화를 주장한 것도 일본 불교에서 받은 영향임을 누구도 부인할 수 없으리라.

그런데 이런 주장은 만해뿐 아니라 이미 조선 불교계에서 자연스레 일어났다. 이민우라는 사람도 만해에 이어 중추원에 비슷한 건의서를 제출했는데 역시 아무런 응답을 받지 못했다. 만해는 건의서 제출 후 석왕사에 가 심신을 가다듬은 뒤 그해 9월 서울로 와서 같은 논조의 건의서를 통감부에 또 제출했다.

당시 아시아에서는 일본이 모든 면에서 가장 근대화에 앞서가고 있었기 때문에 만해는 일본식 '유신'을 조선 불교에 도입하고자 애썼고, 일본 승려들이 처자를 두고 포교하는 모습을 매우 안정적인 제도로 보고 한편 선망한 듯하다. 이런 맥락에서 이해하자면 만해의 승려 결혼 합법화 노력을 전혀 터무니없다고 할 수는 없다. 하지만 여전히 그의 주장은 종교적으로나 역사적으로 그리 설득력을 얻지 못한다.

만해가 통감부에 건의서를 제출하기 약 한 달 전인 1910년 8월 29일 일본은 강제 합병 조약을 맺어 우리의 통치권을 빼앗고 국권을 완전히 말살했다. '경술국치'(경술년에 일어난 국가의 수치)라 일컫는 그 역사적인 재앙 앞에서 온 국민이 굴욕과 비탄에 잠겼던 그 시절에 만해는, 승려 결혼이라는 어찌 보면 뜬금없는 주장을 어찌 꺼낼 수 있었는지 의아하다. 게다가 침략 당사자에게 '명치'라는 일본 연호까지 써 가면서 이런 애걸하는 듯한 건의서를 왜 두 번씩이나 올렸어야 했는지도 이해하기 쉽지 않다. 아마도 일제의 침략 정책에는 분노하면서도 일본식 근대화는 선망하는 자기모순 때문이 아니었을까 싶다.

어쨌든 만해가 올린 건의서에는 아무 답이 없었지만 이후 친일 주지들이 승려 금혼 조항을 삭제해 달라고 공식적으로 정부에 청원서를 올리자, 1926년 조선 승려의 결혼은 식민지 치하에서 합법화하기에 이른다. 그 이후 승려의 결혼 문제는 범계(犯戒)라는 계율 문제를 넘어 불교계의 세속화와 타락을 부채질하는 결과를 불러왔다. 처자를 갖게 된 승려들이 사찰 재산을 개인 재산으로 둔갑시키고 교계 행정 조직을 장악해 사유재산을 늘리고 권력 다툼에 나서는 움직임이 눈에 띄게 늘었다. 조선 불교 중앙 교무원이 1925년 발표한 통계에 따르면 당시 비구승이 6324명, 비구니 승려가 864명이었는데 그 가운데 '대처승 숫자가 약 4000명' 정도로 추정된다고 한다. 당시 승려 가운데 약 3분의 2 정도가 결혼했다는 말인데, 그로 인한 후폭풍은 해방 후 우리 불교계에 엄청난 파란을 몰고 온다. 해방 후 불교 정화 운동이 일어나 결혼한 대처승과 금혼을 지키는 비구승 간에 엄청난 갈등과 분쟁이 발생했고, 이 과정에서 많은 수행자들이 상상할 수도 없는 정신적 · 육체적 폭력에 시달렸기 때문이다. 이 문제는 한국 불교 역사에 커다란 비극으로 기록되었다.

이제 만해의 승려 금혼 해제 논리와 문제점을 잠깐 짚어 보자.

만해의 주장은 '승려의 결혼 합법화→인간의 근본 욕망 해소와 승려의 종족 보존→식민 정책의 원활한 수행과 불교 확산에 기여'라는 논리로 집약된다. 여기서 몇 가지 의문이 생긴다.

만해가 생각하는 승려의 종족 보존이란 무엇일까? 일본 불교처럼 승려가 결혼해 자식들이 승려직을 대물림하고 가업으로 불교를 잇게 하자는 말인가? 그리고 승려가 자식을 통해 사찰을 승계한다면 불교 포교에 기여하는 것인가? 또 승려의 종족이 그렇게 해서 보존되면 무엇이 식민 정책에 유리한가?

만해는 '식민'이라는 뜻을 문자 그대로 자기 백성 또는 종족을 다른 나라에 심는 것, 즉 어떤 국가의 종족이나 인종이 다른 나라로 확산

됨을 식민주의라고 이해한 것 같다. 그랬기 때문에 생산 기술이나 위생학 발전이 '식민'에 기여하며 인구 증가는 식민 활동에 중요하기 때문에 승려들도 결혼을 통해 인구 증가에 동참함으로써 국가의 식민 활동을 돕는다는 논리를 폈다. 만해가 일제 초기 식민지 정책에 그리 큰 반발심을 갖지 않았던 것도 그런 맥락이 아니었을까 싶다.

근대 제국주의 식민지 정책이란 강대국이 약소국을 침탈해 정치적 지배와 경제적인 이윤 확보를 목표로 한다. 본국에서는 생산되는 상품들의 원료 공급지를 널리 확보하고 판매 시장을 확보하는 제국주의 경제 체제 구축이 식민지를 건설하는 주요 목적이었다. 그리고 식민지 국민의 저항을 억누르기 위해 정치·문화·종교 등 모든 수단을 동원해 식민지 민중을 우민화하고 그들의 피와 땀을 착취해 갔다. 이런 식민지 정책의 본질을 당시 만해는 파악하지 못했던 듯하다.

또 만해는 "공적인 법이나 의식이 앞선 서양 정치가들이라면 누구나 승려 결혼을 시대착오라고 생각할 것이고, 그래서 언젠가 법적인 힘으로 승려 금혼이 풀릴 날이 반드시 올 것이다."라고 주장했다. 서양의 가톨릭 신부들도 오랜 역사에 걸쳐 금혼 계율을 지키고 있는 상황에서 승려 금혼이 미개국 관습인 양 말하는 것은, 자기 문화에 대한 비하이자 현실에도 맞지 않는 논리를 전개한 셈이다.

더욱이 "승려 금혼을 많은 승려들이 타파할 수 없는 관습이라 어쩔 수 없이 인정하지만 대부분 금혼 해제를 원하며 금혼 때문에 많은 출가자들이 다시 환속하고 있다."라는 주장도 현실성이 없다. 출가를 결심했을 때 승려 금혼의 계율을 모르고 승가에 들어간 사람은 없을 것이며 환속하는 주된 이유가 금혼 때문만이라고 볼 수도 없기 때문이다.

이에 비해 승려도 인간이기 때문에 결혼을 본능으로서 너그러이 수용해야 한다는 말은 수행자로서 존경받을 만한 주장은 못 되지만 그 불가피성이 이해는 된다. 성욕과 식욕은 인간이라면 누구나 가진 자연 본성이기에 이를 강제로 억제하기보다 자율로 결정할 길을 열어 주면 환속 승려도 줄고 포교에도 이롭다는 주장은 일면 설득력이 있다. 그렇지만 수행자의 길은 세속 중생들과는 분명히 달라야 한다. 가정을 둔 수행자가 과연 얼마나 세속 욕망으로부터 초연할 수 있겠는가 하는 문제는 이미 대처승들이 노골적으로 재산과 권력을 탐했던 역사에서 고스란히 드러났다.

이렇게 만해의 주장은 여러 결함을 안고 있지만, 승려 결혼이 불교의 근본 목적인 해탈을 방해할 만큼 위험한 것이 아니라 파계나 삿된 음행을 막을 하나의 방편으로 씀 직하다는 제안이다. 하지만 당시에도 불교계의 반발은 예사롭지 않았다. 불교 개혁의 기수였던 석전 박한영 스님은 한용운과 불교 근대화와 개혁의 많은 부분에서 뜻과 행동을 함께했는데도 "용운 수좌가 갑자기 미쳤나?" 하는 반응을 했고, 3·1 운동에 불교 대표로 함께 활약했던 백용성 스님으로부터는 "그런 줄 몰랐는데 용운 수좌가 불가의 마구니(악마(惡魔))였군그래." 하고 정면으로 반박했다. 이런 맥락에서 승려 결혼이라는 주장은 만해의 《유신론》에서 가장 큰 비판과 안타까움을 남기는 대목이 아닐 수 없다.

4 승려의 단결 문제

한 점 불도 모이면 쇠나 돌을 녹일 수 있고 한 가닥 털도 합치면 천 근무게를 들 수 있으니, 서로가 힘을 합쳤기 때문이다. 쇠나 돌은 너무나 강하고 천 근은 엄청난 무게이므로 불 한 점과 털 한 가닥으로 과연어떻게 녹이고 들 수 있다고 감히 말하겠는가. 하지만 그렇게 작은 것들이 모이고 뭉치면 그 힘이 하루아침에 불가사의하게 늘어나 쉽게 녹이고 들 수 있게 된다. 한 점 불이나 한 가닥 털은 무정물(無情物, 무생물)로서 아주 미미하지만 단결하면 놀라운 힘이 생긴다. 하물며 더없이 아름다운 몸과 뛰어난 지혜를 갖춘 인간들이 단결하면 무엇을 이루지 못하며 무엇을 깨부수지 못하겠는가. 서로 단결하지 않으면 한 점불은 끝내 식은 재가 되고 한 가닥 털은 티끌로 변하며 사람도 혼자서는 무엇도 이루기 어렵다. 단결은 이토록 가상하고 분열은 이토록 허망하다.

오늘날 불교 유신을 주장하는 사람들은 누구나 '승려들에게 단결이 가장 부족하다'고 말한다. 과연 그런가? 정말 그렇다면 슬프고 근심스럽고 승려들을 위해 개탄하지 않을 수 없다. 천하에 단결하지 않고 성취되는 일은 없다. 단결에는 한 사람 내부의 단결이 있는가 하면 여러 사람 사이의 단결이 있다. 한 사람 내부의 단결이란 무엇인가? 눈·코·입·귀·손·발·마음·힘 등등 무수한 개체들이 모여 한 사람을 이루니 이런 것들이 뭉치지 않으면 어떤 일 한 가지도 할 수 없고 몸이 마비되어 움직이지도 못한다. 가지를 꺾는 일은 한 사람이 하지만 그 사람의 마음으로 기억하고 눈으로 보고 발로 걷고 손으로 잡고 힘써야 꺾을 수 있다. 마음·눈·손·발·힘의 다섯 개체가 단결해야 가지 꺾는 하나의 일을 해낸다. 또 누군가에게 이야기할 때도 한 사람이 하는 일이지만 지혜로써 이치를 밝히고 입술과 이로써 소리를 내고 혀를 굴절해 말을 해야 이야기가 가능하니, 지혜·입술·이·혀 네 개체가 뭉쳐 이야기라는 임무를 완수한다. 생각해 보면 그렇지 않은 일이 없다.

여러 사람이 함께하는 공동 작업도 한 사람이 가지를 꺾는 일과 비슷해 마음과 눈이 뭉치지 않고는 불가능하다. 여러 사람이 단결하지 않으면 어떤 일도 성취할 수 없음은 말할 필요가 없다. 한 사람의 능력으로 감당할 수 없다면 부득이 여러 사람이 집단을 이루어 서로 의논하면서 일해야 한다. 기선을 타고 바다를 항해하려면 협력이 필수다. 기선에는 항로를 여는 자, 기계를 운전하는 자. 경호하는 자, 땔감과 물을 관리하는 자 등이 각각 자기 임무를 맡지만 그 목적은 다 같아, 저쪽 해안에 안전하게 당도하는 것이다.

합자 회사도 여러 사람이 함께하는 일이다. 공장을 세우는 자, 철로를 부설하는 자, 실과 곡식을 무역하는 자, 옥과 비단을 중개하는 자 등

하는 일은 각각 다르지만 하나의 이익을 획득한다는 같은 목적 아래 모였다. 백 명이 모여 하나의 사업을 한다면 성공했을 경우 백 명이 이익을 분배받지만 실패할 경우 다 같이 손해를 입는다. 그런데 백 명이 균일하게 힘을 쏟아야 사업이 성공하고 이익도 분배받을 수 있다. 한 사람이라도 힘을 내지 않는다면 전체 힘에서 한 사람분이 감소해 사업은 성공하기 어렵고 이익도 얻기 어렵다. 그러므로 집단 속에서 단결하지 않는 자는 스스로 자신을 해치는 셈이다.

여러 사람의 단결은 두 종류인데, 하나는 외형적인 단결이고 또 하나는 정신적인 단결이다. 외형적인 단결이란 예를 들면 시장 사람들 사이의 단결 같은 것이다. 한 시장 안에 수백 명이 모여 빽빽한 숲처럼 하나의 집단을 이루고 움직이지만, 만약 패거리 수십 명이 몽둥이와 칼을 들고 갑자기 나타나 재물을 약탈해 갈 때 시장 사람들이 아무도 나서서 대항하지 않는다면 어떻게 되겠는가? 시장에는 사람 그림자가 끊어지고 옥이나 비단, 금이나 곡식 같은 것들이 곳곳에 널부러져 도둑들이 마구잡이로 약탈해 가도 누구 하나 나서지 않게 될 것이다. 수백 명이나 되는 시장 사람들이 그렇게 아끼는 재물을 도둑 수십 명에게 빼앗기는 상황에서 이를 보고도 구하려 하지 않는 이유는 외형적으로 단결하지 않았기 때문이다.

또 하나 정신적인 단결이란 결코 깨어지지 않는 단결이다. 마음이 합해지면 초나라와 월나라도 서로 형제가 될 수 있고 천 리나 떨어진 사람들도 서로 무릎을 맞댈 수 있으며 생사와 고난을 같이할 수 있다. 지혜로운 사람은 정신적인 단결을 중시하고 외형적인 단결에 그리 관심을 두지 않는다.

오늘날 승려들은 한 사찰에서 집단생활을 하며 외형상 단결된 것처럼 보이지만, 정신적인 단결을 이루었다는 말은 일찍이 들어 보지 못했다. 만약 어떤 승려가 어떤 일을 시도한다면 그 일이 옳은지 그른지, 도리에 부합하는지 아닌지 의논해 보지도 않고 서로 시기하고 의심하고 배척하며, 동쪽에서 일을 하면 서쪽에서 비방하고 아침에 합의하고도 저녁에 뒤집어 마치 개가 이빨을 드러내고 서로 덤비는 듯하니 참으로 심각하다. 단결하지 않으면 그만인데 왜 굳이 해치는가. 방관하면 그만인데 어찌 도리어 시기하는가. 양계초는 일찍이 '방관자를 꾸짖는 글'을 지었는데 마치 조선 승려의 현실을 사진 찍은 양 똑같이 보여 준다. 아래에 그 글의 요지를 간략히 소개해 우리 승려들에게 경종을 울리고자 한다.

이 세상에서 방관자보다 더 싫어하고 미워하고 천하게 여길 것은 없으리라. 방관자는 항상 제3자 입장에서 손을 소맷자락 속에 쑤셔 넣고 멀리서 바라보는 자이니, 참으로 인류를 해치는 도둑이요 세계의 원수라 하겠다. 이런 방관자로 여섯 부류가 있다.

첫째, 혼돈파다. 이들은 세상일에 깜깜하여 어떻게 돌아가는지 도통 모르고 그저 배고프면 먹고 졸리면 잔다. 살든 죽든 흥하든 망하든 이들에게는 아무런 자극이 못 된다. 비유하자면 물고기가 잡혀 와 물이 끓는 솥 안에 갇혀서도 오히려 물이 봄날 강물같이 따스하다고 여기는 꼴이며, 보금자리 안에서 지내는 제비가 제비집에 불이 붙어도 해가 떠올라 빛을 비추는가 하고 여기는 꼴이다. 기계가 능히 움직이지만 스스로 움직임을 지각하지 못하는 것처럼 그들의 삶은 자신이 방관자라는 사실조차 모른 채 방관자가 되었으니 가장 속 편한 부류다. 승려들 가운데 많은 무식자들이 이들 부류인데 아마 10의 9는 다 여기에 속할 것이다.

둘째, 위아(爲我, 나 중심)파다. 속담에 '벼락이 쳐도 편히 앉아 태연히 짐만 싼다.'라는 말처럼 행동하는 사람들이다. 이들은 마땅히 해야 할 임무를 모르지 않지만 '이 일을 해도 나에게 별 이로움이 없고, 하지 않아도 나에게 별 해로움이 없는데 무엇하러 고생스럽게 모험할 것인가?'라고 생각하면서 안일 무사주의를 택한다. 마치 이가 입술이 망해도 나와 무관하다고 여기고 토끼가 여우의 죽음을 슬퍼하지 않는 것과 같아, 실로 어리석은 생각을 가진 사람들이다. 승려들 가운데 소위 분수를 지킨다며 몸을 사리는 자들, 혹은 재산에 집착하는 수전노 같은 자들이 바로 여기에 속한다.

셋째, 오호(嗚呼)파다. 이들이 하는 일은 오직 탄식하고 한숨짓고 통곡하며 눈물 흘리는 것이다. 얼굴은 항상 근심스럽고 입으로는 시대를 한탄하지만 정작 할 일을 하자고 제안하면 으레 "지당한 말씀이나 할 수 없으니 어찌하랴."라고 응답한다. 또 시대의 위기를 말하면 "정말 위태롭지만 구할 길이 없으니 어찌하랴."라고 말하기 일쑤다. 조금 더 추궁하면 "시대의 운세가 그럴 뿐이요 하늘의 뜻일 뿐"이라며 팔짱만 끼고 속수무책으로 바라본다. 마치 불난 것을 보고도 급히 불을 끄려 들지 않고 불길의 치열함을 한탄하는 것과 같으며, 물에 빠진 사람을 보고도 구하려 하지 않고 물결의 사나움을 통탄하는 것과 같다. 그러면서 세상사를 시나 이야기 소재로 삼을 뿐 해결하려고 나서지 않는다. 승려들 가운데 무엇을 할 마음이 있는데 무지하거나, 판단할 만한 지혜는 있는데 용기가 없는 자들이 이런 부류다. 그나마 이 파에 속하는 사람이 몇이나 될까.

넷째, 소매(笑罵, 비웃고 매도함)파다. 늘 남의 등 뒤에서 비웃음을 짓고 격한 욕설을 퍼부으며 다른 사람을 비방하는 자들이다. 이들은 자신만 방관자가 되는 것이 아니라 남을 핍박해 방관자가 되도록 유도한다. 수구파를 비난하다가 다시 혁신파를 비난하는가 하면, 소인을 비난하다가 다시 군자를 비난하고, 노인에게는 노망기가 심하다고 비난하고 청년에게는 경솔하다고 비난하며, 일이 성공하면 "그놈이 겨우 이름값을 했군." 하고 실패하면 "내 그럴 줄 알았다."라고 해 하루도 평탄한 날이 없을 지경이다. 될 만한 일은 비웃고 매도해 일을 막아 버리고 이미 된 일은 비웃고 매도해 깨뜨려 버려야 속이 시원하다. 그러니 세상에서 가장 음흉한 사람들이다. 비유하자면 한 척의 배가 드넓은 바다에서 바람을 만났을 때 소매파는 바람을 욕하고 물결을 욕하고 바다와 배를 욕하고 마침내 같은 배에 탄 사람들을 모두 욕할 것이다. 만약 누군가 "이 배가 어떻게 해야 목적지에 도달할 수 있을까?"라고 물으면 그들은 눈만 멍한 채 아무 대답도 못할 것이다. 비웃고 욕하는 것 외에 본래 아무런 대책 없이 늘 수수방관해 왔던 것이다. 그러니 방관할 처지가 못 되면 비웃고 욕할 처지도 못 될 것이다.

승려 가운데서 별로 아는 것도 없이 아는 척하는 사람은 자기보다 나은 자를 비난하고 자기보다 못한 자를 업신여긴다. 자기가 못하면서 남도 못하게 만들고 혹시 남이 하면 마침내 원한을 품고 비웃으며 욕한다. 남이 하나를 하면 자기는 열을 하고 남이 열을 하면 자기는 백을 해서 다른 사람 위에 앉을 생각을 하지 않고, 망령된 질투심만 일으켜 헛되이 남을 비웃고 매도하고 깎아 내린다. 이들은 모두 패망의 길로 인도하니 과연 무슨 심보인가.

다섯째, 포기파다. 항상 자기는 아무것도 할 수 없다면서 늘 남이 해 주기를 기대하고 자신에게는 어떤 기대도 하지 않는 사람들이다. 정치는 부유층에게 기대하고 도(道)는 성인에게 기대하며 성공은 영웅에게 기대한다. 갑은 을에게 떠넘기고 을은 병에게 떠밀어 결국 계까지 갔다가 다시 갑에게 떠미니, 끝내 어느 하나 떠넘기지 않는 것이 없다.(계(癸)는 10간(干)의 마지막을 말한다. 10간이란 甲(갑), 乙(을), 丙(병), 丁(정), 戊(무), 己(기), 庚(경), 辛(신), 壬(임), 癸(계).)

만약 갑이 을에게 떠넘길 때 을이 남에게 떠밀지 않고 스스로 해낸다면 갑의 책임은 과연 어떻게 될까? 비유하자면 자기는 먹지 않고 밥 잘 먹는 사람을 시켜 대신 먹게 하고, 자기는 자지 않고 잠 잘 자는 사람을 시켜 대신 자게 하는 것과 같다. 이것이 가능하기나 한 일인가.

비록 우매하고 못난 자라 해도 이미 사람으로 태어난 이상 인류의 한 구성원인데, 어찌 자포자기함으로써 인류라는 자격을 버릴 것인가? 스스로 포기하는 사람은 실로 사람의 도리를 벗어난 죄인이라 하겠다.

승려들 가운데 다른 사람을 그저 성인으로 떠받드는 사람이나 단견외도(斷見外道)들이 바로 이런 자들이다.(단견은 죽고 나면 아무것도 남지 않고 모든 게 끝이라고 생각하는 허무주의적인 사고를 말한다. 단견이란 불교 용어로는 단멸상(斷滅相)을 가진 사람들을 지칭한다. 이들은 우주의 근본 원리인 인과(因果)와 연기(緣起)의 법칙을 이해하지 못한다. 삼라만상은 서로 그물망처럼 연결된 관계 속에서 부단히 서로 영향을 주고받으며 생기고 사라짐을 파악하지 못하고, 죽으면 끝이라는 식으로 모든 것을 개별적이고 일회적으로 이해한다. 외도는 석가모니 부처님의 깨달음과 그 가르침인 정법(正法)을 믿고 따르지 않으며 다른 여러 수단과 이론을 사용해 삿된 법으로 기울어진 사람들이다. 주로 이교도들이나 그 종교를 지칭하는 말이다. 예를 들어 요가 수행자인 요기(Yogi)들이나 부처님과 같은 시기에 있던 육사외도(六師外道)와 같은 무리를 들 수 있다. 이들은 회의론자, 유물론자, 쾌락주의자, 숙명론적 자연론자, 무도덕론자, 자이나교도 등이다.)

여섯째는 대시(待時, 때를 기다림)파다. 이들은 사실상 방관자이지만 스스로 방관자가 아니라고 여긴다. 무릇 기다림이란 어떤 일이 될지 안 될지 알 수 없다는 말이다. 때를 기다려 하겠다는 사람에게 그때는 저절로 오지 않으니 결국 안 하겠다는 말과 같다. 어떻게 해야 일할 만한 때가 되는지 그때가 일정한 형태로 나타나는지 어찌 알겠는가? 일하는 사람에게는 일할 만한 때가 아닌 적이 없고 일하지 않는 사람에게는 일할 만한 때가 항상 없는 법이다. 그러므로 뜻있는 사람은 스스로 때를 만들어 갈 뿐 때를 기다린다는 말을 들어 보지 못했다. 때를 기다리는 사람들은 세상 돌아가는 형편을 엿보다가 떡고물이라도 챙기려고 대세가 동쪽으로 기울면 동으로 가고 서쪽으로 기울면 서로 가는 자들이니, 위선자의 대표이며 방관자 중 가장 교묘한 자들이다. 승려들 가운데 하늘의 뜻이니 자연의 섭리니 성인의 힘이니 신(神)의 도움이니 하며 '때가 되면 바람이 불어 배를 등왕각으로 보내고 운이 다해 우레가 치면 천복사의 비석을 때린다.'라는 시 구절이나 읊고 있는 자들이 바로 이들이다.(이 시 구절은 《명심보감》 〈순명〉 편에 나오는데 당나라 천재 시인 왕발(王勃)이 10대의 어린 나이에 지은 〈등왕각서〉의 한 구절이다. 등왕각은 중국 강서성 남창에 세워진 유명한 누각으로, 9월 9일 거기서 낙성식 잔치를 베풀기로 했다. 당나라 고종 때인 676년 왕발은 아버지를 만나러 가는 길에 연회에 참석하게 되는데 남창까지는 칠백 리나 되는 먼 거리여서 제때 도착하기 무척 힘들었다. 그런데 배에 오른 왕발에게 갑자기 순풍이 불어와 배는 쏜살같이 나아갔고 마침내 낙성식 잔치에 참석할 수 있었다. 홍주 도독이 등왕각에서 손님들에게 즉석에서 등왕각서(腾王閣序)를 짓도록 했지만 선뜻 나서는 이가 없었는데, 왕발은 즉석에서 시를 지었고 그 글 속에 바로 만해가 인용한 시구가 나온다.

한편 천복사의 비석과 관련해 이런 이야기가 전해 온다. 송나라 때 어느 가난한 선비가 강서성(江西省)에 있는 천복사비(薦福寺碑)에 새겨진 구양순의 글을 탁본해 오면 천금을 준다는 말을 듣고 길을 떠났다. 몇천 리 길을 온갖 어려움을 무릅쓰고 달려간 끝에 드디어 천복사에 도착했고 다음 날 아침 탁본을 뜨기로 하고 잠을 청했다. 그런데 그날 밤 폭풍이 불고 벼락이 떨어져 천복사 비석이 산산조각 나는 바람에 탁본은 물거품이 되어 버렸고, 천금을 벌 기회도 그만 놓치고 말았다. 이 두 일화는 사람이 살다 보면 도저히 안 될 것 같은 일도 행운이 따르면 이루어지고, 꼭 이루어지리라 철석같이 믿었던 일도 운이 없으면 하루아침에 물거품이 된다는 뜻으로, 노력과 의지보다는 일의 성패가 운에 좌우된다는 의미다.)

이상 여섯 종류의 방관자 이야기는 우리 승려들이 모두 조금씩 갖고 있는 것들인데, 심지어 몇 개씩 지닌 자들도 있다. 모든 승려가 방관자 아닌 사람이 없다는 말과 같으니 과연 어디서부터 일을 시작해야 할까.

아! (그렇지만) 누가 조선 승려는 단결심이 없다 하는가. 방관자들이 한 번 마음먹고 나서면 바람소리나 학의 울음소리가 나 모두 다 일어나 구름같이 따르게 된다. 방관자를 중심으로 단결하면 바로 이같이 될 수 있다. 우리는 부모님과 부처님과 중생의 은혜를 많이 받았지만 하나라도 과연 갚을 방도가 있는가. 애착을 끊고 부모를 떠나 출가했으니 부모의 은혜를 갚기는커녕 도리어 씻기 어려운 죄만 더한 셈이다.

나는 본래 방탕한 자식이었다. 중년에 아버지가 돌아가시고 편모를 모심에 불효가 극심했다. 지난 을사년(1905년)에 입산한 뒤로는 방랑하며 국내외를 떠돌았다. 결국 집에는 소식을 끊고 편지조차 하지 않았는데, 지난해 길거리에서 우연히 고향 사람을 만나 어머니가 돌아가신 지 3년이 지났음을 전해 들었다. 하늘을 다 채우고도 남을 만큼 큰 죄를 지었기에 그 뒤 만고에 다하지 못할 깊은 한을 품게 되었다. 지금까지도 이를 생각하면 부끄럽고 떨려 자신을 용서할 수 없으며 종종 사람과 세상사에 아무런 뜻도 없어진다. 붓을 잡고 여기까지 오니 나도 모르게 가슴이 막히고 온몸에 전율이 일어나 감히 세상에 고하여 마땅히 처벌을 기다린다.

한용운 씀

또 부처님의 뜻을 받들지 못해 네 가지 은혜(부모, 임금님, 중생, 삼보(불법승, 佛法僧)의 은혜)를 배반했고, 성취한 것도 없어 불법을 쇠퇴하게 했으니 부처님 은혜에 조금도 보답하지 못했다. 농사도 짓지 않으며 밥을 먹고 길쌈질도 하지 않으며 옷을 입고 받을 자격도 없는 보시를 받아 헛되이 살면서, 사람들에게 도움되는 이타행은 아무것도 하지 않

앞으니 중생의 은혜에 참으로 보답하지 못했다.

이러다가 헛되이 죽음에 이르면 지옥에 가겠는가, 극락에 가겠는가. 분명히 나는 안다. 지옥의 문지기가 먼지를 쓸고 앉아 나를 기다릴 것이다.

이미 잘못한 것을 다시 번복할 수는 없으니 과거를 뉘우치고 미래를 경계함이 옳을 줄로 안다. 마땅히 큰 소리로 외치고 마음을 하나로 합해 방관자들을 단결시켜 함께 일하는 방향으로 나아가며 나라의 이익과 백성의 복지를 도모하면, 중생을 제도하라는 부처님 뜻을 저버리지 않게 될 것이며 과거 저지른 죄를 만분의 일이라도 갚을 수 있으리라.

1910년 경술국치로 일본에 나라를 빼앗겼다는 소식이 금강산에 들려왔다. 표훈사 문수당 큰방에서 저녁 공양할 때 큰스님과 대중 스님들이 가득히 앉아 밥숟가락을 드는데, 만해는 "이 중놈들아, 나라를 빼앗겼는데 무슨 밥이 주둥이로 들어간단 말이냐, 이 밥벌레들아! 이 사자신중충(獅子身中蟲, 사자 몸속에 사는 벌레라는 뜻인데 이 작은 벌레가 사자를 죽음으로 몬다. 불자이면서 불법을 해치는 자를 비유하는 말)들아!" 하며 밥그릇과 음식을 통째로 바닥에 내던져 순식간에 아수라장을 만들었다는 일화가 있다.

그때 표훈사 조실 스님도 함께 공양하시다 조용히 뼈 있는 한 말씀을 하셨다.

"다 그대로 공양을 드시오. 용운 수좌(만해)만 공양을 삼가도 괜찮아, 대중을 대표해서 …… 나라와 중생을 걱정해도 먹을 것 먹고 쌀 것 싸고 걱정하는 것이 대도(大道)야 …… 평상심을 잃지 말아야 하오."

그러나 만해는 그 자리를 박차고 나와 그 길로 석전 박한영 스님이 계신 석왕사로 갔다고 한다. 당대 불교계 개혁의 큰 지도자이신 박한영 스님은 《유신론》이 발간될 때 책 표지에 서명을 해 주어 만해를 공식으로 지지했던 인물이다.

문수당 큰방에서 공양할 때 만해에게는 나라가 풍전등화와 같은 위기에 처한 데 비해 스님들의 태도가 무척이나 수수방관으로 보였던 모양이다. 앞서 열거한 여섯 가지 방관자 유형 가운데 '벼락이 쳐도 편히 앉아 태연히 잠만 잔다.'라는 두 번째 방관자의 모습이 연상된다. 그래서 만해는 "안일 무사주의로 일관하면서 마치 이가 입술이 망해도 나와 무관하다고 여기고 토끼가 여우의 죽음을 슬퍼하지 않는 것과 같아 실로 어리석은 생각을 가진 사람들"이라고 한탄했던 것이다.

한편으로 만해의 울분에 공감이 간다. 그렇지만 조선의 승려들을 하나같이 무책임한 방관자들로 몰아간다면 부분의 문제를 전체로 확대하는 오류가 될 수 있다. 물론 만해 같은 젊은 혈기에 승려들의 조용한 생활 모습이 안일무사주의나 수수방관으로 느껴져 반감을 갖고 튀어나올 수 있다. 하지만 그들은 만해와 한 배를 타고 가야 할 동료이며 그 가운데서도 만해의 뜻에 공감하는 사람들이 많았을 것이다. 그렇기 때문에 각각의 사정을 이해하고 그런 상태에서 어떻게 단결할지 고민한다면 더 좋은 대안이 나오지 않았을까 생각된다. 애국과 단결심을 공개적으로 나타내면 훌륭하고 그렇지 않으면 방관자나 개인주의자로 낙인찍힌다면 그 또한 하나의 독선이 되지 않을까 우려스럽기 때문이다.

물론 만해가 승려의 단결을 강조하며 여섯 종류의 방관자 유형을 들어 당시 승려 세계를 비판한 데에는 공감 가는 측면이 많다. 어렵게 출가의 길에 들어선 승려라면 부처님과 부모님의 은혜를 갚고 나라와 백성을 위해 노력해야 옳기 때문이다.

특히 끝부분에 만해는 자신의 불효에 대한 참회글을 올려 승려들뿐 아니라 만인을 숙연하게 만든다. 사실 만해는 "국가의 대동맥이 움직여지는 판에 …… 그저 산속에 파묻힐 때가 아니라는 생각으로 표연히 집을 나와 …… 부모에게 알리지도 않고 노잣돈도 한 푼 없이 …… 걸음을 재촉했던" 출가 당시의 그런 열렬한 초심을 지켜 나가기 위해 분투했을 것이다. 특히 그가 출가한 동안 홀어머니가 소식도 없이 돌아가셨기 때문에 그의 불효막심한 심정은 이루 말할 수 없이 아팠을 것이다. 그런 마음으로 승려들에게 불교 혁신과 근대화를 위해 단결하자는 호소는 더욱 사람들의 가슴을 파고든다.

여기서 잠시 만해가 1930년 초여름에 〈삼천리〉에 기고한 〈나는 왜 승(僧)이 되었나?〉라는 글을 간단히 소개하고자 한다. 그가 출가하게 된 동기와 세상을 바꾸는 데 힘이 되고자 했던 평생의 의지가 과연 어디서 비롯되었는지 절실히 읽을 수 있다.

나는 승이 되어 무엇을 하였고 무엇을 얻었나? 그래서 시대와 인생과 사회에 어떤 도움을 주었나? 이제 승이 된 지 30년에 출가 동기와 그동안의 바람과 현재의 심경을 생각해 볼 때 스스로 한줄기 감회가 가슴을 덮는다……."

갑진년(1904년으로 이때 러일전쟁이 일어났고 이듬해에 을사늑약이 체결되었던 상황) 전(前)해에 서울에서는 무슨 조약이 체결되어 사람들이 경성을 향해 구름같이 모여든다는 말이 들렸다. 우리 홍주(홍성, 만해의 고향)에서도 세상일에 앞선 사람들이 수군수군해서 심상한 기세가 아니었다. 그래서 좌우간 이 모양으로 산 속에 파묻힐 때가 아니라는 생각으로 하루는 담뱃대 하나만 들고 노잣돈 한 푼 없이 표연히 집을 나와, 서울이 있다는 서남 방면으로 도보하기 시작했다…….

그러나 날은 이미 기울고 오장의 주림은 대단해 어떤 주막집에 들러 하룻밤 자노라니 그제야 무모한 내 걸음에 여러 의구심이 일어났다. 밤새 잠 못 이루고 뒤척거리다 문득 아홉 살 때 읽었던 《서상기》 통곡 1장을 보았던 일이 떠올랐다. 인생의 덧없음을 회의하면서 5, 6일 밥을 먹지 않고 고민하던 그때 일이…….

나는 앞길을 위해 실력을 양성하겠다는 마음과 또 인생 그것에 대한 무엇을 좀 해결해 보겠다는 불같은 마음으로, 한양 가던 길을 구부려 사찰을 찾아 보은 속리사로 갔다. 나시 너 깊은 심산유곡의 대찰을 찾아간다고 강원도 오대산의 **백담**사까지 가서 동냥하는 탁발승이 되어 불도를 닦기 시작했다.

물욕 색욕에 움직일 청춘의 몸이 한갓 도포 자락을 감고 고깔 쓰고 염불을 외우게 되어 완전히 현세를 초탈한 듯 보이나, 아마 나 자신이 생각하기에도 그렇게 철저한 도승(道僧)은 아니었을 것이다. 수년 승려 방에 갇혔던 몸은 거기서도 마음의 안정을 얻을 길 없어 《영환지략》이라는 책을 통해 조선 이외에도 너른 천지의 존재를 알고, 그곳에 가 뜻을 펴 볼까 하여 엄 모라는 사람과 같이 원산에서 배를 타고 시베리아를 지향하고 블라디보스토크로 갔던 것이다. 그러나 어찌 알았으리오? 엄 모라는 자가 밀정으로, 나를 해치려는 자였음을. 그래서 살을 에는 듯한 고난의 와중을 헤치고 구사일생으로 다시 귀국했다. 그러나 각처에서 의병이 일어나 세상이 크게 어지러워져 나는 안변 석왕사로 깊은 산골 암자를 찾아가 거기서 참선을 했다.

그러다가 반도 안에 갇혀 있는 것이 사내의 본래 뜻이 아닌 듯하여 일본으로 뛰어들어갔다. 그때는 조선의 새 문명이 일본을 통해 많이 들어오는 때이니 비단 불교 문화뿐 아니라 새 시대 운동이 융흥한다고 전해 오는 일본의 모습을 보고 싶었던 것이다. 그리하여 동경에서 조동종의 통치 기관인 종무원을 찾아 그곳 일본 승려와 결합되어, 학비 한 푼 없는 몸이지만 그분 호의로 조동종 대학에 입학하여 일어도 배우고 불교도 배웠다……. 그러다가 다시 귀국하여 동래 범어사에 가 있다가 다시 지리산으로 가 박한영 등과 결의했다.

그때 서울에서 전조선 불도들이 불교 대회를 연다는 소식을 듣고 급히 상경했다.

그때 이회광 씨가 대표가 되어 승려 해방과 학교 건설 등을 토의하고 있었는데 …… 합병되자 이회광 일파는 일본 조동종과 계약을 맺었는데, 조선 사찰 관리권과 포교권과 재산권을 모두 양도하는 실로 놀라운 것이었다. 이 줏대 없는 계약을 한 것이 이회광 일파의 원종이므로 우리는 그것을 막고자 임제종을 창립하여 그 반대 운동을 일으켰는데, 이 운동이 다행히 효과가 있어 이회광의 계약은 취소되었고 조선의 불교는 그냥 살아 있게 되었다…….

그러면 나는 승려 30년에 무엇을 얻었나? 서울 안국동 법당 곁에 부처님을 모시고 결국 영생(永生) 하나를 얻었음을 느낀다. 어느 날 육체는 사라져 우주의 적멸과 함께 그 자취를 감추리라, 그러나 나의 마음은 끝없이 둥글고 편안함을 느낀다. 그렇더라도 남아로 한세상에 나서 승(僧)으로만 그 생애를 마치고 말 것인가. 우리 앞에 정치 무대는 없는가. 그것이 없기에 나는 승이 된 게 아닐까. 마지막으로 이 심경을 과연 누가 알아주랴. 오직 아는 자는 알고 모르는 자는 모른다.

4장

수행과 포교의 혁신

1 참선

우주의 음(陰)과 양(陽)이 다양하게 변화하는 것은 태극(太極)에 그 근본
이 있으며 그림으로 나타낸 온갖 모습은 하얀 빛깔이 있고 나서 생긴
것이다.(동양 사상의 근본을 담고 있다는 《주역(周易)》에서는 "태극은 음양(陰陽)
을 낳고, 음양은 사상(四象, 태양·소양·태음·소음)을 낳고, 사상은 팔괘(八卦)를
낳고, 팔괘는 길흉을 정하고, 길흉은 대업(大業)을 낳는다."라고 한다. 즉 우주 만
물의 근원은 태극이며 거기서 모든 것이 출현하기 때문에, 태극은 만물의 근원이
라는 말이다.)

크고 작은 온갖 현상들은 다 마음에서 비롯되니 마음이 무엇인지 밝히
는 것이 바로 참선이다. 본래 참선이라고 할 어떤 정해진 법이 따로 있
지 않고 단지 참선이라고 이름 붙인 것이다.

마음 밖에 한 물건도 없으니 그 어떤 것도 어찌 마음을 떠나 존재할 수
있겠는가. 삼라만상의 시간과 공간이 모두 마음에 의존해 있으니 어
떤 사물도 마음 밖에 독립적으로 존재하는 것은 없다. 뿔이 있으면 소
라 하고 갈기가 있으면 말이라 하며, 날면 새라 하고 비늘이 있으면 물
고기라 하며, 잎이 무성하다가 시들면 초목이라 하는데, 그냥 눈으로
보면 이 모두가 실제요 헛것으로 보이지 않는다. 그러니 과연 누가 알

겠는가? 소, 말, 새, 짐승, 물고기, 초목 등등이 본래 소, 말, 새, 짐승, 물고기, 초목이 아니라, 우리 마음이 그렇게 가정(假定)했기 때문에 비로소 소가 되고 말이 되고 새가 되고 짐승, 물고기, 초목이 되었다는 것을.

허깨비가 있기도 하고 없기도 하며, 공중에 있기도 하고 지하에 있기도 함을 보지 못했는가. 허깨비는 본래 있는 것도 아니고 없는 것도 아니며, 공중에 있는 것도 아니고 지하에 있는 것도 아니다. 하지만 보는 사람의 마음에 따라 그 모양을 가정하기 때문에 있기도 하고 없기도 하며, 혹 공중에 있기도 하고 지하에 있기도 한 것이다. 만일 보는 사람의 마음이 작용하지 않았다면 허깨비만으로는 있느니 없느니 공중이니 지하니 하는 것들이 따로 존재하지 않는다. 그렇기 때문에 허깨비 놀음이란 사실 있을 수 없는 것이다.

중국 만리장성이나 이집트 수에즈운하, 영국 런던과 미국 뉴욕, 태평양의 산호섬과 시베리아 횡단 열차, 베트남인들의 마르지 않는 눈물과 폴란드인들의 은밀한 이야기 등등 갠지스강의 모래알만큼 헤아릴 수 없이 많은 일들이 세상에 벌어지고 있지만, 그 가운데 어느 하나도 마음이 작용하지 않고 본래 있어서 된 일은 없다. 그러므로 "이 세상의 모든 것은 다 자신의 마음이 만든 것(일체유심조, 一切唯心造)"이라고 한다.

눈에 병이 있다든지 혹은 무언가가 눈을 가리게 되면 있지도 않은 꽃이 허공에서 눈앞에 마구 떨어지는 걸 본다. 이렇듯 세상 온갖 만물은 마음이 만들어 낸 허공의 꽃들이다. 마음은 많은 것들에 의해 가려져 있다. 만약 마음이 가려져 있지 않다면 만물은 아주 사소한 것까지도 마음에 낱낱이 비치어 그대로 드러나게 될 것이다. 마음이 무엇에도 가려지지 않고 환히 밝으면 모든 이치가 한꺼번에 해결되는데, 참선도 바로 이렇게 하기 위해서다.

사람들에게 "무슨 인연으로 이 세상에 왔는가?"라고 물어보면 아마 대답하지 못할 것이다. 이런 질문도 해 볼 수 있다. "사람의 생명 조직은 몸과 마음으로 구성되는데, 몸은 물리학자와 의학자들이 많이 설명했지만 마음은 과연 어떻게 설명하겠는가? 마음은 과연 어떤 것인가?" "마음은 단지 하나의 원자로 이루어졌는가 아니면 원자 두 개 이상이 뭉쳐 이루어진 것인가?" "마음은 하늘에 있는 신과 같은 존재가 창조한 것인가 아니면 자연스레 만들어진 것인가?" 사람들은 아마도 대답하지 못할 것이다.

또 이런 질문도 해 보자. "인간은 백 년을 미처 살지 못하고 반드시 죽는데 과연 죽을 때 몸과 마음은 모두 일시에 없어지는가?" "혹시 죽지 않는 어떤 것이 있어 초연하게 홀로 영원히 존재하는가?" 역시 대답하지 못할 것이다.

예부터 지금까지 동서양의 많은 철학자들과 과학자들이 등장했지만 가장 가까운 내 마음의 문제도 아직 해결하지 못한 까닭은 무엇일까?

과학자들은 단지 머릿속에 든 지식으로써 사물의 이치를 연구하고 추측하며 실험할 따름이다. 하지만 우주 만물의 이치는 무궁하여 끝이 없고 인간의 지식은 유한하다. 유한한 지식으로 무궁한 근본 이치를 밝히자면, 아무리 오랫동안 전문적으로 연구한다 해도 결코 끝을 보지 못할 것이다. 이 세상에 사리불(부처님의 10대 제자 중 한 사람으로 지혜가 뛰어나 지혜 제일로 불린다.)이 아무리 가득해도 또 갠지스강의 모래알만큼 수많은 보살들이 그 이치를 헤아려 보아도 알기 어렵다고 한 까닭은 바로 이런 이유 때문이다.

우주의 원리는 지극히 복잡하고 미묘해 인간의 사고나 머리로 헤아릴 수 있는 것이 아니다. 하물며 마음은 지혜보다 위에 자리 잡고 지혜를 명령하고 좌우하는데, 어찌 지혜가 마음을 밝힌다 할 수 있겠는가. 그러므로 마음은 처음부터 머리의 지혜로써 밝혀지는 것이 아니다. 그렇다고 마음 위에 다른 무언가가 있어서 마음을 해명할 수 있는 것도 아니다. 결국 우리는 자기 마음을 깨끗이 해서 그 마음의 본체를 스스로 밝히는 길밖에 없다.

그러므로 잡다한 말과 생각들을 모두 멈추고 일체 인연도 단박에 끊고, 고요히 화두를 잡아 끝까지 깊이 참구해 들어가면 어느 날 확연히 큰 깨달음에 이르게 된다. 그러면 마음의 전체 작용이 모두 드러나 근본 마음의 문제가 얼음 녹듯 절로 풀린다. 다시 말하면 참선은 근본이요 철학은 작용이다. 참선은 스스로 밝히는 것이지만 철학은 연구해 아는 것이며, 참선은 단번에 문득 깨닫는 것이지만 철학은 조금씩 점점 알아 나가는 것이다.

참선의 요지를 한마디로 말하자면 성성적적(猩猩寂寂)이다. 마음이 늘 또렷하고 맑게 깨어 있어 어리석지 않고 어둡지 않은 것이 성성(猩猩)이요, 마음이 평화롭고 고요하여 어떤 일에도 흔들리지 않는 것이 적적(寂寂)이다. 마음이 흔들리지 않으면 흐트러지지 않고, 마음이 어둡지 않으면 어리석음과 혼미함이 없다. 흐트러지지 않고 혼미하지 않으면 마음의 본체는 저절로 환히 밝아지게 마련이다.

요즈음 참선하는 이들은 참으로 이상하다. 옛사람들은 그 마음을 고요히 했는데 요즘 사람들은 그 처소를 고요히 한다. 옛사람들은 그 마음을 움직이지 않았는데 요즘 사람들은 그 몸을 움직이지 않는다. 그 처소를 고요히 하면 세상을 비관하는 염세주의가 될 뿐이며, 그 몸을 움직이지 않으면 독선주의가 될 뿐이다. 불교는 세상을 구제하고 중생들을 구제하는 가르침인데, 부처님 제자가 되기를 원하는 사람들이 염세와 독선의 늪에 빠져 있다면 어찌 잘못이라 하지 않겠는가.

최근 조선의 사찰은 외딴 암자나 스러져 가는 절 외에는 선방(참선하는 방)이 없는 곳이 없다. 어찌 이리도 참선 풍조가 강하게 일어나는지 모르겠다. 그러나 자세히 보면 반드시 참선을 진흥하려는 의도라 할 수 없다. 경우에 따라 절의 명예를 위해 선방을 만들기도 하고 혹 어떤 이익을 위한 수단으로 만들기도 해서 선방이 점점 잡다하게 늘어났지만,

진정한 참선 수행자는 봉황의 털이나 기린의 뿔처럼 극히 드물다. 이런 형편에 처해 어중이떠중이들로 선방을 채우니 그 폐단이 점점 늘어나, 선방의 승려가 모두 열 명이라면 그중 진정한 선승은 한 명 정도에 불과하고 먹기 위해 들어온 자가 둘, 어리석고 나태한 데다 배까지 채우고자 들어온 이가 일곱이다.

그러므로 참선의 근본 뜻을 알지 못하고 세월만 보내며, 옛 조사(祖師)들의 문답을 갖고 구두선(口頭禪, 입으로만 참선을 떠드는 것)을 일삼으며 원숭이처럼 잠시도 마음을 가만히 두지 못하고 이리저리 움직이며 잠을 벗으로 삼는다. 늘 혼미하고 산란한 마음으로 청춘을 다 보내고 백발을 맞이하니, 과연 이 상황을 어찌할 것인가?

이제 조선의 참선은 겨우 명목만 유지하는 참선이 되고 말았다. 선방은 세속적인 이해를 따져 만든 것이며 선방 승려는 먹을 것을 주고 사온 사람일 뿐이다. 물론 모든 선객들이 다 그렇다고 할 수는 없겠지만 불행히도 십중팔구는 그럴 것이다. 내 말이 의심스럽다면 시험 삼아 오늘 선방에서 갑자기 식량을 몽땅 없애 보라. 그러면 선방 승려들이 과연 몇이나 남겠는가. 부디 승려들 스스로 생각해 주기를 진심으로 바란다.

수행 능력이 뛰어난 상근 대지(上根大智, 타고난 수행 그릇이 크고 지혜가 출중함) 승려도 쉽지 않은 것이 참선인데, 이같이 방만하고 나태해서야 어찌 효과를 보겠는가. 그동안 쌓이고 쌓인 폐단을 단번에 쓸어 내고 올바른 규범을 세워, 미래에는 보다 완성된 아름다운 모습을 만들어 가야 할 것이다.

그런데 참선 수행을 새롭게 하려면 어떻게 해야 할 것인가?

우선 각 사찰에 흩어져 있는 여러 선방의 재산을 합쳐 한두 개의 대규모 선학관을 적절한 곳에 세우기를 요청한다. 그리고 참선 수행의 이치에 밝은 분들을 초청해 스승으로 삼을 것이며, 동참을 원하는 사람이면 스님이든 신도든 가리지 않고 모두 받아 주되 모집할 때 일정한 시험을 치르고 받으면 될 것이다.

선 수행할 때는 시간을 통제해 산만한 분위기가 되지 않도록 하며, 매달 강의를 듣거나 토론을 벌여 수행 정도를 시험해 보고 또 서로 지식을 나누는 기회를 갖도록 한다. 그리하여 어느 정도 시간이 흐른 뒤 뛰어나게 얻은 바가 있다면 책을 내어 세상에 널리 알리고 중생들을 인도한다면, 비록 단번에 부처의 경지에 오르지 못한다 해도 형식으로나마 어찌 정진의 법도가 서지 않겠는가.

사찰 운영의 주요 업무를 맡은 승려들의 경우 전문 선방에 들어가기 힘들면 작은 참선 모임을 만들어, 업무 이외의 여가 시간에 한두 시간이라도 참선하면 된다. 어찌 반드시 전문 선방이 있어야만 참선할 수 있다 하겠는가. 물을 긷고 땔감을 나르기도 묘한 작용 아닌 것이 없고 시냇물 소리와 산 빛깔이 바로 만물의 참모습 아닌가.

엇(돌(咄))!('돌'이라는 것은 엇! 에잇! 하듯 구체적인 의미를 담지 않고 선사들이 주로 법문 말미에 내지르는 소리다. 선(禪)의 세계에서는 불립문자(不立文字)라 하여 말이나 문자가 없는 가운데 마음을 전하는 이심전심이라는 방법을 쓴다. 돌(咄)·할(喝)·방(榜)과 같은 것은 참선 세계에서 문자나 말을 넘어서서 한순간에 마음을 전하는 소통 방법들이다.)

여기서 만해는 당시 참선 수행의 문제점을 지적하고 그 개선 방안을 제시한다. 대다수 절에 선방이 있지만 참선하는 승려 열 명 중 진정한 참선 수행자는 한 명 정도일 뿐이라면서 명목뿐인 참선 풍토를 거세게 비판한다. 그런 풍토를 혁신하기 위해 여러 사찰이 공동으로 재정을 확보해 큰 수행 터전을 몇 군데 마련하고 훌륭한 선지식을 스승으로 삼아, 승속을 구별하지 말고 뜻있는 사람은 모두 받아 청강·토론·시험을 통해 수행 능력을 높이자고 한다. 이런 주장은 당시뿐 아니라 오늘날 선 수행 현실에도 필요한 대책으로 보인다.

불가에서는 올바른 참선 수행자는 참된 스승(선지식)을 만나 바른 가르침을 받는 일이 무엇보다 중요하다고 귀가 따갑도록 말한다. 하지만 선지식과의 만남이 일반 수행자들에게 결코 쉬운 일이 아니며 설사 만났다 하더라도 지속적으로 지도받기란 여간한 복력이 아니고는 어렵다. 그렇기 때문에 특정한 선방 몇 군데에서 선지식을 초빙해 함께 지도받을 수 있는 체계를 갖춘다면, 수행 과정에서 생길 수 있는 여러 어려움을 해결할 수 있고 여러 현실 장애를 극복하는 데 큰 도움을 받을 것이다.

여기서 특히 출가, 재가를 막론하고 누구나 참선에 뜻이 있으면 받아야 한다는 주장도 매우 개방적이고 앞선 생각으로 보인다. 선방은 머리 깎은 승려들의 전유물이 아니며 남녀노소를 막론하고 누구에게나 열려 있는 곳이어야 한다. 어떤 사람의 근기가 높은지는 실제로 수행해 보아야 알기 때문이다. 그렇기 때문에 어떤 자격 제한을 두지 말고 선방 문을 개방하지만, 수행의 질을 높이기 위해 적절한 입방 테스트나 중간 점검 과정이 필요하다는 만해의 주장은 매우 설득력 있어 보인다.

참선은 문자나 말(언어)에 의지하지 않고 자기 마음을 돌이켜 단박에 깨달음(돈오(頓悟))을 추구하는 불교 수행법 가운데 하나다. 이렇게 언어를 여의고 마음으로 단박 깨닫는 것을 일초직입여래지(一超直入如來地, 한순간에 부처의 지위에 들어섬), 불립문자(不立文字, 문자를 내세우지 않음), 교외별전(敎外別傳, 경전의 가르침 밖에서 전함), 이심전심(以心傳心, 마음과 마음이 즉시 통함), 염화미소(拈華微笑, 부처님이 꽃을 들었을 때 제자인 가섭이 미소로 화답하며 깨달음을 표현함) 등등으로 부른다. 대승불교에서 깨달음이란 방대한 팔만대장경을 모두 공부하고 점차 닦아 얻는 것이 아니다. 자기 내면의 청정한 본성을 즉시 바로 보아 단숨에 깨닫는 것이다. 그것을 이루기 위한 지름길이 바로 화두를 참구(參究, 참선하며 진리를 탐구함)하는 참선 수행법이다.

우리 불교의 근본이라고 할 이런 참선 수행의 전통은 일본의 식민지 침탈 이후 큰 위기를 맞는다. 일본이 '사찰령'을 발표하고 일본 불교를 도입해 조선 불교를 왜곡하는 종교 지배 정책이 심각한 지경에 이르자, 만공·용성·혜월 등 여러 고명한 스님들이 중심이 되어 본격적으로 우리 선 불교를 지키려고 노력하게 되었다. 한국 불교가 세속화하도록 합법적으로 분위기를 조장하는 사찰령에 맞서 우리 불교계는 임제종(臨濟宗)이 우리 본래 종파임을 대내외에 공표했다. 부산 범어사를 중심으로 임제종 종무원을 세우고 서울에 조선 불교 선학원을 설립하는 등, 우리 전통 불교 수호 운동에 많은 노력을 기울였다. 이때 만해도 임제종 설립에 적극적으로 활약했다.

조선 불교 선학원은 위기에 처한 한국 선 불교의 정통성을 부활하고 선승들이 자립할 활동 기반을 마련하기 위해 선우 공제회 운동을 펼치기도 했다. 이 운동은 승려들의 경제 자립을 위한 일종의 계(契) 모임이었는데, 위기에 처한 우리 불교의 사회 경제 기반을 마련하기 위한 매우 건전하고 바람직한 움직임이었다.

그리고 선학원의 기관지였던 〈선원(禪苑)〉 2권(1932년) 권두언에 만해는 자작시 〈선(禪)〉을 실었다. 만해의 시를 읽으며 선의 세계를 잠시 음미해 보기 바란다.

선(禪)을 선이라고 하면 곧 선이 아니다.

그러나 선이라고 하는 것을 여의고는

별로 선이 없는 것이다.

선이면서 곧 선이 아니요

선이 아니면서 곧 선이 되는 것이

이른바 선이다.

달빛이냐

갈꽃이냐

흰모래 위의 갈매기냐

만해는 출가 이후 여러 사회 활동을 왕성히 펼치느라 바빴지만 스스로 밝힌 바대로 참선 수행에 깊이 몰두했던 기간이 두 번 있었다. 1917년 39세 때 설악산 오세암에서 깊이 수행에 몰두해 오도송(깨달음의 노래)을 읊었던 시절과 1924년 46세 즈음 다시 백담사에 들어가 글을 쓰며 내면으로 깊이 침잠했던 때다.

3·1 운동이 일어나기 전 만해는 서울에서 불교 대중화와 우리 문화 혁신을 위해 《정선 강의 채근담》을 발행하는 등 출판·저술·강연 분야에서 열심히 활동했다. 또 조선 불교 강구회, 불교 동맹회 등 다양한 기구를 만들어 활동했는데, 점차 일제의 감시와 압박이 심해지고 여러 난관에 부닥치면서 깊은 회의를 느끼고 1917년 가을 설악산 오세암으로 올라가 본격적인 참선 정진에 몰두했다. 그리고 그해 12월

다음과 같은 깨달음의 게송을 읊었다.

사나이 가는 곳 어디나 고향인데
나그네 시름에 젖은 이들 얼마나 많은가
한 소리 크게 질러 삼천 대천 세계를 깨트리니
눈 속에 복사꽃이 붉게 휘날린다

이런 오도송을 읊은 뒤 만해는 오세암을 박차고 나온다. 1918년 4월 다시 서울로 돌아와 〈유심(唯心)〉이라는 잡지를 발간하고 시, 논설, 수필등 다양한 글을 직접 쓰면서 새롭게 사회 활동에 나섰다. 이때부터 백용성, 박한영, 최남선 등 당시 뛰어난 문인들이나 승려들의 글을 실으며 민족의식을 고취하고 근대 교양을 널리 확대하고자 노력했다.이제 만해는 불교계의 중심인물이면서 동시에 민족 지도자로서 많은사람들의 관심과 존경을 받는 위치에 선 것이다. 그리고 용성 스님과함께 불교계 대표자로서 3·1 운동에 치열하게 참여했다. 3·1 운동으로 옥고를 치르고 감옥에서 나온 뒤 조선 불교 청년회 총재에 취임하는 등 다시 불교 대중화를 위해 동분서주했고, 민립 대학 설립 운동에 참여하여 민족운동 활성화에도 온 힘을 쏟았다.

하지만 일제의 탄압이 더욱 심해지자 만해는 40대 중반의 나이에다시 속세를 벗어나 그의 정신적인 고향인 백담사로 향한다. 이제 3·1

운동에서 보여 준 타협 없는 불굴의 투사 이미지를 벗고 내면을 조용히 관조하는 참선 수행자의 길로 돌아간 것이다. 이 시기에 오늘날까지도 사람들의 마음을 감동시키는 〈님의 침묵〉 같은 시편들이 쓰였다. 〈님의 침묵〉 끝에 붙인 다음 글귀는 깊은 산사에 파묻혀 세상을 관조하는 승려 시인 만해의 고요한 내면을 잘 보여 준다.

> 밤은 얼마나 되었는지 모르겠습니다
> 설악산의 무거운 그림자는 엷어 갑니다
> 새벽종을 기다리면서 붓을 던집니다

말년에 만해는 서울 성북동 자택 심우장에서 주로 시간을 보냈다. 책을 읽고 글을 쓰고 참선 생활을 하며 지내는 나날 가운데 잡지 〈삼천리〉 기자가 심우장을 찾아와 그즈음 만해의 심경을 묻자, "내 일찍이 삭발승으로 입산수도하여 일생을 마치려는 몸이니, 이런 조용한 처소에서 무애자재한 생활을 하고 있는데 무슨 불안을 느끼겠소?"라고 답했다고 한다. 심우장의 '심우(尋牛)'는 불교에서 수행자가 참나를 찾아가는 과정을 잃어버린 소를 찾아 길들이는 과정에 비유하여 10단계로 그린 심우도(尋牛圖)에서 따온 말이다. 이는 만해가 자신의 일생을 심우도에 견주면서 여생을 조용히 구도자로서 살아가겠다는 뜻을 담은 것이다.

2 염불당의 폐지

조선에서 소위 염불(念佛, 부처를 생각함)이란 부처님을 부르는 것일 뿐 부처님을 생각하는 것은 아니다. 부처님을 부른다는 건 무엇인가? 아미타 부처님은 극락정토에 계신다고 하지 않았는가. 우리가 사는 이곳에서 십만 억 국토를 가면 한 나라가 있으니, 그 이름이 서방정토 극락인데 어찌 이리도 멀리 있는가.

아미타 부처님을 아무리 큰 소리로 불러도 십만 억 국토 밖에서 들을 수 없음은 분명하다. 부처님의 몸(법신(法身), 법은 진리이므로 법신은 곧 진리의 몸)은 온 우주에 충만해 있다고 하지 않는가. 그렇다면 멀든 가깝든 안이든 밖이든 부처님의 몸 아닌 곳이 없는데 다시 무엇을 부른단 말인가.

자기 마음이 곧 아미타불이라 하지 않는가. 그러면 항상 내 몸 가운데 부처님이 있으니, 손을 저어도 가지 않고 불러도 오지 않고 가지도 오지도 않는 주인공이 내 안에 있다. 그렇다면 남이 나를 부를 수는 있지만 내가 나를 부를 수는 없다. 아미타불이 아미타불을 부른다면 누가 부르고 누가 답한다는 말인가. 지극한 도는 말이 끊어진 경지인데 무슨 말이 이리도 많으며, 유마 거사도 침묵으로 답했거늘 어찌 이리도 침묵할 줄 모르는가. 부처님의 가르침을 입으로 불러 구할 수만 있다면 수십만 번 부르기를 마다하지 않겠지만, 불러서 구할 것이 아니라면 부처님을 부른다는 건 군말이 될 뿐이다.

염불하는 궁극의 목적이 극락정토에 다시 태어나는 것이라 한다. 과연 그럴까? 어찌 그럴 수 있는가? 성불(成佛, 부처를 이룸)해 정토에 태어난다는 말은 들었지만 부처님을 불러(염불) 정토에 태어난다는 말은 듣지 못했다. 예토(穢土, 더러운 땅이라는 뜻으로 지금 살고 있는 이 세상)가 곧 정토(淨土, 깨끗한 땅이라는 뜻으로 열반에 들어가는 저세상)라는 말은 들었지만 예토 밖에 따로 정토가 있다는 말은 듣지 못했다. 본래 예토와 정토는 구분되지 않으며 다만 마음에 더러움과 청정함이라는 차이가 있을 뿐이다.

같은 세상일이라도 나폴레옹이 보면 어렵지 않고 나약한 사람이 보면 어렵다. 같은 한신(韓信)이라도 백정 눈에는 거지로 보이고 소하(蕭何) 눈에는 영웅으로 보인다.(한신은 한나라 고조 유방을 도와 초패왕 항우를 물리치는 데 결정적으로 공헌했던 대장군이다. 젊은 시절에는 백수로 지내며 깡패들 가랑이 사이를 기어야 하는 모욕을 당하기도 했다. 한때는 항우 휘하에서 열심히 일했지만 제대로 등용되지 못하자 다시 유방에게로 왔다고 한다. 그런데 유방의 참모 가운데 내정 일체를 책임지고 지휘하던 소하는 한신의 숨은 능력을 알아보고 유방에게 강력히 추천해 대장군으로 삼게 만들었다. 이후 한신은 혁혁한 전공을 세운다.)

같은 국토지만 유마 거사를 문병 온 대중들에게는 예토이고 유마 거사에게는 정토이다.(유마 거사는 석가모니 부처님 당시 유명한 재가 수행자다. 머리를 깎고 승려가 되기보다 세속에 남아 대승불교의 이치를 대중에게 설파하고 몸소 대승 사상을 실천하며 모범적인 수행자의 삶을 보였는데, 그의 수행 경지에는 부처님도 찬탄했다고 한다. 그는 많은 재물로 수많은 가난한 백성을 보살폈고 계율을 청정히 받들어 계율을 범하는 사람들을 이끌었으며, 참을성으로 행동을 잘 다스려 모든 분노를 잠재우는가 하면 큰 정진력으로 일체 게으른 마음을 억누르고 지혜 없는 이들을 잘 이끌었다고 전해진다. 어느 날 유마 거사는 병을 핑계로 문수보살(文殊菩薩), 가섭존자(迦葉尊者) 등 기라성 같은 부처님 제자들의 문병을 받았는데, 그 자리에서 불법에 대해 깊은 토론을 벌였다. 그 자리에는 무수한 보살과 천신과 불제자들이 동참해 유마 거사의 사방 10자밖에 안 되는 작은 방에 구백 만 보살이 들어서고, 삼만 이천 명이 앉고도 자리가 남았다는 이야기가 전해진다.)

무릇 같은 경지를 두고 이렇게 달리 보는 까닭은 각자 다른 업식(業識, 전생에 지은 어리석은 행위와 말과 생각으로 인해 현재에 받게 되는 미혹된 마음 작용) 때문이며 다른 이유가 있지 않다. 부처님 입장에서 보면 정토 아닌 곳이 없고 중생 눈으로 보면 예토 아닌 곳이 없다. 사바세계가 바로 연화장 세계의 상품(上品)이지만 중생은 스스로 보지 못할 따름이다.(연화장 세계는 서방정토 극락세계를 뜻한다. 서방정토는 불교 경전에 따르면 10만억 국토를 지나야 도달하는 곳이며 150억 광년이나 되는 어마어마한 시간이 걸려야 가는 곳이다. 사람으로서는 상상할 수 없는 엄청난 시간과 거리를 두고 존재하는 곳이지만, 우리가 극락왕생을 발원하는 순간 문득 도달할 수 있는 곳이기도 하다. 극락세계 곧 연화장 세계는 하품하생(下品下生)부터 상품상생(上品上生)까지 9품으로 나뉘어 있다고 한다.)

도대체 무슨 인연으로 같은 국토인데 부처님은 정토로 보고 중생은 예토라고 보는가? 부처님은 법안(法眼, 진리의 눈)을 갖추고 있기 때문에 정토로 보지만 중생은 육안(肉眼, 육체의 눈)만 가지고 있기 때문에 예토로 본다. 법안이란 무엇에도 가려지지 않은 본래 청정한 눈이며 육안이란 무언가 어리석음에 가려진 눈이다. 자기 눈에 가려진 게 있다 없다 하는 것은 마음이 밝은가 밝지 못한가를 말해 주는 것이다.

그러므로 결국 내 마음이 정토다. 경전에 이르기를 "중생의 마음이 보살의 정토다."라고 했다. 자기 마음이 정토인데 다른 곳에서 정토를 구하는 사람들은, 나무에 올라가 물고기를 찾고 거북을 묶어 놓고 털을 찾는 것과 같아 일생을 다해도 무슨 이익이 있겠는가.

혹 이런 말도 한다. 어떤 중생이 지극한 마음으로 염불하면 부처님께서 그 정성에 감동하시고 그 뜻을 불쌍히 여겨 극락정토로 인도하신다고. 그러나 이는 인과를 모르고 하는 말이다. 인과란 좋은 원인을 지으면 좋은 결과를 받고 악한 원인을 지으면 악한 결과를 받는 것이다. 요즘 세상에서 악한 일을 한 사람은 감옥에 가 징역살이를 하며 착한 일을 한 사람은 상을 받고 대대손손 나라의 녹봉을 받는 것과 같다. 천하의 모든 일들이 애초에 원인 없는 결과가 없고 결과 없는 원인이 없으니, 어찌하여 하루아침에 요행히 죄를 면하거나 우연히 결과를 얻는다고 하겠는가?

그러므로 정토에 태어날 원인을 짓지 않았다면 극락왕생할 수 없음은 분명하다. 그런데도 선한 인연을 지었는지 악한 인연을 지었는지 묻지도 않고 오직 염불의 정성을 어여삐 여겨 부처님이 극락왕생으로 인도한다면, 부처님이 인과를 무시한다는 말이 된다. 비록 악업을 지은 사람이라 해도 부처님께 아첨해 극락왕생할 수 있다면, 죄인이 아무리 죄가 많아도 법관에게 아첨하면 벌을 면할 수 있다는 말과 같다. 이런 것을 법의 남용(濫用)이라고 한다. 법을 남용한 죄는 법을 어긴 죄보다 더 크니 법이란 참으로 엄격한 것이다.

부처님은 중생들이 악한 원인을 짓고도 선한 결과를 받기를 원하지 않으며 오직 선한 원인을 짓기를 바라신다. 무릇 봄바람은 사사로움이 없어 살리기를 좋아하고 죽이기를 싫어하니, 복숭아 꽃 피는 곳에 복숭아가 열리고 자두 꽃 피는 곳에 자두가 열린다. 오이 심은 데 오이 나고 콩 심은 데 콩 날 뿐이다. 꽃은 장미인데 열매는 감귤이 되거나 뿌리는 버섯인데 잎은 파초가 되는 일은 없으니, 이 역시 봄바람이 지는 책임일 뿐이다. 부처님도 어찌 이런 원칙에서 벗어나겠는가.

혹시 상황이 바뀌어 부처님께서 악업 중생들도 정토로 인도하려 하신다면 어찌 염불하는 사람만 인도하고 나머지 사람들은 인도하지 않는 차별을 두겠는가? 《원각경》에는 "미워하고 좋아하는 마음이 있으면 청정한 깨달음의 바다에 들어가지 못한다."라고 했고 "사람을 대할 때 나와 남을 구별하지 않는다."라고 했다. 평등하고 차별이 없으며 대자대비한 이런 말씀은 곧 사람을 구분하거나 가리지 않는다는 뜻이다. 혹시 미워하고 좋아하는 마음으로 부처님께서 중생들을 인도한다 해도, 마음이 곧 부처이니 나에게 부처가 될 만한 수행의 힘이 있으면 스스로 성불(成佛)하여 저절로 정토에 태어날 것이다. 그런데 무엇이 문제인지 비굴한 마음으로 멀고 아득한 낯선 곳에 있는 부처님께 애걸하고 있으니 어찌 이리 가까운 것을 버리고 먼 것을 취하려 하며 자기 것을 노예로 삼고 남의 것을 주인으로 삼으려 하는가.

사람이 자유가 없으면 사람이라 할 수 없고 남에게 의지하면 쓸모없는 존재가 된다. 무릇 두개골이 남들처럼 둥글고 발꿈치가 남들처럼 네모나고 팔다리가 다 같이 네 개이며 감각기관이 누구나 다섯인데, 이런 선남자(善男子)와 선여자(善女子)가 스스로 쓸모없는 존재가 되기를 택한다면 슬프기 그지없는 일이다. 중국 옛 속담에 "스스로 복을 많이 구한다면 그 길은 자기에게 있다."라고 했다.

지금 내가 하고 싶은 말은 중생들이 하는 거짓 염불을 폐지하고 참된 염불을 하자는 것이다. 거짓 염불이란 무엇인가? 오늘날 소위 말하는 그런 염불이니, 그저 부처님의 이름을 불러 대는 것이다. 참된 염불은 무엇인가? 부처님 마음을 생각하며 나도 부처님과 같은 마음을 지니는 것이다. 부처님의 배움을 생각하며 나도 부처님과 같이 배우는 것이다. 부처님의 행동을 생각하며 나도 부처님과 같이 행동하는 것이다. 이렇게 하면 말하든 침묵하든 움직이든 가만히 있든 언제 어디서나 염불하지 않는 때가 없다. 참과 거짓을 바로 가리고 방편과 근본을 옳게 구분하여 바르게 행한다면, 이것이 바로 참다운 염불이다.

그러므로 내가 주장한 염불 폐지는 사실 거짓 염불하는 이들을 두고 한 말이다. 누구나 다 같은 불성(佛性, 부처님의 성품)을 지닌 7척가량의 몸을 지니고 있는데, 밤낮으로 모여 찢어진 북을 치고 쇳조각을 두드리며 무의미한 소리를 외치고 대답 없는 이름을 부르니, 과연 이게 무슨 짓인가? 이런 것을 염불이라 하니 어찌 이리도 어둡고 어리석은가. 말하지 않아도 마음으로 생각함을 사람들이 이미 알고 있는데 어찌 요란한 소리를 내서 생각하겠는가. 만약 참된 염불이라면 사농공상(士農工商, 선비, 농민, 수공업자, 상인의 네 신분)을 막론하고 누구나 언제 어디서나 할 수 있어야 한다. 꼭 당상에 모여 앉아 녹음기처럼 부처님 이름을 반복해 부른다고 해서 염불하는 건 아니다. 이를 폐지하면 사람과 재물에 백 가지 이로움을 가져올 뿐 해로움은 없다.

원래 세상은 범부와 성인이 섞여 있고 뱀과 용이 섞여 있지만 불교는 워낙 광대하기 때문에 다 포용할 수 있다. 그러나 방편(수단)이 적절하지 못하면 도(道)라고 할 수 없고 때에 맞지 않는 이론이라면 바른 가르침이라 할 수 없다. 임금이 허리 가는 여자를 좋아하자 궁중에 굶어 죽는 이가 늘었고 장안 사람들이 상투를 높이 틀자 시골 사람 중에는 상투를 1척이나 틀어 올리는 사람이 생겼다 한다. 염불이 좋다 하니 생각 없이 빠지는 사람도 바로 이와 같다.

상황에 맞게 다양한 방편을 적절히 써야 한다고 불교는 가르치지만 말세의 폐단은 참으로 극심하다. 오호라, 의사들 집에 오히려 병이 많고 도편수(집을 짓는 건축 책임자) 집에 침대 다리가 부러져 있다더니, 불교계의 혼란도 바로 이와 같지 않은가. 나는 비록 중생이지만 이런 혼란에 근심이 큰데, 부처님은 이렇게 혼란된 상황에 어쩌면 그렇게 자비롭고 다정하게 보시기만 할까.

만해는 거짓 염불을 폐지하고 참된 염불을 해야 한다고 주장한다. 참된 염불이란 부처님의 마음을 염(念, 생각)하고 부처님의 행동을 본받으면서, 말하거나 침묵하거나 움직이거나 가만히 있거나 어느 순간이든 부처님의 가르침을 실제 삶에서 오롯이 실천하는 것이다. 마음으로 생각하지 않고 그저 입으로만 부처를 부른다면 거짓 염불이요 호불(呼佛)일 뿐이라 했다.

그래서 좀 과격하게 들리는 염불당 폐지까지 만해는 주장하고 있다. 스스로 밝혔듯 그것은 거짓 염불하는 사람들을 겨냥한 조금 과한 주장이지만 참된 염불까지 부정하려는 뜻은 아니었다. 만해는 참선 수행자답게, 내 마음이 정토인데 다른 곳에서 정토를 구하면 나무에 올라가 물고기를 찾는 것과 같아 아무런 도움이 안 된다고 단호히 말한다. 참된 염불자라면 막연히 부처를 부르기 전에 내 마음을 잘 닦아, 서방정토 극락세계가 십만억 멀리 떨어진 곳이 아니라 내 마음속에 있음을 분명히 알라는 말이다. 법신(法身, 진리의 본체)은 온 우주에 없는 곳 없이 두루 충만해 있기 때문에, 애타게 부처님을 부르며 찾아야 할 어떤 특별한 것이 아니라는 말이다.

불교는 절대자를 무조건 믿고 따르는 종교가 아니라 스스로 닦아 깨닫는 수행의 종교다. 불교에서 하는 수행법으로는 참선, 염불, 간경, 주력, 절하기 등등이 있는데, 각자 근기에 맞는 방법을 활용할 수 있다. 참선은 간화선(看話禪) 수행으로, 화두를 가지고 내면으로 깊이 참구해 들어가 참된 나를 찾는 수행법이다. 염불은 '나무아미타불' '관세음보살'처럼 불보살의 명호를 입과 마음으로 지속적으로 부르는 수행법이다. 간경은 불교 경전을 암송하거나 사경(寫經, 경전 베껴 쓰기)을 통해 몸과 마음을 정화하고 집중하는 것이며, 주력은 불교 경전에 실린 다양한 주문들을 외우고 암송하면서 염불처럼 지속적으로 주문에 몰입하는 것이다.

우리나라에서는 불교가 전래된 이래 염불 수행이 널리 유포되었다. 특히 신라 시대 원효(元曉) 스님은 일반 민중이 쉽게 받아들이고 실천할 수 있는 염불 수행법을 보급했다. 귀족 종교로 머물러 있는 불교를 민중 불교로 확대하고, 계급적 한계를 뛰어넘어 보편 신앙으로 자리 잡게 했다. 예토가 곧 정토라는 만해의 주장은 바로 원효 스님이 일찍이 가르쳤던, 내 마음속에 극락이 있다는 말씀이다.

신라 말 선종이 새로운 세력을 형성할 당시에도 교종에 대한 비판은 극심했으나 염불 수행은 배척하지 않았다고 한다. 오히려 염불 화두를 만들고 참선과 염불을 조화시킨 수행법을 창안해, 염불하는 동안 스스로 존재에 대한 의문을 마음속으로 끊임없이 생각하라고 가르쳤다. 이를 염불선이라고 하는데, 염불을 통해 잡념을 지우고 참선으로 이끄는 수행법이다. 이런 전통은 고려 시대에 이어 조선 시대에도 영향을 미쳐 조선 후기에는 많은 사찰에 염불당(念佛堂)이 생겼다. 하지만 당시에는 부녀자들과 가난한 기층 민중이 주된 신도로서, 이들을 바르게 이끌 수행자도 거의 없는 상황이었다. 그래서 염불 모임은 자연스레 기복과 미신의 성격으로 흐르기도 했다.

이 시기에는 아미타불을 소리 높여 부르는 풍토가 대세를 이루었고 19세기부터는 곳곳에서 염불 결사 운동도 일어났다. 불자들이 1만 일 동안 나무아미타불을 부르는 만일회 같은 염불 모임도 생겼다. 염불회로 불리는 염불계(念佛契)는 19세기 중반부터 전국 각지에서 본격화되어, 건봉사와 망월사 같은 곳에서는 국가와 개인의 번영을 기원하는 거대한 법회를 열었다. 범어사·유점사 등에서 결성된 염불계는 1895년까지만 해도 무려 21건이나 결성되었다. 전국 대소 사찰에서 결성됐던 이 같은 염불 결사는 염불계, 미타계, 관음계, 지장계 등이 중심을 이루며 현세의 복을 추구하는 기복 신앙 성격이 강하지만 염불 결사가 확산되자 조선 후기 피폐했던 사찰들이 경제적으로 회복하는 기회를 마련했고 대중에게는 신앙심을 고취하는 긍정적인 면도 있었다. 염불 결사는 《유신론》 저술 당시인 1910년대에 지방에서 수도권 등지로 널리 확장되면서 불교의 가장 흔한 기도와 수행 방법으로 자리 잡았다.

'밤에 모여 앉아 찢어진 북을 치고 쇳조각을 두들겨 가며 대답도 없는 이름을 부르고'라고 만해가 지적했듯이 당시는 철야 고성 염불을 많이 했다. 이에 대해 만해는 인간은 스스로 불성을 갖춘 존재인데 그것을 깨닫지 못하고 밖으로 부처를 찾아 구원을 빌면 어리석다고 단호히 비판했다.

그러나 당시 불교 수행이 염불 신앙만 있었던 것은 아니다. 한말 불씨가 꺼져 가는 선종 불교를 살리려는 움직임이 경허 스님을 비롯한 선승들에 의해 전개되었다. 한국 선불교의 중흥조로 일컬어지는 경허 스님은 해인사에서 정혜결사(定慧結社, 선정과 지혜를 함께 닦는 모임)를 조직하고, 한국 선 불교의 정통성을 되찾기 위해 전국을 두루 다니며 참선 수행자들을 규합했다. 그는 정법을 배우고 함께 도를 닦아 나가자는 취지에서 해인사에서 결사를 이룬 다음 통도사·범어사·화엄사·송광사 등을 다니며 선원을 복원했고, 영호남 지방 곳곳으로 정혜결사 운동을 확장했다. 경허 스님의 이런 노력으로 전국 곳곳에 선

방이 늘어났고 참선 수행자들이 구름처럼 몰려들었다고 한다. 그렇
지만 《유신론》에서 만해가 지적했듯이 참된 수행자는 적고, 배고픔
을 면하기 위해 모여든 어중이떠중이 승려들이 많아 선방이 선방 구
실을 제대로 하지 못했다. 또한 사찰에서도 선방을 통해 어떤 이익을
누리거나 사찰의 명예를 빛내는 도구로 삼는 곳도 많았다. 때문에 만
해는 참선 수행 풍토에 대한 비판과 더불어 염불 수행이 지닌 허상을
강하게 비판한 것이다.

3 포교

서양 속담에 "천 가지 바른 법이 있다 해도 대포 한 방을 못 당한다."
는 말이 있다. 철학적으로 보면 진리가 힘을 당해 내지 못한다는 뜻
이다. 나는 이 말을 처음 들었을 때 하도 저속하게 느껴져, 도저히 문
명국다운 이야기라는 생각이 들지 않았다. 하지만 오늘날의 상황이 너
무나 경쟁적이다 보니 오히려 저속한 말이 아니라, 지금 세상을 너무
도 잘 설파한 둘도 없는 법문이라는 생각마저 든다.

무릇 동서양 역사에서 어떤 것이 생기고 사라지고 번성하고 쇠퇴해
온 과정에 얼마나 많은 참혹한 일들이 법이 아니라 힘에 의해 일어났
고, 진리가 아니라 세력에 의해 일어났던가. 그런 일들을 우리는 누구
이 보아 왔기에 이런 서양 속담이 전 세계에 금과옥조(金科玉條, 금이나
옥처럼 귀중히 여기는 규범)가 되고도 남는다. 굳이 말하자면 야만적인 문
명이기에 종교나 도덕을 중시하는 사람으로서는 칭송할 것은 못되지
만, 오늘날 힘이 없어 사회로부터 경멸당하고 있는 조선 승려 입장에
서는 한번 고민해 볼 필요가 있다.

무릇 갑의 힘이 을의 힘을 능가한다면 도덕적으로 볼 때 죄는 갑에게
있지 을에게 있지 않다. 그러나 일반적으로 볼 때 죄는 보통 을에게 있

지 갑에게 있지 않다. 왜일까? 단순히 도덕적으로 보면 세상에서 무슨 일이든 힘으로 상대를 해치는 건 분명히 나쁘다. 그러나 우수한 자와 열등한 자, 승자와 패자, 약자와 강자가 있음이 자연 법칙임을 또한 부정할 수 없다. 왜 누구는 우수하고 누구는 열등한가, 누구는 강하고 누구는 약한가? 그 이유는 단순하지 않아서 한참 열거해도 다 말하기 어렵지만, 대강 말하자면 결국 힘 때문이다. 비유하자면 갑의 힘은 물이요, 을의 힘은 땅이다. 한 줄기 물이 흐르는데 땅의 높낮이가 다르다면 물은 높은 데로 흐르는가, 낮은 데로 흐르는가? 낮은 데로 흐른다는 건 삼척동자도 다 안다. 같은 땅이지만 물이 높은 데로 흐르지 않고 낮은 데로 흐르는 이유는 무엇인가? 물이 높고 땅이 낮기 때문이다. 땅이 낮으니 물이 낮은 데로 흐르는 것을 어찌 막을 수 있겠는가. 땅이 낮아서 물이 낮은 곳으로 흐르는 것을 어느 누구도 막을 수 없다면, 땅을 높여 물이 흐르지 못하게 하는 것이 상책이다. 그러므로 갑에게는 애초에 죄를 논하거나 책임을 물을 수 없고 을의 힘에 따라 수난을 겪느냐 마느냐가 결정된다.

흔히 세상 사람들은 을은 죄가 없고 갑에게 죄가 있다고 말하지만 이는 세상 도리를 밝게 보지 못한 것이다. 무릇 을의 위치에 있는 사람은 반드시 세상 흐름을 바로 보아야 한다. 지금 다른 종교가 쏘아 대는 대포는 무서운 소리로 땅을 진동시키고 그 도도한 세력이 하늘에 미치고 그 물은 늘어나 이마까지 솟구쳐 넘칠 지경인데, 조선 불교는 과연 어

168

찌해야 하는가? 오늘날 조선 불교가 유린당하는 이유는 힘이 없기 때문이고 힘이 없는 이유는 부처님의 가르침을 널리 전파하지 않았기 때문이다. 가르침은 종교의 의무요 종교적 힘의 원천이다. 다른 외국 종교들이 조선에 들어와 하나같이 그들의 가르침을 전하려 애쓰는 이유도 바로 종교의 의무이기 때문이다. 본래부터 종교란 그런 것이다.

한 사람에게 포교하면 그 힘이 그만큼 늘고 두 사람에게 포교하면 또 그만큼 세력이 커진다. 포교가 잘되면 세력은 점점 늘어나 사람들이 더욱 따르기 쉽고, 그렇게 세력이 커지면 포교는 더욱더 잘돼 축적된 결과는 엄청날 것이다. 기독교가 동서양을 휩쓴 이유도 바로 이런 방식을 썼기 때문이었다.

조선 불교는 포교 차원에서 어느 정도 설법이 이루어지고 있지만 절의 범위를 벗어나지 못하고, 그 취지가 천박하고 잡스러워 사람들을 감동시킬 만한 가치를 담고 있지 못하다. 그 외에는 사실 포교라고 할 만한 것이 별로 없다. 지금 승려 수는 조선 사람들 삼천분의 일에 불과하다. 다시 말해 조선인 삼천 명 가운데 승려가 겨우 한 사람 있다. 그렇게 드문 승려라는 사람이 가난하고 천박하고 미신에 현혹되어 있으며, 게으르고 어리석고 나약해서 흐트러진 정신을 온전히 집중하지 못하고 불교의 참모습이 무엇인지도 모른다. 이들이 바로 열등한 인간이 아니고 무엇인가? 이렇게 삼천 명 가운데 가장 열등한 사람 하나씩을 골라 모아 불교계를 구성했으니, 신도라야 얼마 되지 않는 수의 여인들이며 남자 신도는 봉황 털이나 기린 뿔처럼 극히 드물다. 아! 귀머거리를 아무리 많이 모아 놓아도 사광(춘추 시대 진나라의 음악가로 음악을 듣는 귀가 출중했다고 함) 한 명만 못하며 못생긴 여자들을 아무리 많이 모아도 서시(춘추 시대 월나라의 유명한 미인) 한 명만 하겠는가.

세상 사람들은 승려 수가 적다고 말하지만 나는 너무 많아 골치가 아프다고 생각한다. 지금 승려들이 수천 명 있다면 그 마음이 수천 갈래로 따로 움직이니 무엇 하나 합심해 이루는 일이 없다. 그러니 어찌 승려가 많다고 하지 않겠는가. 참으로 슬픈 일이다. 불교인들이 일찌감치 포교를 제대로 했더라면 승려들이 이렇게 열등한 존재가 되지는 않았을 테고, 신도들이 소수의 여인들로 이루어지지는 않았을 터이다.

지금 나타난 결과는 과거에 지은 원인 때문이고, 미래에 나타날 결과는 현재 짓고 있는 원인 때문이다. 이미 지나간 일은 떠내려가는 물에 흘려보내고 앞으로 올 일을 진정 추구해야 하니, 지금 마땅히 좋은 원인을 지어야 한다. 지나간 봄날의 꽃향기는 무정하게 끝났지만 다가올 가을의 연꽃은 주인이 없다. 적절한 때를 놓치면 비록 네 마리 말이 끄는 수레를 타고도 좇아갈 수 없다. 불교의 생명을 이어 가는 일은 바로 이에 달렸으니 포교가 중요하고 시급함은 말할 필요가 없다.

포교를 하려면 먼저 갖추어야 할 세 가지 조건이 있다. 첫째 열성, 둘째 인내심, 셋째 자비심이다. 세 조건 중 하나라도 빠지면 완전한 포교라 할 수 없다. 다른 종교인들이 포교하는 모습을 보지 못했는가?

날씨가 춥든 덥든 거리가 멀든 가깝든 무조건 찾아가고, 어느 곳이든 누구에게라도 가르치며, 한 사람에게 실패하면 또 다른 사람에게 시도하고, 오늘 안 되면 내일 다시 해서 실패할수록 더 노력하니 이것이 바로 열성 아닌가. 또 포교 과정에서 어떠한 비방이나 모욕을 받더라도 맞서지 않으니 이것이 바로 인내심 아닌가. 그리고 지혜로운 자, 미천한 자, 교만한 자, 완고한 자 등 아무리 억세고 교화하기 어려운 사람이라 해도 모두 환영하고 어루만지고 타이르니, 이것이 바로 자비심 아닌가. 이렇게 노력하는데 어떻게 종교가 퍼져 나가지 않겠는가? 다른 종교들이 그렇게 번창함이 결코 우연이 아니라고 생각한다.

서양인 가운데 마다가스카르라는 사람은 전도한 지 10년 만에 신도 한 사람을 얻었고, 구드슨은 미얀마에서 전도한 지 5년 만에 처음으로 신도를 얻었고, 또 모리슨은 중국에서 7년 만에 신도를 얻었다니 참으로 그들은 위대한 사람들이며 보통 사람이 미칠 수 없는 경지에 있었다. 만약 조선의 승려가 외국에 나가 전도한다고 가정해 보자. 한 명의 신도도 얻지 못한 채 몇 달도 안 되어 실망하고 또 몇 달도 되지도 않아 포기하고 돌아오는 자가 얼마나 많을까. 5년, 7년, 10년이 지나도 처음 세운 뜻을 포기하지 않고 꾸준히 노력하는 사람을 어찌 칭송하고 꿈꾸지 않겠는가.

방대한 불교 대장경과 비교해 그 내용이 일만분의 일에도 미치지 못하는 보잘것없는 종교라 해도 뜻을 굽히지 않고 끝까지 포교하려 애쓰는

게 현실인데, 불교는 그 깊고 오묘하고 광대한 사상을 갖추고도 어깨가 처지고 머리가 움츠러들어 기를 펴지 못하니, 도대체 누구를 탓해야 할까. 오늘날 불교가 이런 처량한 모습을 띠게 된 책임은 옛사람들에게 있고, 미래에 불교가 부흥하는 모습을 보일 책임은 지금 사람들에게 있다.

힘이란 자유를 지키고 보호하는 신장(神將)과 같다. 힘이 꺾이면 자유를 잃기 때문에 살아도 죽은 것과 마찬가지다.(신장이란 불법을 지키고 호위하는 여러 신(神)들을 뜻한다. 불교에서 말하는 신(神)은 기독교 신앙에서 말하는 절대자 개념이 아니고 부처님과 인간들을 안팎의 위험과 도전으로부터 지키는 일종의 보디가드와 같은 존재들이다. 중생의 번뇌가 팔만 사천 가지 있다고 하듯 신장도 팔만 사천 존재가 있다고 한다. 우리를 호위하지 않는 곳이 없다고 할 만큼 신장님들이 세상 곳곳에서 중생들을 지키고 불법을 호위한다는 뜻이다. 우리가 흔히 볼 수 있는 신장으로는 사찰 입구에서 사악한 세력이 들어오지 못하게 지키는 사천왕이 있다. 경주 석굴암에는 내부에 여러 신장상이 조각되어 있는데, 주먹을 불끈 쥐고 큰 눈을 부릅뜬 채 강인한 모습으로 버티고 있는 금강역사도 우리에게 익숙한 신장이다. 바다를 지키는 용왕님도 신장이고 처용가에 나오는 처용도 잡귀를 쫓는 신장이며 사신도에 새겨진 주작(朱雀), 백호(白虎), 현무(玄武), 청룡(靑龍)도 네 군데 방위를 지키는 신장들이다. 이렇듯 신장은 그 수를 이루 헤아릴 수 없을 만큼 많은데, 모두 불법을 옹호하고 숭배하는 호법신(護法神) 역할을 맡고 있다.)

172

아! 둥지가 뒤집히면 온전한 알을 기대할 수 없고 가죽이 없으면 털을 얻을 수 없다. 불교가 망하면 어찌 승려 혼자 생존할 수 있으며 불교가 쇠퇴하면 어찌 승려 홀로 번성할 수 있는가. 불교의 흥망은 바로 승려의 흥망을 예고하는 것이며 불교를 일으키면 승려 자신을 이롭게 하는 것이다. 불교의 힘을 키워 승려 자신을 이롭게 하고, 나아가 목숨까지 바치는 용기로 중생을 바르게 이끌어야 한다. 자기를 이롭게 하면서 동시에 남도 이롭게 하는 데 포교의 참뜻이 있다.

포교 방법은 다양하다. 연설로 하고, 신문 잡지를 통해 하고, 경전을 번역하여 널리 유포시켜 하고, 자선 사업을 일으켜 포교하는 등등 참으로 다양한 방법이 있다. 이렇게 백방으로 부처님 가르침을 전하려고 노력해야 하며 어느 하나라도 빠뜨릴까 염려해야 한다. 그런데 지금 우리 불교에는 이런 노력들이 도대체 보이지 않으니 무슨 도리가 있는지 모르겠다. 그 답을 참으로 듣고 싶다.

어느 종교든 그 존립 기반은 믿고 따르는 신도들이기 때문에, 종교의 성패는 결국 포교 역량에 달려 있다 해도 과언이 아니다. 만해는 근대화 물결과 함께 밀려온 서구 기독교 선교사들의 열성적인 포교 활동에 한 사람의 종교인으로서 감탄과 동시에 위기감을 느꼈을 것이다.

우리 근대화 과정에서 기독교의 활약은 가히 눈부신 것이었다. 특히 근대 교육과 의료 분야에서 기독교는 우리 사회에 널리 공헌했고, 오늘날까지도 전통과 명망을 앞세운 유명 사립 학교들 상당수가 일제 치하에서 설립된 기독교 계통의 교육기관이다.

이렇게 기독교 선교사들이 근대 한국 사회에서 포교 사명을 열성적으로 완수함과 대조적으로 불교는 만해가 개탄하기 이전부터 원래 포교에 그리 열성적인 종교라 할 수 없다. 포교의 중요성이나 방법을 몰라서가 아니다. 불법의 교리 자체에 무위(無爲), 무심(無心), 공(空)과 같은 도교적 자연주의 풍토가 깔려 있기 때문이다. 따라서 의도적인 심지어 강요에 가까운 기독교식 포교 활동을 불교계에서 상상하기는 어렵다. 흔히 불교는 '가는 자를 잡지 않고 오는 자를 막지 않는다.'라고 한다. 그래서 물 흐르듯 자연스레 신도들이 드나들도록 수용할 뿐 강요하거나 집요하게 설득하지 않는다. 그렇다고 불교계는 교육이나 홍보를 하지 않는다거나 필요를 느끼지 못한다는 식으로 오해하면 곤란하다. 단지 불교식 포교는 자연스러운 흐름과 기다림을 중시하는 소극적인 것이고, 역설적으로 그런 면이 불교 포교가 지닌 매력이자 특징이라 할 수도 있겠다.

그러나 인터넷과 언론을 통해 사회 연결망이 어느 시대보다 막강해진 오늘날에는, 불교라고 해서 신도들에 대한 포교 활동이 타 종교보다 뒤처질 이유는 없다. 불교계에서도 방송국을 세우고 신문 잡지를 간행하는 등 다양한 경로를 통해 포교에 매진하고 있고 그 효과도 눈에 띄게 감지된다. 템플 스테이, 사찰 음식의 세계화, 빈곤 지역 구호 활동 등 오늘날 한국 불교의 활약은 전 세계로 확대되고 불교문화에 대한 일반의 관심도 국내외에서 매우 높아지고 있다. 오늘날 만해가 살아 있다면 다양한 방식과 아이디어로 불교문화를 세계에 확산시키고, 불교 사상을 널리 전파하는 우리 불교계의 포교 활동에 환호의 박수를 보내지 않을까 싶다.

《유신론》 집필 당시 만해는, 조선 승려들은 무능하고 열등하며 다른 외국 종교인들에 비해 포교에 너무나 무관심하고 무책임하다고 비판했다. 다음 장에서도 만해는 비슷한 어투로 승려들을 일반 사람들보다 졸렬하고 모든 면에서 너무나 부족한 존재로 말한다. 같은 승려 입장에서 보면 듣기 곤혹스러울 정도로 비판이 강하다. 그의 말을 다시 인용해 보면, "승려라는 사람은 가난하고 천박하고 미신에 현혹되어 있으며, 게으르고 어리석고 나약해서 흐트러진 정신을 온전히 집중하지도 못하고 불교의 참모습이 무엇인지도 모른다. 이들이 바로 열등한 인간……. 조선인 삼천 명 가운데 승려가 겨우 한 사람 있지만 가장 열등한 사람 하나씩을 골라 모아 불교계를 구성했으니 …… 무엇 하나 합심해서 이루는 일이 없다."

이런 비판적 입장으로 인해 《유신론》이 탄생했지만, 불교가 시대에 뒤떨어지고 포교에 무력해진 원인을 승려 개인 탓으로 몰아 간다면 문제를 호도할 수 있다. 불교가 철저히 탄압받던 시대에 소외되고 핍박받으며 무능한 승려가 될 수밖에 없었던 객관적 상황과 시대 한계를 먼저 지적해야 한다. 이를 극복하는 커다란 전략 속에서 승려들 개인의 환골탈태를 요구해야 한다. 포교가 부진한 원인을 승려 개인 탓으로만 돌린다면 새로운 포교 전략에도 바람직하지 않다. 만해가 말했듯 모두를 이롭게 하는 데 포교의 참뜻이 있기 때문에, 개인 능력이나 인격을 탓하기 앞서 무기력한 불교계 전체를 치유하고 혁신하는 방법을 먼저 제시해야 했다. 그런 가운데 승려의 능력과 사기를 높이고 창조적인 포교 사업도 적극 나올 수 있다.

물론 일제 치하 불교계가 아무런 노력 없이 무기력하기만 하지는 않았다. 만해처럼 혁신적인 생각을 한 지식인과 불교도들이 식민지 압박 속에서도 불교 대중화와 근대 불교문화 증진을 위해 여러 활동을 시도했다. 불교 잡지도 간행했고 역경 사업도 한편에서 꾸준히 이루어졌으며, 한글 경전을 간행하는 등 한국 불교 근대화 노력이 진취적인 불자들에 의해 서서히 진행되었다. 전국 곳곳에 포교당이 들어서면서 비록 가난한 민중들과 여인들이 중심이긴 했지만, 열성 신도들이 포교당을 가득 메웠고 밤낮으로 염불과 기도 소리가 멈추지 않았다. 만해가 힘들 때 든든한 지원을 아끼지 않았던 석전 박한영 스님도 불교 학교를 세워 인재 양성에 힘쓰고, 빈민 구제 사업을 도모하고, 미신적인 신앙을 바꾸어 나가는 작업을 여럿이 함께하자고 주장했다. 그래서 잡지 〈해동불교〉를 창간했고 동국대학교의 전신인 불교전문학교 교장을 맡기도 했으며, 한성 임시 정부 발족에도 참여했다. 석전 스님은 중앙 불교전문학교 교장으로 재직하던 1933년 일본의 천장절 기념식 연단에서 "아아! 그런디, 오늘이 바로 일본 천황 생일이여. 그러니 잘들 쉬어."라고 한마디 하고는 바로 연단에서 내려와 폭소를 자아내는 등, 늘 항일 운동을 실천했던 인물이다.

또 3·1 운동 당시 만해와 함께 민족 대표 33인에 이름을 올린 백용성 스님도 한국 불교를 누구보다 염려하고 혁신을 시도했던 인물이다. 휴일이면 교회당이 꽉 차는 기독교와 비교하여 늘 적막한 사찰의 실태를 안타까워하면서 다양한 포교 방법을 고민하고 실천했다. 기독교도들이 한글 성경을 제작해 보급하자 이에 자극받아 한글로 된 불교 경전을 시도했고, 찬불가를 작사하여 부르게 했으며, 어린이를 대상으로 일요 불교 학교를 운영하기도 했다. 용성 스님도 만해와 비슷한 시각으로 조선 불교의 근본 폐단이 승려의 무지와 타락에 있다고 보고, 바른 수행자 상을 세우고자 노력했다.

특히 만해의 삶 자체가 바로 포교라 해도 과언이 아닐 것이다. 그는 문학가로서 개인적으로 많은 시와 소설을 쓰기도 했지만 승려로서 불경 번역에도 열성을 기울여, 방대한 팔만대장경을 한 권으로 압축한 《불교대전》을 펴내 대중들이 쉽게 경전에 다가가도록 했다. 민족의식과 근대 의식을 함양하기 위한 글들을 신문 잡지 등에 수없이 기고했으며 전국 각지를 돌며 대중 강연에도 앞장서는 등 근대 계몽주의 구국 활동에 누구보다 헌신했다. 3·1운동이나 신간회와 같은 사회 활동에도 열성을 다했을 뿐 아니라 불교 조직화를 통해 불교 청년 운동의 중심에서 활약하는 등, 만해는 불교 유신과 부흥이 우리 사회 발전에 직결된다는 신념으로 불교계 안팎에서 혼신의 힘을 다해 노력했던 것이다.

5장

사찰과 의례의 혁신

1 사찰의 위치

나는 일찍이 불교를 널리 확산시키고자 뜻을 품었지만 승려들의 사상이 다른 사람들만 못함을 늘 한탄해 왔다. 누구나 같은 불성(佛性, 부처님의 성품)을 지녔고 같은 육체를 가졌건만, 승려들은 모든 점에서 부족한데 다른 사람들은 모든 점에서 풍족하고 조금도 졸렬함이 없어 보인다.

어찌 이렇게 승려들은 다른 사람들과 같지 못할까? 입이 있는 자는 누구나 '교육을 받지 못해서'라고 말한다. 대체로 맞는 말이다. 하지만 교육받지 못한 사람이 교육받은 자를 따라가지 못한다면 납득이 되지만, 다 같이 교육을 받지 못했는데 자연스러운 사고 능력이 서로 다르다면 참 기이한 일 아닌가? 나는 그 원인이 올바른 도를 얻을 수 없는 집 자리 선택에 있다고 생각한다. 《논어》에는 "자리를 잘 가려 어진 사람이 사는 곳에 거처하지 않으면 어찌 지혜를 얻으랴."라는 구절이 있다. 거처를 고르는 것은 어디서 볼 수 있는가? 바로 사람의 집을 택할 때다. 승려들은 절이라는 작은 세상에서 살고 있다. 절은 대부분 경치가 아름다운 산수에 자리 잡고 세속과 멀리하며, 안개와 노을을 호흡하고 바람과 달빛을 마시고 뱉으며 신선한 공기 속에서 밝은 꿈을 꾸고 있으니, 참으로 별유천지 비인간(別有天地非人間, 인간 세상이 아닌 극락같이 행복한 세상)이다. (어찌하여 푸른 산에 사느냐고 묻기에(問余何事棲碧山) / 웃으며 대답하지 않았지만 마음 절로 한가롭네(笑而不答心自閑) / 복사꽃 물 따라 아득히 흘러가니(桃花流水杳然去) / 별천지에 인간 세상이 아닐세(別有天地非人間). 이백(李白)의 시 〈산중문답(山中問答)〉 가운데 넷째 구절을 만해가 인용한 것이다.)

아, 그러나 누가 알겠는가. 아름다운 강산이 검수도산(劍樹刀山, 칼로 된 나무와 칼로 만든 풀들로 가득 찬 무서운 지옥)으로 변하고 연하풍월(烟霞風月, 고요한 산수의 경치와 자연의 아름다움)이 삼독오탁(三毒五濁, 세 가지 독과 다섯 가지 더러움, 즉 악한 세상을 뜻함. 삼독이란 탐내고 성내고 어리석은 마음이며 오탁이란 겁탁, 견탁, 번뇌탁, 중생탁, 명탁의 다섯 가지 오염된 정신을 말함)으로 변해, 별유천지가 귀신이 들끓는 흑산귀굴(黑山鬼窟, 검은 산에 귀신의 동굴이니 혼탁한 아수라 세상)로 변하는 것을.

예부터 지금까지 뛰어난 인물들이 흑산귀굴이 별유천지인 줄 알고 잘못 들어가, 고요한 가운데 초목처럼 썩어 버리고 영영 소식이 들리지 않곤 했으니, 오늘을 느끼고 어제를 돌아보는 사람으로서 어찌 애달프지 않은가. 앞 수레바퀴가 뒤집히면 뒤 수레가 마땅히 경계로 삼아야 한다. 독일의 철학자 헤겔은 "물의 성질은 사람에게 통함을 가르치고 산의 성질은 막힘을 가르치며, 물의 형세는 사람들을 합하게 만들고 산의 형세는 사람들을 떨어지게 만든다."라고 했다. 나는 풍수지리를 배운 적은 없지만 이제 사원의 위치와 사상·사업 사이에 길흉 관계를 이야기해 보려고 한다.

첫째, 절이 산속에 있으면 진보 사상이 사라진다. 진보란 앞으로 나아가며 물러나지 않는 정신이다. 우리 생각 중에 '희망'이라는 것이 있다. 희망이란 앞으로 갖고 싶은 것을 미리 생각하는 것인데, 희망의 발생 조건은 매우 복잡해서 알기 어렵지만 고통을 피하고 행복으로 가려는 것임에는 이의가 없다. 사람이라면 누구나 즐거움을 원하지만 즐거움은 크고 작고 길고 짧은 차이가 있으니, 사람 때문이 아니라 물질 때문에 그러하다. 만약 어떤 사람이 아무 물질도 없는 세상에 태어난다면 단지 죽지 않기만을 바랄 뿐, 호화로운 옷이나 음식, 넓고 큰 집, 네 필의 말이 끄는 호사스러운 마차 따위를 조금도 욕심내지 않을 것이다. 아무리 좋은 물질이 있어도 죽지 않는 것보다 귀중한 것은 없으니, 죽지 않길 바라는 희망 외에 다른 무엇도 없을 것이다.

그러나 사람과 물질이 점차 번성하여 세상에 가득 차고 지혜로운 기술은 날로 성장하여 성과도 급격히 커지면, 육근(눈, 귀, 코, 혀, 몸, 생각)에 접촉되는 것은 점점 늘고 욕망의 범위는 더욱 넓어져 무한해진다. 이렇게 욕망이 무한히 커지면 진보 사상 역시 무한히 확대될 것이다. 이것이 사람과 물질이 얽혀 서로 동기가 되고 함께 진화하게 된 까닭이다. 대도시가 산골보다 엄청나게 빠른 속도로 진보하는 것이 그 증거라 하겠다.

승려들은 산에 살지 않으면 큰일 날 것처럼 두려워하여, 보고 듣는 것은 오직 물 흐르고 꽃 피고 새 울고 구름 흩어지는 것뿐이다. 그리하여 '내가 이미 얻었는데 누가 감히 다툴까.' 하며 스스로 자만하여 한 걸음도 나아가지 못하고 있다. 집의 위치에 따라 진보 사상이 생기는지 아닌지 판가름 나는 첫 번째 경우다.

둘째, 절이 산속에 있으면 모험 사상이 자랄 수 없다. 나는 다윈과 나폴레옹과 함께 배를 타고 태평양을 건너는 꿈을 꾼 적이 있다. 맞닿은 바다와 하늘이 하도 넓고 망망해서 땅이 전혀 보이지 않는 곳에 이르렀을 때 우리는 서로 돌아보며, 스스로 크다고 뽐냈던 하백(河伯)이 가소롭다고 말했다.(하백은 중국 황하(黃河)의 신이며 고구려 건국 신화에는 주몽의 외할아버지로 나오기도 한다. 하백의 일화는 《장자》에 나오는데, 세상 넓은 줄 알지 못하는 사람을 비유할 때 인용한 말이다. 가을에 비가 많이 내리자 개천이나 호수의 물이 불어나 여기저기서 모두 황하로 모여들었다. 황하의 신 하백은 세상 모든 것이 다 자신에게로 흘러들어 온다고 무척 자랑스러워했다. 그런데 강물이 점점 불어나 마침내 광대한 북해에 이르자, 하백은 한없이 넓은 북해에 그만 할 말을 잃고 말았다. 북해의 신은 하백을 위로하며 이렇게 말했다. "우물에 사는 개구리에게 바다를 말해 줄 수 없는 이유는 살고 있는 자리에 매여 있기 때문이며, 여름 벌레에게 얼음을 말할 수 없는 이유는 살고 있는 계절에 매여 있기 때문이다. 부분에 사로잡힌 사람에게 도(道)를 말할 수 없는 이유는 자기가 배운 가르침에 매여 있기 때문이다.")

조금 있으니 사나운 바람이 불고 억수같이 비가 내리는데, 거센 물결은 높아져 상앗대가 꺾이고 키도 잃어버려 배는 의지할 데 없이 흔들렸다. 배에 탄 사람들은 너무 놀라 아무 말도 못하고 움직일 수도 없었다. 베개 밑 갈대로 엮은 자리 바로 아래에서 하늘과 바다가 서로 맹렬히 부딪히는 소리가 들리고 물고기와는 겨우 판때기 너머 몇 치 거리에 놓였으니, 어찌 공포에 떨지 않을 수 있겠는가? 그런데 이때 나폴레옹은 조용히 행동하며 조금도 흔들림이 없었다. 다윈은 마음을 가다듬고 단정히 앉아 뭔가를 생각하고 있었다. 나는 어찌나 놀랐는지 그들에게 뭘 물어보지도 못했다. 이윽고 바람과 물결이 잠잠해지고 하늘이 개이며 바다는 고요함을 되찾았다. 나는 차츰 기운을 회복하고 일어나, 하늘과 바다가 심하게 요동치는 상황에서 어찌 그리 침착할 수 있었는지 두 사람에게 물어보았다.

다윈이 말했다.

"나는 바다를 건너 지구를 항해하고 5년 만에 돌아왔습니다. 처음에는 나도 당신과 다를 바 없었지요. 거친 풍랑을 만나 구사일생으로 살아난 경험을 몇 번 거친 뒤에야 크게 놀라고 두려워하는 일이 사라졌습니다. 그리고 물에 빠져 허우적거리며 내가 물고기인지 사람인지 모르는 체험을 수십 번 한 뒤 마침내 풍랑이 무엇인지 바다가 어떤 것인지 배가 어떤 것인지 심지어 내가 어떤 존재인지도 모르게 되었습니다. 내가 바다도 배도 나 자신도 모르는 이런 무심한 경지에 이르게 된 것

184

이 바로 무형의 진화입니다. 조금 전 파도가 몰아칠 때도 진화의 이치에 관해 생각했던 것입니다."

다음에 나폴레옹이 말했다.

"참으로 이색적인 체험이군요. 나는 바다를 항해한 적이 없으니 전쟁에 비유해 이야기해 보겠습니다. 내가 처음으로 스페인 들판에서 싸웠을 때 칼날은 번개처럼 번쩍이고 총알은 비 오듯 쏟아졌지요. 머리카락 한 오라기를 사이에 두고 죽음과 맞부딪히는 생사가 걸린 상황에서 어찌 공포가 밀려오지 않았겠습니까? 그러나 백 번도 넘는 전투를 몸소 치르고 난 뒤에는 거의 생사를 초월하는 경지에 이르렀고 그 뒤로는 공포심이 사라져 버렸습니다. 풍랑이 아무리 거세다 한들 빗발치는 총탄에 비할까요. 다시 내가 무엇을 두려워하겠습니까? 비록 열 배 백 배 풍랑이 거세져도 앞으로 담담하게 지휘할 것입니다."

두 사람의 말을 듣자 나는 마음이 들떠 날개도 없이 날아갈 듯했다. 하품을 쭉 하고 기지개를 켠 다음 일어나 두 사람에게 경의를 표하며 말했다.

"두 분이 살아오신 경력이 이렇게 놀랍고 장한 것이었군요. 후세 사람들이 앞다투어 절하고 칭송할 만합니다."

결국 천하의 어떤 모험 사상도 넓은 견문과 다양한 경험에서 생겼을 뿐 본래 타고난 것도 아니고 본래 있는 것도 아님을 알 수 있다. 금강산이나 설악산에 사는 사람들은 알 것이다. 평지에 사는 사람들은 엉

금엉금 기어서 벌벌 떨며 건너가는 위태로운 절벽이나 개울을, 그들은 나는 듯 조금도 망설이지 않고 쉽게 건너간다. 그것을 어찌 모험심이라 하겠는가? 단지 경력 차이일 뿐이다. 누구나 어떤 힘든 상황에 처하면, 비록 노예나 마소처럼 취급받는다 해도 자라처럼 목을 움츠리고 파리처럼 애걸복걸하며 저항하지 못하는 비겁함을 드러낸다. 아, 세상일도 또한 위태로운 절벽이나 개울과 다를 바 없는데 산에서는 용감하고 세상일에는 비겁한 이유가 무엇인가? 하나는 경험을 통해 익숙해진 반면 다른 것은 경험이 없고 생소하기 때문이다. 외딴 산골에 살면서 견문도 경험도 얻을 기회가 없었다면 모험 사상이 없는 것은 당연한 일이다.

양계초는 말했다.

"육지 사람은 땅을 마음속에 품고 있기 때문에 집착이 있게 마련이다. 하지만 드넓은 바다를 시험 삼아 한번 가 보면, 홀연히 깨달아 초연해지고 행동과 사상에서 무한한 자유를 얻는다. 그런 까닭에 바닷가 사람들은 그 정신이 날로 용맹하고 고상해질 수 있다. 예부터 바닷가 사람들이 육지 사람들보다 더 활기차고 진취적인 기상이 높은 이유다."

육지 사람들은 바닷가 사람들에 비해 진취적인 기상이 약하다. 하물며 더없이 궁벽하고 깊은 산골에 자리한 사찰이야 하늘과 햇빛 이외에는 볼 것이 없으니 더 말할 필요도 없다. 모험 사상이 자라는 데는 그 처소의 위치와 관련이 있다는 두 번째 사실을 말했다.

셋째로 절이 산속에 있으면 구세(救世) 사상이 생길 수 없다. 석가, 공자, 예수, 묵자는 모두 세상을 구제하는 데 탁월한 성인들로 세상 속에서 살았으며 홀로 살지 않았다. 소부, 허유, 상산사호(商山四皓, 중국 한나라 때 상산에 숨어 살던 지혜로운 네 선비), 엄자능(嚴子陵, 후한을 재건한 광무제의 옛 친구로 광무제가 중책을 맡기려 해도 거절하고 홀로 산중에서 낚시하며 살았다고 함) 같은 이들은 모두 대표적인 염세주의자로 산에서 은둔하며 지냈고, 사람들 속에서 함께 살지 않았다.

예부터 구세주의자들은 홀로 살기를 좋아하지 않았고 염세주의자들은 홀로 살기를 좋아했다. 왜 구세주의자들은 혼자 살지 않았을까? 두루 세상을 살피면서 사람들의 인심을 알아보고 인간의 기쁨과 슬픔을 관찰하고 그 문제점을 풀기 위해서였다. 염세주의자들이 산에서 홀로 사는 까닭은 세속의 고락을 외면하고 인정을 끊고자 하는 뜻이었다.

갓난아이가 기어가다 우물에 빠졌다면 가깝든 멀든, 은혜를 입었든 원수이든 누구나 가서 아이를 구하려 할 것이다. 그런 위급한 상황에서는 아이를 구할까 말까 득실을 따져 움직이는 것이 아니라, 자기도 모르게 문득 구제하려 들 것이다. 형수가 만약 물에 빠지면 누구나 손을 내밀어 구하려 할 뿐 형수에게 지킬 예의와 행동의 신중함을 따지며 구하지는 않는다. 다만 그 즉시 자기도 모르게 갑자기 손을 내미는 것이다. 마음은 어떤 상황으로부터 생기고 그 마음으로부터 어떤 일이 이루어진다. 비록 무심하려 해도 어떤 상황에 처하면 어찌 무심할 수 있으며, 행동하지 않으려 해도 마음이 있는 한 어찌 행동하지 않을 수 있겠는가? 이 때문에 군자는 반드시 거처를 가리는 일을 중시하는 것이다.

거처를 가린다 함은 풍수지리처럼 길흉을 가린다는 뜻이 아니라 살아가는 환경을 선택하는 것이다. 과거 은둔자들이 칭송받은 이유는 때를 기다리며 절개를 지켰기 때문이라고 흔히 말한다. 그러나 염세주의자들이 고립된 환경을 스스로 택한 이유를 '때를 기다려 절개를 지키느라 그랬다.'라고 한다면 미사여구로 그저 미화한 것이며, 영웅들이 사람을 속이는 방법일 뿐이다. 만약 숨어 살고자 한다면 세간에 숨어도 충분하다. 굳이 산속에 숨어야 숨었다고 할 수 있는가? 절이 있는 곳은 대부분 염세적이며 세상을 구하기에 적절한 장소가 아니다. 이렇게 환경이 이미 염세적이니 어찌 구세 사상이 생기겠는가? 염세적인 마음이 한 치 자라면 불교 정신은 한 자나 후퇴하게 되어 있다. 그러니 어찌 노력하지 않으면서 이룰 수 있겠는가. 구세 사상이 위치와 관계가 있음을 말해 주는 세 번째 사실이다.

넷째로 절이 산속에 있으면 경쟁 사상이 생길 수 없다. 승려는 본래 스스로 세계 밖 세계에서 인류 밖 인류로 살면서 다른 사회 집단과 뚜렷이 구분되었고, 이해득실과 상관없이 고립된 독선주의로 살아왔다. 여기서 세계 밖 세계란 절이며 인류 밖 인류란 세상일을 외면하고 자기 한 몸만 깨끗이 하는 것이다. 조선 시대에는 승려들을 매우 핍박했기 때문에 어쩔 수 없이 산으로 가서 살게 된 측면도 있다. 하지만 승려들이 도회지에서 일반인들과 섞여 살면서 두루 소통하며 지냈다면, 그런 핍박의 굴레도 오히려 쉽게 풀려 경쟁력이 이렇게 소생하기 어려운 지경에 이르지는 않았을 것이다.

외딴 산중 깊은 골짜기에 거처하니 승려들은 세상이 무너진다 해도 알지 못하고 지나갈 것이다. 오늘날 종교들 사이에 싸우는 북소리가 천지를 진동하건만, 불교는 싸움은 고사하고 싸움을 그치는 종소리가 울려도 알지 못할 것이다. 오늘날의 불교는 진루에 세운 깃발이 숲을 이룬다 해도 항복의 깃발마저 세울 수 없는 지경이다. 왜일까? 불교인들은 종교 간 경쟁이 아무리 치열해도 불교의 영역은 침범하지 못한다 여기고, 종교 간 싸움이 날카롭건 무디건 누가 이기든 지든 마치 뜬구름처럼 여긴다. 그래서 실제로 종교 간 경쟁이 불교에 미치는 영향을 전혀 파악하지 못한다. 어떤 두 세력이 대립할 때 하나가 이기면 다른 하나는 패할 것은 누구나 아는 사실이다. 다른 종교 세력이 왕성해지면 불교가 쇠락할 것은 너무나 분명하다. 그런데 다른 종교의 군대가 당장 내 피를 흘리게 하지 않으니 종교 대립에 아무 문제가 없다고 여긴다면, 성문에 불이 붙어도 당장 연못을 태우지 않으니 물고기는 탈이 없다고 하는 것과 무엇이 다를까. 상황을 제대로 볼 줄 모르고 그저 좁은 소견만 드러낼 뿐이다.

무릇 뜻을 품어야 행동이 일어난다. 그런데 뜻을 품도록 만드는 더 앞선 요소가 있다. 불교에는 경쟁 사상이 없기 때문에 뜻을 품지 않고, 뜻이 없기 때문에 행동하지 않는다. 경쟁 사상이 사찰의 위치와 관련됨을 말해 주는 네 번째 증거다.

이상에서 언급한 것들은 모두 사찰의 위치가 사상 면에서 불교에 미친 부정적인 영향이다. 그런데 절의 위치는 사상뿐 아니라 사무 처리에도 많은 불리함을 초래한다. 절이 외딴 산골에 있으므로 교육, 포교, 교섭, 통신, 단체 활동, 재정 등에도 매우 불리하다. 이런 여섯 가지 일들은 굳이 설명하지 않아도 쉽게 이해할 수 있기 때문에 일일이 논하지 않겠다. 그러므로 사찰의 위치가 사상 면에서 일으키는 문제가 네 가지요, 사업상 일으키는 문제가 여섯 가지다. 이런 것들은 하나만 없어도 문제가 심각한데 열 가지나 없으니, 도대체 무슨 말을 할 수 있겠는가.

세속 일에 초연하고 묘연하여 홀로 산중에 들어야 잡념을 끊고 구름을 벗 삼아 샘물을 마시며 꽃구경이나 하며 성품을 닦는 생활을 나 또한 싫어하지 않는다. 다만 현실 세계는 엄청난 변동이 자주 일어나 성공과 파괴도 일정하지 않은 실정이다. 이렇게 뽕나무밭이 하루아침에 푸른 바다로 변하는(상전벽해, 桑田碧海) 세상에 산다면 늙은 어부는 산봉우리에서 어이없는 웃음을 짓고 소 치는 농부는 여울목에서 실의에 잠길 테니, 우리는 무엇으로 어떻게 대처할 것인가. 아마 죽음 외에 다른 방법이 없을 것이다. 나는 오직 이것이 두려워 가만있지 못하겠다.

오늘날처럼 불교가 갈 길을 모른다면 어찌 불교의 미래를 지킬 수 있을까. 광란의 물결이 도래하면 힘이 있어도 돌이키기 어려우니, 《논어》에서는 "꿩이 기겁하고 날아올랐다가 주위를 살핀 뒤 다시 모인다."라고 했다.

그러면 절의 위치를 어떻게 바꿀 수 있을까? 세 가지 방법이 있다.

산중에 있는 모든 절 가운데 특별히 기념될 만한 몇 곳만 남기고 나머지는 모두 철거하여 각 지역이나 도회지에 새로 건립한다면 가장 상책이다. 그것이 어렵다면 크고 아름다운 절들은 남기고 작고 황폐한 절들은 철거하여 큰 도회지에 새로 건립하는 방법이 그다음 중책이다. 마지막으로 산중 암자들을 모두 없애 본사에 합치고 도나 몇 개 군에 있는 절들을 합하여 지역마다 중요한 곳에 그 출장소를 두고 포교와 교육을 담당하게 하면, 약하지만 마지막 하책이다. 그밖에 다른 방법이 없다.

이 가운데 과연 어느 쪽을 택할 것인가? 상책을 쓰자니 승려들의 지혜가 미약해 당장 실행하기는 어렵다. 중책은 실행할 사람들만 있으면 가능하지만 마땅한 사람들이 없어서 그 역시 불가능하다. 하책은 기대해 볼 만하지만 모두 동의하려면 능력을 지닌 사람이 앞에서 끌어가야 하는데, 승려 가운데 과연 이런 사람이 있는지……. 있다면 어째서 내가 아직도 보지 못했으며 없다면 불교계로서는 어찌 그냥 넘어갈 일이겠는가. 미래를 점쳐 보건대 청년과 아이들이 자라 영웅호걸이 되어 계속 절을 비우지만 않는다면 언젠가 가능하리라 생각한다. 하지만 만약 지금 절에서 40세 넘는 자들이 높은 지위에 군림한다면 결코 이루어질 수 없다. 모두 스스로 생각해 보기 바란다. 하책도 실행할 수 없는 상황이 참으로 슬프지 않을 수 없다.

그러나 영웅의 씨가 따로 있지 않고 성공과 실패도 이미 정해지지는 않았으니 천하 대사를 미리 단정할 필요는 없다. 계속 정진을 멈추지 않는다면 콜럼버스가 미 대륙을 찾아내고 패러데이가 전자기 법칙을 완성하듯 이루지 못할 일은 없다. 노력하지 않으면 무엇도 이룰 수 없지만 노력하면 이루지 못할 일이 없다. 모든 승려들이 영웅호걸 아닌 사람이 없어서 오늘 당장 상책을 시행해도 무방한 그런 상황이 언젠가 오지 않을까 희망해 본다.

'산간 사찰의 불교를 도시 대중의 불교로!' 이 슬로건은 만해 혼자만의 생각이 아니라 동시대 여러 선각자들이 주장한 불교 근대화의 한 방안이었다. 만해와 같이 3·1 운동에 동참했던 용성 스님도 "절이 궁벽한 곳에 있는 까닭에 교육에 불리하고, 포교에 불리하고, 교섭에 불리하고, 통신에 불리하고, 단체 활동에 불리하고, 재정에 불리하다."라고 산중 불교에서 하루빨리 탈피하자고 강조했다. 당시 발행되었던 불교 잡지에도 산중 불교에서 근대 도시 불교로 전환해야 우리 불교가 살아난다는 논설들이 종종 실리곤 했다.

절이나 승려가 산중에 외따로 있기보다 세속에서 중생들과 함께 있어야 불교가 산다는 주장은 오늘날에도 제기된다. 최근 '즉문즉설'이라는 대중 강연으로 큰 인기를 얻고 있는 법륜 스님도 비슷한 주장을 했다. 법륜 스님은 〈세상에 살면 깨달을 게 많다〉라는 글에서 신라 시대 원효 스님을 대표적인 예로 들며 '세상 속 수행'을 강조했다. 원효 스님은 파계한 이후 자신을 대사가 아니라 '소승 거사'라고 극히 낮추며, 만인이 존경하는 고승대덕의 지위를 버리고 중생과 함께하는 보통의 삶을 택했다. 법륜 스님은 원효대사의 삶을 올바른 수행의 표본이라고 보며 이렇게 말했다.

"가만히 산속에 혼자 있으면 깨달을 기회가 없고, 세상에서 살면 깨달을 기회가 있습니다. 주위 사람이 귀신처럼 내 공부가 되었는지 알고 잘 건드려 줍니다. 주위 사람 때문에 화가 나면 그때 내가 경계에 팔렸구나 딱 알아차립니다. 그래서 악처를 만나면 성불합니다."

《유신론》이 나온 뒤 100여 년이 흐른 지금도 비슷한 생각들이 반복되고 있으니, 깊은 산중에 홀로 박혀 수행하기보다 중생 속에서 살아 움직이는 불교가 얼마나 중요한지 새삼 느낀다. 번뇌와 깨달음이 둘이 아니며 중생과 부처가 둘이 아니라고 가르치듯 수행자의 삶과 중생의 삶이 둘이 아니라는 것은 불교의 사명이며 존재 이유라 하겠다.

그런데 이런 포교 논란이 일어난 지 100여 년이 지난 오늘날에도 한국 사찰들은 대부분 산속에 있다. 최근에는 시민들을 위한 도심지

포교당을 만들기도 하지만 대다수 사찰은 여전히 깊은 산중에 자리하고 있다. 그러면 그 까닭은 무엇일까?

인터넷 블로그에 실린 어느 스님의 글을 잠시 인용해 보자.

"그러나 아직까진 산중에 계신 스님 가운데 더 뛰어난 사람이 많고 순수한 분이 많다. 인격이 있거나 신심 깊은 분이나 원력이 높으신 분들은 대체로 산중에 기거하면서 수행하기 때문이다. 도시로 오는 스님 중에는 수행력이 부족하거나, 인격에 문제가 있거나, 신심이 깊지 않은 사람이 비교적 많다. 큰스님들이나 신도들도 산중에 있는 스님을 좋아하고 도시로 온 스님들은 타락할까 걱정스러운 눈빛으로 본다."

이 글은 수행자의 눈으로 본 산중 사찰의 중요성을 말한 것이다. 불교가 대중을 만나기 위해 저잣거리로 나오면 수행 정신이 점점 퇴색하고 물질주의와 세속화는 가속화해 오히려 불교의 가치는 떨어지고 스님들은 타락할 것이라는 우려다. 이미 수행자의 세계에 몸담고 있는 스님을 통해 이런 생생한 지적을 들으니 그 우려가 더욱 가깝게 들린다. 일부 스님들이 만해의 생각에 반기를 들었던 이유도 바로 이런 사찰과 수행자의 세속화가 몰고 올 부정적인 면 때문이었다.

물론 도시에 나온다고 불교계가 무조건 타락하는 것은 아니다. 산중에 기거하는 스님도 권력과 물질을 탐하여 지탄받는 경우가 종종 있다. 하지만 고요히 내면을 갈고닦으며 참된 나를 찾아가는 불교 수행에는 아무래도 복잡하고 시끄러운 도시보다는 고적한 산사가 적당함은 말할 필요가 없다.

승려들이 산사를 떠나 도시로 나와 사람들에게 불교를 믿으라고 권한다 해서 포교가 꼭 잘되는 것도 아니다. 불교 사상이 아무리 숭고하다 해도 스님들의 고매한 인격과 청렴한 행동이 뒷받침되지 않으면 중생의 마음을 열 수 없다.

부처님의 가르침에 충실하게 중생을 이끄는 데는 사찰의 지리적 위치 문제도 중요하지만 중생들을 어떻게 교화할 것인가라는 내용 문제가 더 중요하다. 그러므로 바른 신앙을 갖춘 신도를 늘리고자 한다면 스님들의 도력과 위의(威儀)를 높이는 수행력이 무엇보다 우선되어야 한다.

사실 오늘날은 교통과 통신이 눈부시게 발달해 공간적 거리는 그리 문제되지 않는 세상이다. 교통수단이 눈부시게 좋아졌고 디지털 기술과 인터넷의 발달로 지구촌 소식을 부처님 손바닥 들여다보듯 한순간에 볼 수 있는 시대다. 산중 스님들도 도시민들과 실시간으로 바로 소통하고 쉽게 대화하는 세상으로 바뀌었다. 그러므로 사찰이 산중에 있다 해서 포교에 크게 문제 될 것이 없으며 도리어 산중에 있어 더 인기를 끄는 시절이다. 템플 스테이, 산사 음악회, 사찰 음식 축제 등 절이 산속에 있기 때문에 더욱 세속인들의 관심을 끄는 행사가 늘었다. 복잡하고 경쟁적이며 오염된 도시 생활에 지친 사람들이 몸과 마음의 평화를 얻기 위해 고요한 산사를 찾는 경우도 많다. 요즘 유행어가 된 '힐링'은 산중 사찰이 제공할 수 있는 특별 메뉴가 된 셈이다. 그러므로 사찰의 지리적 요인이 포교에 장애가 된다는 만해의 주장은 모든 것이 낙후했던 그 시대 이야기일 뿐 지금은 해당 사항이 아닐 수 있다.

물론 불교의 도시화, 현대화는 포교에 긍정적인 역할도 한다. 불교가 대중 속으로 깊이 파고든 대만 같은 나라에서는 스스로를 '거사 불교'라고 부를 만큼 신도 중심으로 자발적인 불교문화를 일으켰다. 출가자 중심의 불교가 아니라 재가자(신도) 중심으로 움직이는 거사 불교는 만해가 추구했던 불교 혁신과는 약간 성격이 다르지만, 대중 중심의 불교를 추구한다는 점에서는 통한다. 우리나라에서도 대만의 불교 대중화와 세계화 노력을 교훈 삼아 현대 사회의 요구에 맞게 다양한 시도를 하고 있다. 염불회·선 센터·불교문화 센터 등을 도심지에 건립하며 저잣거리로 불교가 나오고 있고, 고적한 산중을 벗어나 세속에서 개방적이고 다양한 모습을 보이고자 노력하고 있다. 불교가 더는 수행자의 전유물이 아니며 재가자 중심의 불교 혁신을 기대할 수 있다. 이런 방향으로 승속의 경계를 넘어 불교가 발전한다면 굳이 산사를 찾지 않고도 누구나 일상에서 불법을 실천하는 세상으로 바뀌는 상상도 해 봄 직하다.

2 불교에서 숭배하는 조각과 그림

조선 불교는 소회(塑繪, 신앙의 대상으로 삼고 있는 조각상과 회화)를 너무나 숭배해 아마도 그 수가 백 가지도 넘을 것이다. 그런데 어떤 사람들은 사찰의 조각이나 그림이 잘못된 믿음에 의해 만들어진 가상 도구들이니 모두 소각해 버리고 절을 깨끗이 청소하자고 한다. 암흑시대의 미신을 당장 혁파하고 진리를 배양해 새로운 불교 나라를 세워야 한다는 주장이다.

이런 주장은 얼핏 듣기에 명쾌하지만, 우매한 사람이 미혹(迷惑)한 마음을 버리고 새롭게 진리를 받아들이지 못한다고 해서 큰 칼이나 도끼를 내리쳐 단숨에 길을 열고자 하는 것과 같다. 말은 일사천리로 기세등등하지만 인정을 조금도 고려하지 않은 지나친 주장이다. 그래서 나의 의견을 밝히고자 하니 지혜로운 이들의 판단을 기대한다.

무릇 사물은 진리를 가상(假相)으로 표현한 것이고 조각상은 사물을 가상으로 만든 것이다. 그러므로 진리의 눈으로 볼 때 조각상은 가상의 가상이다. 그런데도 이런 조각상이 오랫동안 사람들 가운데 존재해 왔다. 왜일까?

사람의 마음은 원래 고요하지만 어떤 대상을 만나면 움직인다. 지극히 지혜롭거나 지극히 어리석은 자가 아니라면 대상을 만나 마음이 움직이지 않는 사람은 없다. 죽음을 보면 슬퍼하고 탄생을 보면 기뻐하며, 현자(賢者)를 보면 닮고 싶고, 악을 보면 징계하려 하며 선을 보면 힘쓰려 하니, 모두 어떤 대상을 만났을 때 마음이 움직이는 예들이다.

마음이 움직이면 행동도 그에 따라 나오게 마련이다. 옛사람들은 인심이 잘못된 곳으로 흘러 바르게 되지 않을까 염려하여 여러 형상을 만들고 예의를 갖출 대상으로 삼았으니, 불교의 각종 조각상도 그런 대상 가운데 하나다. 예를 들면 성인군자 상을 집 안에 세우고 희생물을 올려 제사를 지내 그들을 존중하거나, 충신 의사 상을 기린각(麒麟閣, 한 무제가 길상의 동물인 기린을 잡은 것을 기념하기 위해 궁전에 지은 누각인데, 열한 명 공신들 상을 걸어 놓고 후손에게 기억하도록 했다.)에 설치해 제사를 모시며 그 공덕과 절개를 숭상하게 하거나, 또 효자 열녀 상을 효자문이나 열녀문 안에 세우고 그 선행을 표창하고 장려하는 것이다.

이런 일들은 조상을 기리는 높은 뜻을 후손들에게 권장하기 위해 대상을 만든 것이다. 한 사람을 징계하여 백 사람을 힘쓰게 하고, 한 사람에게 상을 주어 만 사람에게 권장하는 것은 법을 통한 도덕이다. 불교에서 조각과 그림을 제작한 이유도 하나의 가상 대상을 만들어 중생에게 도덕적인 모범을 보이기 위한 것이다.

이상만을 추구하는 사람이라면 조각이나 그림이 허망하며 실익이 없다고 주장할 수 있다. 심한 사람은 그런 대상이 무익할 뿐 아니라 마음을 어지럽힌다고 비웃고 매도하면서 배척하기까지 한다. 그럴 수도 있다. 하지만 이런 상(像)들이 사람들의 도덕심에 영향을 미치는 불가사의한 공로가 있음을 누가 알겠는가. 내가 몸소 경험했던 바를 말해보겠다.

어릴 적에 공자묘에 갔는데 석상이 하나 세워져 있었다. 나는 그 석상의 마른 입술과 드러난 이와 듬직한 허리를 보면서 문득 위로는 요순문무(堯舜文武, 고대 중국의 모범적인 제왕들로 요임금, 순임금, 주나라의 문왕과 무왕)의 법을 밝히고, 아래로는 그 가르침을 만세에 드리운 공로가 떠올라 나도 모르게 각별한 경외감을 표했다.

또 관공묘(關公廟, 삼국지에 나오는 유비의 장수 관우의 사당)에 가서는 그 대춧빛 얼굴과 아름다운 수염과 당당한 9척의 체구를 보면서, 홀연히 촛불을 밝히고 방 안에서 홀로 공자의 책을 읽던 관우의 큰 뜻을 생각했고 안량, 문추의 목을 베던 그의 신의를 생각했다. 그 상을 바라보자 관우의 늠름한 기상이 떠오르며 당장 달려가고 싶은 마음이 들었다.(《삼국지》에 나오는 이야기로, 유비가 조조에게 크게 패하자 관우는 부득이 유비의 처자식을 보호하기 위해 조조에게 귀순한다. 조조에게 항복을 권유받았을 때 관우는 "조조에게 진심으로 항복할 수는 없다. 두 형수의 목숨을 보호하며 유비의 거처를 파악하면 즉시 떠난다."는 조건을 걸고 일시 귀순했다. 조조가 원소와의 전투에서 매우 고전했을 때 관우는 원소의 장수인 안량과 문추의 목을 베어 조조의 은혜에 보답했고 마침내 유비에게로 돌아갔다는 이야기다.)

공자의 자취는 《주역》, 《춘추》, 《논어》 등에 나오고 관우의 행적은 역사책 여기저기에 나온다. 책을 읽으면서 관우의 행적을 우러르며 숭배한 적도 많았지만 그래도 지극한 감동이 되지는 못했다. 그런데 허망한 흙덩어리 조각을 보고서는 그 감동이 어찌 그리도 강렬하고 절박했는지 모른다.

글이나 조각이나 모두 하나의 대상인데 마음을 감동시키는 점에서 어찌 그리 차이가 날까. 간접 대상과 직접 대상이라는 차이 때문일 수 있다. 글은 사람이 말하고 행동한 것을 기록했기에 간접적이고, 조각은 사람의 모습을 그대로 표현했기에 직접적이다. 그런 구별은 내 마음의 기준이지만 보는 대상이 다르면 느낌도 달라지지 않을 수 없다. 그래서 조각이 감동을 불러일으키는 공로가 매우 크다는 사실을 알았다. 오늘날 특별한 능력이나 행적을 남긴 사람들을 구리나 돌 조각으로 만드는 이유도 모두 이런 까닭이다.

만약 세상 사람들이 극히 지혜롭거나 극히 어리석다면 모를까 그렇지 않다면 단언컨대 조각이나 그림들이 지구상에서 사라지지 않을 것이다. 요즘 사람들은 지혜가 부족해 조각과 그림을 만들어 모시고 귀신들에게 제사 지내며 길흉화복을 묻는 망령된 짓을 종종 한다. 그 폐단이 매우 크다. 그러므로 조각이나 그림을 가려내어 혼란을 없애고 번잡하지 않게 축소해야 한다. 조선 불교는 얼마나 조각과 그림을 받들고 있는지, 이에 대해 감히 어리석은 나의 소견을 밝혀 보겠다.

첫째, 나한과 독성은 소승불교의 좁은 소견으로 적멸(寂滅, 열반, 니르바나(Nirvana), 해탈 모두 같은 뜻)의 즐거움에 탐닉하여 작은 과보만 얻었는데도 스스로 만족해, 세간에 들어가 중생을 제도하지 않는다. 그래서 부처님으로부터 질책을 받은 존재들이다.(부처님의 설법을 듣고 깨달은 자는 성문(聲聞), 외부 가르침에 의존하지 않고 혼자 수행하며 깨달은 자는 독성(獨聖) 또는 독각(獨覺), 연각(緣覺)이라 하는데 모두 소승불교에서 깨달음을 이룬 자들로 벽지불이라고도 한다. 이들은 스스로 열반의 즐거움을 누리는 데 그칠 뿐 열반의 힘을 고통에 찬 중생들을 제도하는 데 바치려 하지 않는다. 그래서 부처님의 질책을 받았다고 한다. 그러나 대승불교는 혼자 먼저 성불하여 열반에 이르기보다 중생 구제를 원력으로 삼고 중생의 삶에 뛰어들어 자신을 헌신하는 보살(菩薩)을 이상으로 추구한다. 나한은 아라한(阿羅漢)의 준말로, 소승불교에서 가장 높은 깨달음의 경지에 이른 성자이다. 나한들은 마땅히 공양받을 자격이 있다는 의미에서 응공(應供)이라 하며, 큰 절에는 나한들을 모신 응진전, 영산전, 나한전 등이 있다.)

《원각경》에 이런 구절이 있다. "백, 천, 만의 아라한과 벽지불의 과보를 다 모아도 어떤 사람이 이 원각무애법문을 듣고 한 찰나에 믿고 그대로 수행함만 못하다." "독각은 영원히 성불할 수 없다."《원각경》의 가르침에 따르면 나한 독성은 실로 우리 불교의 죄인이며 승가의 외도라 하겠다.

무릇 부처님께서 지옥이나 축생계에 가시어 스스로 온갖 고통을 사양하지 않고 받으셨던 이유는 오직 중생 제도(濟度, 널리 깨달음으로 인도함)에 뜻을 두었기 때문이다. 부처님의 말씀과 침묵, 움직임과 고요함은 모두 타인을 이롭게 하려는 이타심에서 비롯됐는데 소승의 무리들은 이를 본받지 않고 작은 성취에 만족하여 중생을 구제하려 하지 않으니 현대 문명사회에도 맞지 않는다. 그러므로 참된 불도를 닦는 자는 나한을 가까이 받들면 곤란하다.

둘째, 칠성(七星)을 모시는 것은 더 황당무계해 웃지 않을 수 없다. 별을 상(像)으로 만들다니 과연 하늘의 별들이 무수히 많은데 왜 유독 칠성인가? 혹 그것이 부처님의 화현(化現, 눈에 보이는 모습으로 나타남)이라면 천지(天地), 일월(日月), 삼라만상이 모두 부처님과 동일한데 하필 칠성만 상으로 만들 이유가 있는가? 부처님의 제자로서 부처님 상을 받드는 것으로 충분하지 굳이 부처님의 화현까지 숭배하는 것은 너무 번거로운 일이다.

셋째, 시왕(十王)은 듣자하니 염라국에 있는 열 명의 대왕인데, 사람의 생사를 뜻대로 하며 죄업을 심판해 그 경중에 따라 상벌을 내린다고 한다. 한마디로 죽은 사람의 심판관이다. 얼핏 보면 이보다 더 두려운 것은 없다 하겠지만 깊이 생각해 보면 이보다 두렵지 않은 것도 없다. 심판관은 죄인을 다스리기 위해 있지만 실은 선한 사람을 보호하기 위해 있기 때문이다. 내게 죄가 없다면 보호받을 수 있으니 두려워할 이유가 없다.

또 심판관은 법률에 봉달해 자세히 심사하기 때문에 결코 요행으로 벌을 면한다든가 억울하게 죄를 덮어 쓴다든가 하는 일도 있을 수 없다. 그런데 무슨 두려움이 있겠는가? 또 불도를 따르는 사람은 언젠가 반드시 극락에 가고 극락은 염라국의 부속이 아니기 때문에 염라왕을 두려워할 이유도 없다.

만약 바른 업(正業)을 닦지 않아 지옥에 떨어진다면 죽고 사는 법이 분명히 있을 테니 굳이 조각을 세우고 탱화를 그려 아첨한다 해서 무슨 도움이 되겠는가. 가령 아첨으로 요행히 죄를 면한다 해도 전 세계에서 매일 죽는 사람들 수가 적지 않을 것이다. 그들을 모두 판결해야 하는 염라왕이 사바세계에 와서 중생의 기도와 부탁을 들어줄 여유가 있겠는가. 하루에 천만 번 예배한들 무슨 속죄가 되겠는가. 그런데도 금과 옥으로 온갖 상(像)을 만들고 울긋불긋 단청으로 그림을 그려 놓고 오체투지를 하며 공경하고 받드니, 과연 무엇을 위한 것인가.

넷째, 신중(神衆)들은 부처님께서 영산에 계실 때에 호위하는 임무를 띠고 항상 부처님을 따르던 무리인데, 불법을 지키고 보호하는 것이 그들의 책임이다. 그들은 권한다고 해서 더 힘쓸 리도 없고 금한다고 해서 그칠 리도 없다. 오직 행위나 동작이 부처님의 뜻에 따를 뿐 제 뜻대로 하지 못하는데 무엇을 의심할 것인가.(신중(神衆)은 부처나 보살보다 지위가 낮은 불교의 여러 수호신을 말한다. 신중은 인도의 토속신들을 불교가 흡수하여 불법의 수호자들로 만들었다. 신중 가운데 가장 큰 신은 제석천으로 하늘에 계신 옥황상제다. 우리는 옥황상제가 세상에서 가장 높다고 잘못 알고 있는 경우도 많은데, 불교에서는 부처님이 가장 높은 존재이며 옥황상제는 부처님 수호신들 가운데 가장 지위가 높은 신이다. 제석천은 사천왕과 주위 32천왕을 통솔하면서 불법을 옹호하고 불법에 귀의하는 사람들을 보호하며 아수라의 군대를 징벌하는 막강한 힘을 가진 신이다. 그는 인드라망이라는 그물을 지니고 있는데, 이 그물은 세상의 얽히고설킨 복잡한 인연과 인과를 의미한다. 제석천 외에도 대표적인 신중으로 사천왕, 용왕 등이 있다. 우리가 사찰에 들어갈 때 입구에서 항상 만나는 우락부락하고 무서운 인상을 한 사천왕은 악마들이 사찰에 들어오지 못하게 지키는 대표적인 호위병이며, 용왕은 구불구불한 눈썹과 하얀 수염을 길게 달고 머리에 용을 인 모습으로 바다를 수호한다. 가끔 풀포기나 영지버섯을 들고 있는 산신이나 부엌의 길흉화복을 관장하는 조왕신도 신중도에서 볼 수 있는데 이들은 우리 토착 신앙에서 흡수한 신중들이다.)

불법승(佛法僧, 부처님, 부처님의 가르침, 그것을 따르는 스님들을 아울러 이른다. 이 세 가지는 불교를 지탱하는 보물이라 하여 '삼보(三寶)'라 부른다.) 삼보는 하나로 통하는데 신중들이 불법을 수호한다면 어찌 승려들을 보호하지 않겠는가. 만약 보호하지 않는다면 부처님께서 반드시 이들을 책망하며 말할 것이다. "스님들은 나의 법을 행하고 나의 가르침을 성취하는 사람인데 어찌하여 보호하지 않는가?" 그러므로 신중들은 승려를 결코 냉대할 수 없다. 비유컨대 승려들은 상관이요 신중들은 보호 임무를 맡은 경찰이다. 그런데 상관이 손을 맞잡고 꿇어앉아 호위하는 경찰에게 머리를 조아리며 애걸한다면 상관이 부하에게 쩔쩔매는 꼴이라 웃지 않을 수 없다. 우리 승려들은 어찌 이렇게도 자신을 돌아보지 않는가. 앞다투어 신중들에게 복을 비는 승려들을 보면 그렇게 뒤바뀐 모습을 도저히 눈뜨고 볼 수가 없다.

중국 한나라 때 가의라는 사람은 "발이 위에 있고 손이 아래에 있어 거꾸로 되었지만 아는 사람이 없다."라고 탄식한 적이 있다. 신중들에 대한 태도가 과연 이러하다. 천왕, 조왕, 산신, 국사(局司, 절의 경내를 보호하는 신) 따위는 허황하고 비루해서 애초에 말할 가치도 없다. 이런 것들이 불교에서 받드는 상과 그림인데 정말 당치 않은 일이다.

아! 예부터 조선 불교계의 지식은 이렇게 어둡고 누추했던가. 우등한 자는 승리하고 열등한 자는 패배한다는 법칙이 하루아침에 생긴 게 아니라 아주 오랜 유래가 있다. 복(福)과 화(禍)는 들어오는 문이 따로 있지 않고 사람들이 제 손으로 불러들인다. 자신의 자유를 희생하면서 허황되고 신통찮은 신들을 받들어 모시며 무릎 꿇고 아첨하니, 상과 그림을 모시는 폐단이 극도에 이르렀다. 누가 이런 상들을 불살라 버리고 물속에 던져 버려 다시는 나오지 못하게 하고 우리 불교를 진리로 돌아오게 할 것인가.

그러나 어떤 사람은 이렇게 말한다. "미신을 다 없애 버리면 종교적 성향도 시들해질 것이다. 도대체 불교를 철학으로 만들자는 것인가?" 이런 비판에 나는 대답한다. "어찌 그리도 비속한가?"

종교적 미신이란 오직 하나를 믿는 것이지 여러 신들을 믿는 것은 아니다. 만약 불교를 미신이라 한다면 부처님 한 분을 미신하는 것으로 충분하다. 아침에는 부처를 미신하고 저녁에는 나한을 미신하고 또 칠성과 시왕과 신중과 그 외 천왕·조왕·산신·국사 따위를 미신한다면, 신앙다운 신앙은 어디 있을까? 마치 도깨비가 해 뜨면 갈 곳이 없어 산으로 갔다 들로 갔다, 나무로 갔다 물로 갔다 갈팡질팡하며 피로를 못이기는 꼴과 같다. (종교적인 의미의) 미신이 아니라 미신의 적이나 다름없는 꼴이다.

지혜로운 신앙도 아니고 미신도 아니라면 도대체 무슨 신앙인가? 억지로 이름을 붙인다면 난신(亂信)이라 부를까. 난신은 신앙 없는 신앙이므로, 믿어도 결국은 실패하게 되어 있다. 만약 이를 미신이라고 한다면 조선 불교만큼 많은 미신을 가진 종교가 없고 미신을 종교적인 성질로 본다면 미신이 많을수록 종교가 융성할 것이다.

그렇게 조선 불교에는 미신이 많은데도 세계에 널리 보급되지 못하고 깊은 산중에 갇혀 근근이 버티며 하루도 못 넘길 것 같은 위기에 처해 있는가. 결국 조선의 승려들은 그런 미신조차 가지고 있지 않다는 말이다.

아, 진정 불교는 미신과는 거리가 멀다. 불교의 교리는 진실하며 고상한데 어찌하여 난신의 무리가 되겠는가. 난신의 도구인 여러 조각상과 그림들을 기필코 혁신해야 한다. 독사가 손을 물면 장사는 어쩔 수 없이 팔을 끊는다. 그런데 독사의 독보다 더 독하지만 팔 끊기보다는 쉬운 것이 난신을 개혁하는 일 아닌가. 그런데 왜 바꾸지 못하는가.

난신의 도구는 그렇다 해도 부처나 보살의 상과 그림들은 어떻게 할 것인가? 불보살의 상은 그냥 두어도 무방하지만 사실 이런 것들도 번거롭다. 불보살의 이름은 각각이지만 그 이치는 하나이기 때문에 하나로 통합해야 옳다. 오직 석가모니불 하나로 불상을 통일하면 가장 좋다고 본다.

무릇 석가모니불은 위로는 여러 부처님들의 법을 이었고 아래로는 중생을 제도하며, 중생을 위해 지옥을 자기 집처럼 드나드신 분이다. 후세 사람들을 위해 구름이나 비처럼 설법을 내리시니 천불(千佛)의 대표이며 만세의 도사(導師, 스승)다. 후세 사람들이 마땅히 금, 은, 유리, 조개, 마노 같은 보석으로 불상을 장식하고 예배드려야 마땅하다. 어느 절이든 오직 석가모니불 하나만 상으로 모시고 지극한 예로써 경배하고 우러르며 그 업적을 생각하고 따라야 한다. 이렇게 한다면 비록 불상이 가상의 가상이라 해도 진리에 어긋나지 않을 것이다.

어딘가에 큰 기념관을 세워 불보살님으로부터 위대한 업적을 남긴 위인들에 이르기까지 고금과 국적을 막론하고 모두 위패를 만들어 봉안해도 좋은 일이다. 이분들에게 제사를 올리고 어진 이를 사모하며 후세인들에게 배움의 근거로 삼는다면 결코 불법의 이치에 어긋나지 않을 것이다. 이는 복을 비는 짓이 아니라 다만 기념의 뜻이라 하겠다.

조선 시대에 불교는 유교 국가의 억불 정책으로 오랜 세월 침체되어 있었고, 한말 불교는 거의 토속신앙이나 민간신앙 수준으로 그 질이 추락해 있었다. 경허 스님과 같이 시대를 일깨우는 위대한 수행자들도 있었지만 신도들은 대부분 사회경제적으로 어려운 기층민이었다. 이들은 미신적인 자세로 불교에 의지해 복을 빌었다. 그런 상황에서 여러 상이나 그림들을 제작해 의례 도구로 사용했고 미신의 대상으로 숭배하는 이들이 많았다. 만해는 그런 모습이 불교의 본래 정신과는 거리가 멀다며 비판의 목소리를 높인다.

오늘날 사찰에서 예불을 올릴 때 신도들은 신중단에 절을 하지만 스님들은 절하지 않는 풍속에 있는데 《유신론》에 나오는 다음 구절에서 비롯되었다고 한다. "승려들은 상관이요 신중들은 보호 임무를 맡은 경찰이다. 그런데 상관이 손을 맞잡고 꿇어앉아 호위하는 경찰에게 머리를 조아리며 애걸한다면 상관이 부하에게 쩔쩔매는 꼴이라…… 신중들에게 복을 비는 승려들을 보면 그렇게 뒤바뀐 모습을 도저히 눈뜨고 볼 수가 없다." 이런 만해의 지적이 오늘날까지 후배 승려들에게 불호령이 되어 행실에 영향을 미친다니, 만해의 혁신 정신과 영향력을 짐작할 만하다. 그래서 만해는 미신적 기복적 신앙 풍토를 바꾸는 데 힘을 모으고 대신 극도로 미약해진 선불교를 참된 신앙의 근거로 자리 잡게 해야 한다고 강조한다.

한말과 일제 치하에서 침체한 선불교를 새롭게 일으켜 한국 선

불교의 중흥조로 인정받는 경허 스님은 그 시절의 불교를, "정법(正法, 올바른 가르침) 보기를 흙덩어리와 같이 하며 불조(佛祖, 석가모니 부처님)의 혜명(慧命, 불법의 맥)을 바로 계승하기를 아이 장난과 같이 여기고……"라며 만해와 같은 마음으로 그 시대의 잘못된 신앙 풍토를 개탄했다. 또한 경허 스님은 당시 스님들이 스스로 본래 갖춘 불성에 대한 믿음이 없음을 지적하며 염불에 심취하고 소회 숭배로 기복을 추구하는 사람들이 참된 도를 알지 못함을 안타깝게 여겨 이렇게 말했다. "대개 미혹한 사람은 …… 다만 현실적인 힘이 있는 것에만 관심을 보이는데 혹은 손에 염주를 잡으며 입으로 경을 외우고 혹은 절을 짓고 불상을 조성하거나 불상을 그려 그 공덕만을 바라니 …… 보리(菩提, 부처와 같은 자기의 본래 성품을 보는 지혜)와는 어긋나고 도에는 아주 멀어짐이로다."

경허 스님의 이런 지적이 바로 《유신론》이 나오게 된 정신적 바탕이 되었다고 하겠다.

윗 글에서 만해는 조각이나 그림을 조성하고 숭배하는 것을 가상의 가상(거짓의 거짓)이라 했다. 그 말뜻을 선불교의 정신으로 새겨 보면 '본래 한 물건도 없는 오직 텅 빈 상태(공(空))'가 우주의 실상이요 불교의 근본 철학이다. 그러므로 실상은 부처고 성인이고 중생이고 나누어 가질 만한 어떤 모양이나 존재가 없는데 마음속에 부처라는 모양(상(相))을 만들고 실상이라 믿는다면, 가상이며 거짓이다. 그런데 마음속의 부처 모양도 만들어 낸 가상인데 그것을 본따 흙이나 돌로 모양을 만들고 그림을 그린다면 가상의 가상이고, 거짓의 거짓이라는 것이다.

공(空) 사상을 담고 있는 대표적인 경전인 《금강경》에는 "무릇 형상 있는 것은 모두 허망하며 모든 형상이 참된 실상이 아님을 본다면 곧 여래(부처)를 보리라."라고 했다. 각자 마음속에 그리는 모든 상(이미지)은 실제로 존재하는 것이 아니라 사람마다 자기 마음대로 만들고 간직한 허망한 상이다. 그러므로 어리석은 중생들 수만큼 많고 많은 상이 생기지만 모두 허상들이다. 어리석은 마음이 빚어낸 상을 눈에 보이는 모양으로 만들어 마치 실제인 양 숭배한다면 모두 중생 놀음일 뿐이다. 이를 직시하고 모든 상으로부터 벗어나 어떤 고정된 상이 없는 텅 빈 공(空)이 진정한 우주의 실상임을 알게 될 때 진실로 부처를 볼 수 있다.

하지만 중생들 입장에서는 아무것도 눈에 보이지 않고 손에 잡히지 않는데 막연히 믿음을 갖기 어렵다. 무언가 거룩한 모양을 앞에 두고 숭배의 대상으로 삼는다면 믿음을 구체화하고 신앙심을 보다 고취할 수 있다. 마치 만해가 어린 시절 관우에 대한 책을 읽었을 때와 달리 웅장한 관우 조각상을 보고 엄청난 기운과 감동을 느껴 그를 향해 달려가고 싶은 마음을 품었던 것과 같다. 그래서 만해도 불교 소회가 불러오는 가치를 부정하지 않고, 너무 많이 난립하기 때문에 그 수를 줄이고 석가모니 불상으로 통일해 예배 대상으로 삼자는 대안을 내놓았다. 선불교의 본래 정신을 살리면서 중생의 미신적 신앙을 부분적으로 인정해 함께하자는 뜻이다.

원래 초기 불교에는 불상이라는 조각상이 없었다. 대신 돌아가신 뒤 남긴 사리들을 모아 조성한 유골 탑이 일종의 무덤처럼 예배의 대상이 되었다. 석가모니 부처님이 쿠시나가라의 사라쌍수 아래에서 열반에 드시자 제자들이 다비(불교식 화장법)를 하고 그 유골을 모신 탑을 조성해 경배한 것이다. 기원전 6세기경 탄생한 불교는 기원후 1~2세기 초까지 불상이 없는 시대를 거쳤다. 그런데 알렉산더 대왕이 인도를 침략하면서 그리스 헬레니즘 문화가 인도 지방에 영향을 미치면서 간다라 지방과 마투라 지방에서 불상 제작이 시작되었다. 불상을 만들기 전에는 연꽃, 보리수, 법륜(法輪, 진리의 법을 굴리는 수레바퀴), 불탑과 같은 것들로 불법의 신성함을 표현했고 그것을 경배했지만, 구체적인 예배 대상으로 자리 잡았다.

이후 불교가 아시아 각지로 전파되면서 불상도 각 지역의 문화를 반영해 서로 다른 풍모와 분위기를 띠게 된다. 처음에 조성된 불상은 그리스문화의 영향으로 코가 오뚝한 서양인 모습이다. 불교가 중앙아시아와 중국을 거쳐 우리나라와 일본까지 이르자 불상도 점점 다양한 모습을 띠었고 단순히 종교적 예배 수단에 머물지 않고 예술작품으로 승화했다. 이런 역사적인 맥락을 감안하면 불상의 수를 줄이고 각종 소회를 없애 어리석은 미신 풍토를 참된 신앙으로 바꾸자는 만해의 주장은 혁신적이며 공감이 간다.

3 불교 의례

조선 불교의 온갖 법도가 하나도 거론할 만한 가치가 없고 제대로 보아 줄 것이 없다. 그중에서도 재(齋) 의식과 제사 예절 등은 번잡하고 질서가 없고, 비열하며 잡동사니같이 섞여 도대체 끝이 없다.(불교에서 말하는 재(齋)는 유교식 제(祭)와는 다르다. 불교의 '재'는 부정한 것을 멀리하고 마음가짐을 가지런히 해 심신을 정화하는 의식이기 때문에 살아 있는 사람들이 중심인 행사다. 그러나 유교의 '제'(제사)는 돌아가신 조상이나 영혼들을 기리는 의식이기 때문에 돌아가신 분이 중심인 행사다. 불교의 재는 산 자든 죽은 자든 스스로를 깨끗이 정화하여 삿된 것을 물리치고 복된 것이 깃들게 하며, 어둠과 어리석음을 벗어나 밝음과 지혜를 찾아가는 기도의 일종이다. 오늘날도 사찰에서는 지장재일, 관음재일, 약사재일, 성도재일, 천도재, 사십구재 등 여러 재 행사를 적극 시행하고 있다.)

이런 모든 것들을 도깨비 연극이라 부르면 딱 맞을 것이다. 이제 말하려는 주제도 사실 부끄러워 조금도 논하고 싶지 않다. 불교의 평상시 예식도 혼란스러워 참다운 모습을 잃었으니 어떤 예식을 막론하고 모조리 없애고 하나의 간결한 예식을 정해 새롭게 시행하면 좋을 것이다.

그러면 간결한 예식은 어떻게 할 것인가? 각 사찰에서는 예불을 하루 한 번씩 하되 의식을 알리는 종을 다섯 번 치면, 승려와 신도들은 일제히 법당에 모여 향을 사르고 세 번 절을 올리고 다 같이 찬불가를 부르고 물러나면 좋을 것이다. 만약 어떤 사람이 "다른 것들은 따를 수 있지만 예불을 하루 한 번만 하고 절을 세 번 하고 사시불공(오전 10시에 올리는 예불)을 없앤다면 지나친 간소화가 아닌가?"라고 묻는다면 그렇지 않다고 답하겠다.

무릇 예(禮)란 번잡하면 어지러워지게 마련이다. 어지러우면 공경심이 없어지고 공경심이 없으면 예식의 본래 뜻은 사라진다. 예는 근본 뜻이 중요하기 때문에 상례(喪禮)는 슬픔을 위주로 하고, 제사는 공경을 위주로 거행하면 되고 그 밖의 자잘한 절차는 조정하면 된다. 번잡하면서 공경심 없는 예식과 간소하지만 공경심 있는 예식 중 어느 것이 낫겠는가? 친숙하지만 엄숙하지 않는 쪽과 소원(疏遠)하지만 엄숙한 쪽 어느 것이 더 예의에 부합하겠는가? 지극히 존귀한 불상은 공경하고 엄숙하게 대해야 하지, 친숙해서 버릇없이 대하면 곤란하다. 그러므로 하루 한 번의 예불이 꼭 지나친 간소화라고 할 수 없다.

지금 승려들은 불상을 아무 때나 대하다 보니, 앉거나 눕거나 일어서거나 머물거나 먹거나 이야기하거나 늘 접하면서 지나치게 가까워져 버릇없이 굴고 못하는 일이 없는 지경이다. 지나치게 친숙해서 생긴 허물이다. 그러므로 예불 시간을 조금 뜸하게 해서 사모하는 마음을 소금 너 간절히 갖고 예배를 올리면 그 마음이 온전해지고 공경심이 더할 것이다. 그렇게 하면 하루에 한 번 예불도 번거롭다 할 수 있다. 하지만 예불 사이가 너무 벌어지면 게을러지거나 잊어버리기 쉽고 깨닫기 어려울 수도 있기 때문에, 하루 한 번으로 정하면 좋겠다.

그리고 삼배하는 것도 예배를 크게 줄인 것은 아니다. 지금 예불할 때 흔히 이삼십 배 또는 팔구십 배를 하지만 사실 수많은 불보살들과 그 가르침과 스님들에게 모두 한 번 절하는 것이니, 삼보(三寶, 불, 법, 승) 수가 너무 많아 예배도 늘어난다. 아, 무한한 과거 이래로 부처님과 그 가르침과 그것을 따르는 스님들 수가 끝없으니, 중생으로서는 모두 다 예배할 수 없고 이삼십 배나 팔구십 배로 그치면 그것도 너무 간소하다고 할 수 있지 않은가. 그러니 한 부처님께 삼배를 드려도 사실 많은 것이다. 삼배는 간소함과 번잡함의 중간이라고 여겨 제안한 것이다.

또 불공을 올리려면 법도로 해야지 음식으로 올리면 별 의미가 없다. 그런데도 매일 음식 올리기만 한다면 부처님을 모독하는 일인데, 어찌 이를 폐기하는 것이 문제인가. 다만 특별한 날에, 예를 들면 석가모니 부처님의 탄생일이나 깨달음을 이룬 날, 돌아가신 날 같은 때에는 깨끗하고 진귀한 음식을 올려 중생으로서 작은 정성을 표하면 좋을 것이다.

어떤 사람이 "재 공양과 제사는 어떻게 할 것인가?"라고 묻는다면 이렇게 말하겠다. 재와 제사는 모두 복을 비는 의식인데 복은 빌어서 얻을 수 있는 것이 아니며, 부처님도 원래 복이나 화(禍)를 다루는 분이 아니기 때문에 재와 제사를 올려 복을 비는 것은 별 도움이 안 된다.

제사는 본래 돌아가신 할아버지나 아버지의 은혜를 기리기 위해 자손들이 과거를 추억하고 감사하며 그 정성을 표현하는 의식이다. 흔히 4대가 지나면 제사를 그만두는 것도 대가 멀어져 그 은혜가 희미해지기 때문이다. 그런데 요즘은 혈연 관계도 없는데 무슨 은혜를 느낀다고 스님들에게 해마다 제사를 올리고 그렇게 애착하는지 모르겠다. 불교는 중생 제도가 핵심이므로 스님들의 자비심으로 돌아가신 영혼들을 정토에 가도록 제사를 지낸다면, 어찌 모든 사람들을 위해 제사 지내지 않고 재물을 바친 자들만 제사를 올리는가?

또 제사를 통해 정토에 극락왕생할 수 있다면 한 번 제사 지내는 것으로 충분하고, 제사를 지내도 극락왕생할 수 없다면 백만 번 제사를 지내도 의미가 없는데 대대로 꼬박꼬박 제사를 지내는 것은 무슨 까닭인가? 다름 아니라 제사 밥과 국물을 얻어먹으려는 심사다. 비록 짚신을 삼고 돗자리를 짠다 한들 밥과 국 한 그릇 못 얻어먹을까 걱정하여, 사람의 도리가 아닌 일에 아첨하고 고개 숙이며 조금도 이상하게 여기지 않으니 참으로 슬픈 일이다. 재 공양과 제사의 의의가 이렇게 추락한 바에야 폐지해도 아무 문제가 없다.

또 어떤 사람이 "그렇다면 앞으로 부처님을 받들지도 말고 스님들은 제사도 지내지 말아야 하는가?"라고 묻는다면 그건 아니라고 대답하겠다. 의식을 간소화한다고 해서 부처님을 숭배하지 않거나 조상님이나 선사(先師)님들의 제사를 모조리 없애는 것이 아니다. 다만 복을 비는 차원에서 망령되이 제사 지내는 일은 없어야 한다는 말이다.

비록 사소한 일 같지만 중요하고 시급한 일이다. 요즘 재 공양이나 제사 의식을 말하는 사람들도 번잡하지 않게 간소화하자는 사람은 있지만 재 공양과 제사를 모두 없애자는 사람은 없다. 대부분 관습에 안주해 근본을 묻지 않고 지엽만을 보기 때문이다. 어떤 일을 바르게 논하려면 먼저 관습이나 이해의 틀을 넘어서서 이치에 따라 검토해야 한다. 그리하면 큰 잘못은 범하지 않을 것이다.

또 어떤 사람이 "재 공양과 제사를 폐지하면 사찰의 재원이 고갈되어 승려들 생계가 곤란하지 않겠는가? 그러면 불교가 어떻게 존속될 것인가?"라고 묻는다면 나는 이치를 헤아릴 줄 모른다고 답하겠다. 천하에 종교가 많지만 우리 불교만큼 위축되고 가난한 종교도 없다. 과연 재 공양과 제사를 수없이 올린 결과가 바로 이것인가. 재 공양과 제사로 절이 유지되고 승려의 생계가 해결된다면 이것이 바로 조선 불교가 다른 종교에 뒤처진 원인이라 하겠다. 참으로 동쪽으로 가야 할 길을 서쪽으로 가는 꼴이다. 어찌 다시 생각하고 머리를 다른 방향으로 돌리지 않는가.

복잡하고 구태의연한 불교 의례를 간소하게 개혁하자는 주장은 당시 만해만 강조한 내용이 아니다. 만해의 《유신론》이 나온 이후에도 거의 10여년 간 불교 근대화를 고민한 선각승들에 의해 불교 의례 개혁론이 꾸준히 제기되었다. 한말과 일제 치하 혼란한 사회 분위기 속에서 가난하고 소외된 기층민들은 물질적·정신적 안식을 얻지 못하고 늘 힘든 삶을 지탱해야 했기 때문에, 기복과 미신에 기울고 자연히 의탁하게 되었다. 이런 까닭에 재를 올리고 제사를 지내는 행사들이 곳곳에서 성행할 수밖에 없었고, 이를 뿌리 뽑아야 우리 불교의 근대화를 앞당길 수 있다는 목소리는 당연히 높아졌다.

불교 의례 개혁론자 가운데 가장 주목할 사람은 한용운 다음으로 백용성 스님이다. 그는 단지 이론만 내세우는 데 그치지 않고 현실에서 의례를 직접 개혁하고 구체적으로 실천했다. 《대각교의식》이라는 책을 만들어 당시 사찰에서 널리 행하는 주요 의례 문헌을 한자 원문을 완전히 빼고 순한글로 편찬했다. 용성 스님은 3·1 운동으로 3년간 감옥에 있었는데 이때 기독교의 각종 한글 포교 서책을 접하면서 불교도 쉬운 한글 경전이 필요함을 절실히 깨달았다고 한다. 그래서 불경 번역서를 30여 종 간행했는데, 순한글 경전으로 만들어 부처님의 가르침을 누구나 쉽게 이해할 수 있도록 했다. 이처럼 당시 의례의 개혁을 추구한 사람은 많았지만 개혁 내용에는 다소 차이가 있었다.

만해는 하루 한 번의 의례로 나머지 모든 것을 없애자고 하여 파격적이고 급진적인 주장을 편 반면 기존 의례를 상당수 보존하자는 소극적 개혁론도 있었다. 만해는 당시 서울 유명 사찰에서 1년 내내 성행하던 모든 재 공양이나 제사 의식을 '도깨비 연극'이라고 비판하며 모두 없애자고 주장했다. 각종 재 의식과 그를 통해 모아진 시주로 사찰을 운영하는 방식이 바로 조선 불교의 근본 폐단이라 보고, 이를 혁파해 대신 승가의 자립 생산을 주장했다.

사찰이 소유한 산림을 이용해 조림 사업을 하고, 승려 사회의 공동체 힘으로 수익 사업을 해 사찰 재원을 독립적으로 마련하면 재 의식과 제사를 통해 기생적으로 살아오던 구차한 옛 모습을 폐지하게 될 것이라고 보았다. 한 걸음 더 나아가 평시의 예식(아침저녁과 오전 10시 예불 등 하루 세 번의 예식)도 극히 간소화해, 하루 한 번 석가모니불을 모신 불당에서 향을 사르고 세 번 절하고 찬불가를 부르면 족하다는 것이다. 또 매일 바치는 음식 공양도 쓸데없는 짓이니 정신적인 법공양(불법을 마음에 새기는 일)으로 바꾸어 참된 불교 정신으로 돌아가자고 강조했다.

참선 수행을 중시했던 만해가 기복 불교의 폐단을 극복하고 의례 개혁을 주장한 것은 충분히 이해되지만 의례 개혁 내용은 지나치게 파격이라는 인상도 준다. 종교 의식의 일종으로 행하는 의례들은 신앙심을 고취하고 승화하는 긍정성도 있다. 예불 등의 의례를 극도로 간소화하자는 주장은, 신도들의 바람과 요구를 지나치게 무시한 급진적 주장으로 들린다.

만해는 염불이나 절 등도 형식일 뿐이라고 강력히 비판했다. 그러나 고려 불교의 개혁을 외쳤던 보조국사 지눌도 호불(呼佛, 부처를 단지 입으로만 부름)이 아니라 염불(念佛, 부처를 마음으로 생각하고 부름)의 의의를 인정하고, 염불선의 가능성을 배제하지 않았다. 또한 만해와 같은 시대에 살았던 한암 스님도 전통 의례를 어느 정도 포용할 필요가 있다고 주장했다.

불교 의례는 단순히 종교 행사라는 의미로 그치지 않고 우리 민족의 문화 전통으로 뿌리내린 면도 있다. 대표적인 불교 의례인 영산재와 수륙재는 오랜 역사를 거치며 단절되지 않고 꾸준히 이어 왔고 사월 초파일의 연등회는 세시풍속으로 정착될 정도였다. 그러므로 이러한 재 의식은 오히려 우리 민족 고유의 전통으로 그 가치를 둘 필요도 있다. 그런데도 만해가 온갖 형식과 절차를 모두 폐지하자고 한 주장은 복잡한 의례를 없애 불교의 본래 목표인 선 수행에 전념하자는 취지도 있겠지만, 서구 중심 근대화로 인해 우리 전통문화를 평가절하 한 것은 아닌가 싶다.

오늘날에도 불교 의례를 시대에 맞게 바꾸는 일은 부처님의 가르침을 많은 사람들이 배우고 공유하기 위해 필요한 과제다. 가령 영어보다 한자를 더 어렵게 느끼는 젊은 세대들에게 한문으로 꽉 찬 불교 경전이나 불교 의례집은 큰 장벽일 것이다. 이들도 불교와 소통할 수 있도록 일상어로 된 한글 의례집을 만들고 보급하는 사업이 무엇보다 시급하다. 또 의례 절차도 보다 간소화해 절에서든 가정에서든 누구나 뜻이 있으면 불공을 드릴 수 있도록 하면 좋을 것이다. 반드시 스님들이 집전하지 않더라도 신도들이 자발적으로 할 수 있는 간편한 불교 의례를 개발하면, 일상생활 속에서 굳이 사찰이 아니더라도 누구나 어디서나 자연스럽게 신도 중심의 신앙 생활을 할 수 있다. 그래서 현실 상황을 고려하고 만해의 개혁안을 참조해 보다 실용적인 의례를 개발하고 실행하는 것이야말로 진정한 온고지신이라 하겠다.

4 사찰 주지 선거법

주지(住持)란 무엇인가? 한 사찰의 각종 일들을 책임지고 통괄하는 책임자다. 적합한 사람이 주지가 되면 사찰 업무가 순탄하지만 부적합한 사람이 주지가 되면 그 사찰은 위축된다. 실로 한 사찰의 성공과 실패가 주지 손에 달려 있다 해도 과언이 아닐 만큼 주지라는 자리는 책임이 막중하다. 그러니 어찌 주지 선거법을 강구하지 않겠는가?

예로부터 주지를 선거로 뽑은 경우가 없다. 그러면 어떻게 주지를 선출해 왔는가? 딱히 이름 붙이기 어렵지만 대략 세 경우가 있는데 첫째는 윤회 주지요, 둘째는 의뢰 주지요, 셋째는 무단 주지다.

윤회 주지는 사찰에 거주하는 승려들이 지혜롭거나 어리석거나 가리지 않고 또 유능하거나 무능하거나 가리지 않고, 나이와 법랍(法臘, 승려가 된 햇수)에 따라 혹은 사찰에 머문 햇수에 따라 차례대로 주지에 취임하는 방식이다. 이런 주지는 일은 제대로 하지 않고 자리만 차지하는데, 큰 사찰에서 주로 하는 방식이다.

의뢰 주지는 행정 관리에게 부탁하거나 지방 토호나 세력가들에게 뇌물을 바치며 그들의 위세를 등에 업고 주지 자리를 차지하는 것인데, 주로 외딴 지역의 암자나 절에서 하는 방식이다.

무단 주지는 대중 여론에 따르는 것도 아니고 외부 세력의 힘을 빌리지도 않고 혼자 독단으로 주지가 되는 방식이다. 다시 말해 완력과 폭력으로 약육강식하는데 이것도 외딴 곳의 암자나 사찰에서 주로 이루어지는 방식이다. 의뢰 주지나 무단 주지는 실제 속셈이 똑같지만 주지되는 방식만 다르니, 의뢰든 독단이든 상황에 맞게 힘을 이용하면서 자기 이익을 챙기는 게 목적이다.

아! 주지는 한 사찰의 대표인데 주지 임명 방법이 이토록 도리에 어긋나니, 어찌 불교가 망하지 않고 쇠약해지지 않겠는가.

이런 악습은 반드시 그 원인이 있으니 대체로 승려의 법규가 갖추어지지 않은 데 있다. 승려의 법규 문제는 한두 가지가 아니다. 하지만 주지 제도에 국한해 본다면 첫째, 통일성이 없고 둘째, 봉급이 없다는 데 문제가 있다. 사찰 간 통일성이 없어 절과 절이 서로 관계가 없고 강 건너 불구경하듯 쳐다만 보고 있다. 그러니 욕심 많고 야심적인 사람들이 거리낌 없이 나타나, 사찰의 재산을 탐내고 욕심이 불처럼 온몸을 태워 온갖 일에 모두 개입한다. 이렇게 해서 의뢰 주지, 무단 주지가 발생한다.

게다가 큰 사찰은 재정 운용 방법이 좀 달라 쉰밥조차 먹을 게 없는 실정이라 손댈 재물도 없고 수고에 보답해 줄 봉급도 없어, 어느 누구도 몇 년씩 별 이익도 없는 사찰 일에 나서서 시간을 허비하려 하지 않는다. 그런 까닭에 서로 미루고 양보하다가 결국 주지 자리가 우예의

묵은 밭 꼴이 되어 주지 할 만한 인물이 없게 되었다.(중국 주나라 시절
에 우와 예라는 두 소국이 있었는데, 두 나라는 국경 지대의 밭을 놓고 서로 시비
를 벌이다가 주나라 문왕에게 가서 재판을 받기로 했다. 그런데 가던 도중 주나라
백성들의 예의 바른 생활에 감탄하여 문왕을 만나지 않고 각자 그냥 돌아갔다. 그
바람에 시비가 붙은 밭은 결국 묵은 밭으로 버려졌다고 한다.)

이처럼 수해가 나면 막을 방법은 생각하지 않고 오히려 약을 다시 병
으로 만드는 계략만 꾸미며 졸렬하게 일하는 것이 윤회 주지 방식
이다. 이런 것들을 생각하면 한스러워 말문이 다 막힌다.

그렇다면 과연 해결 방법은 무엇인가? 사찰의 크기와 일의 분량을 고
려해 적절한 봉급을 주어야 하며 투표자의 3분의 2를 얻어 당선되는
선거법을 만들어야 한다. 외딴 곳에 있는 암자나 절은 관할하는 절에
서 투표로 뽑으면 모두가 적절한 사람을 뽑기는 어렵겠지만 그래도 비
교적 더 나은 사람이 선택될 가능성이 있다. 그러므로 이전과 비교해
얻는 것과 잃는 것 가운데 무엇이 더 많겠는가.

국권을 강탈한 이후 조선총독부는 우리 불교를 통제하기 위해 1911년
'사찰령'을 제정했고 그 영향으로 조선 불교의 모든 것이 일제의 손아
귀에 들어갔다. 그리고 식민지 권력의 비호 아래 친일파 주지들은 사
찰의 재정과 업무를 장악했고 주지 자리를 탐욕을 채우는 도구로 이
용했다. 사찰령에 의거해 총독부는 불교계를 31개 본산으로 구획을

정하고 그 주지를 직접 임명했기 때문에 가능한 일이었다. 본산 주지들은 친일파 승려들로 총독부의 보호 아래 막강한 권력을 행사하고 부를 축적했는데, 일부 지각 없는 승려들은 조선 시대 억불 정책으로 국가로부터 무시되었던 불교가 마침내 국가(일본 식민지 정부)의 보호를 받게 되었다고 선전하면서 사찰령을 공개 지지하기도 했다.

특히 총독부는 불교계를 확실히 장악하기 위해 본산 주지들과 힘 있는 승려들을 특별히 우대 조치했다. 신년 하례식에는 이들을 초청해 총독과 직접 면담하게 했고 일본을 유람하며 유명 사찰과 명승지를 돌아보게 했다. 심지어 이들은 일본 천황을 알현하고 훈시를 들으며 감격했고 일제에 충성을 다짐하기도 했다.

불교 계율에는 "아내를 얻고 고기를 먹는 자에게는 비구계를 허락하지 않는다."라고 했지만 주지들은 노골적으로 아내를 경내에 두고 살림을 차렸으며 술과 고기를 먹는 등 방탕하게 지냈지만, 총독부는 이들을 방임했다. 마침내 친일 주지들은 일본 승려처럼 합법적으로 세속화하기 위해 대처 금지 계율을 법으로 삭제해 달라고 청원을 올렸고, 1926년 총독부는 그 요구를 수용해 일제하 우리 불교는 합법적으로 세속화하게 되었다.

3·1 운동으로 3년간 옥고를 치르고 나온 만해는 이런 불교계의 현실을 개탄하며 불교 대중화 사업과 불교 혁신 사업을 활발히 추진했다. 먼저 불교 대중화 사업으로 한문 경전을 한글화하는 데 힘을

기울여 우리말 경전을 꾸준히 출간했고 뒤이어 각종 불교 개혁 운동에도 앞장섰다. 만해는 1922년 〈동아일보〉(5월 31일자)에 기고한 글에서 "……나는 이제 사찰령을 폐지하는 동시에 불교도의 자치 조직을 제창한다. 주지를 관청에서 임명하는 것은 시대착오이니 …… 불교계의 근본 대혁신을 위해 첫째 주지 임명제를 폐지하고, 승려의 선거권과 통일 기관의 감독을 인정하며, 둘째 조선의 사찰을 모두 통합해 통일 기관을 조직하고 그 기관의 지도 아래 조선 승려들이 모두 일치된 행동을 하게 해……"라고 당면 과제를 공개적으로 밝혔다. 만해는 당시 불교 부패와 타락의 원인이 식민지 권력과의 결탁에 있다고 지적하면서, 사찰령 폐지와 주지 임명제 폐지 등을 강력히 요구했다.

이렇게 만해는 식민지 불교 정책에 편승해 개인적인 이익만 챙기는 친일 승려들을 맹렬히 비판하면서, 자주적인 불교 혁신 노선을 세우기 위해 노력했다. 과거 식민지 권력 기관에 청원서를 올려 법적인 지원을 얻고자 했던 애매한 태도는 사라졌고 독립운동가로서 줏대 높은 면모를 뚜렷이 드러낸 것이다.

그리고 청년 승려들의 움직임이 활발해지자 이들과 더불어 청년 불교 운동에 많은 힘을 쏟았다. 1920년 만해 등이 중심이 되어 조선 불교 청년회가 조직되었지만 불교계 내에서는 일본에 저항하며 자주적인 불교를 추구하는 쪽과, 식민지 현실을 인정하고 점진적인 변화를 추구하는 쪽으로 대립하게 되었다. 만해 등은 불교계 단결을 위해 양

측을 절충하는 '조선불교유신회'를 설립했고, 조선불교유신회에서는 우리 불교 발전에 가장 큰 장애가 총독부의 '사찰령'이라고 보고 사찰령 폐지, 사찰 재산의 통일, 불교 대중화 등을 주장했다.

하지만 일제의 탄압은 1930년대 이후 갈수록 더 교묘하고 집요해져 불교계의 혁신 노력도 어려워지자, 반일 활동과 불교 자주화를 추구하는 비밀결사 운동이 일어났다. 1930년 5월 청년 불교도 몇 사람이 만해를 찾아가 자문을 구하고 항일 비밀결사를 조직하여 만해의 불교 대중화 정신을 구현하기로 결의한다. 바로 만당 운동이다. 만당의 만(卍) 자도 만해(萬海=卍海)의 이름을 따 지었으며 만당의 당수로 만해를 사실상 추대했지만, 비밀이 노출되어 피해 주는 일이 없도록 하기 위해 당수를 공개하지 않았다고 한다. 만당(卍黨)은 1920년대에 활발히 전개되었던 청년 승려들의 움직임이 여러 어려움에 봉착하자 비밀결사로 조직한 것이다. 만당 운동은 1차 결사에서 3차 결사까지 이어졌는데 젊은 승려들에게 점차 확산되어 그 세력을 늘려 갔다. 처음에 네 명의 불교 청년으로 시작된 만당은 점차 당원들을 확대해 팔십여 명에 이르렀는데, 이들은 각자 소속된 단체나 사찰에서 항일 불교 개혁을 위해 분투했다. 1930년대 전반기 불교계가 잠시나마 불교 자주화와 불교 대중화를 이끌 수 있었던 것도 이러한 만당의 활동 덕분이었다.

그러나 1932년 말 만당은 여러 내부 사정으로 자진 해체했다. 당시 불교계 내부에서는 31본산들 간 갈등과 분열, 중앙 교단의 사업 추진 혼선 등으로 만당 당원들 사이에도 분열과 갈등이 생겼기 때문이다. 결국 일제에 만당의 정체가 노출되면 큰 희생을 치르게 될 것을 염려해 자진 해산하고 말았는데, 어떤 경우에는 일제에 그 정체가 드러나 연행 구속되어 갖은 고초를 당한 당원들도 많았다. 이처럼 만해는 항상 불교 개혁의 한가운데에서 열과 성을 다했는데, 주지 선출 문제에 대해서도 새로운 선거 방식을 주장해 많은 공감을 얻었다.

5 사찰의 관리

불교계에서 하는 일들을 보면 어느 하나 바르게 정비된 것이 없다. 예식도 다르고 규모도 절마다 다르고 또 사람마다 다르다. 나날이 차이가 생기고 해마다 달라진다. 어찌 이리도 서로 달라 끝이 없을까.

공연히 변하기만 하면서 변화에 조리가 없다면 실타래를 풀다가 오히려 실을 헝클어 놓는 것과 같아, 제대로 변하지 못한다고 들었다. 변화를 잘하려면 천 번 만 번 변해도 하나의 지향점을 분명히 지켜야 한다. 비유하자면 위대한 장수가 군사를 지휘할 때 정공법과 변칙을 다양하게 써서 변화무쌍하게 전투를 이끌어 예측불허라 해도, 최후 목표는 하나인 것과 같다. 그렇게만 한다면 어찌 끝없는 변화를 우려할 것인가.

그러나 불교계의 변화는 다르다. 처음부터 중심 없이 변했다 불변했다 오락가락 방침이 없는 데다가 우연히 또는 갑자기 변하기 때문에 변화 속에 있으면서도 변화를 스스로 의식할 수 없다. 이러니 어찌 머무는 바 없이 마음을 내게 되며, 어찌 마음을 내지 않고 머무름을 이룰 것인가.(응무소주이생기심(應無所住而生其心), 《금강경》에 나오는 한 구절로 "응당 어디에도 마음이 머물지(住) 않고 항상 새롭게 그 마음을 내라."는 뜻이다. 어딘가에 마음이 머물면 집착과 번뇌가 생기고 집착하면 깨달음으로부터 더욱 멀어지니,

순간순간 항상 새롭게 마음을 내어 어디에도 머물지 않고 집착하지 말라는 가르침이다. 육조 혜능이 일찍이 불가에 입문하기 전 나무꾼으로 홀어머니를 봉양하며 살던 시절에 나무를 해 주러 갔다가 어떤 선비가 이 〈금강경〉 구절을 읽는 소리를 듣고, 홀연히 깨닫는 바가 있어 출가를 결심했다고 한다.)

불교계 내부가 서로 다름은 참으로 심각하다. 그 까닭은 바로 통할(統轄, 전체를 다스림)하지 못하기 때문이다. 전체적으로 일정한 지휘가 없고, 지휘를 못하기 때문에 각자 지휘함으로써 이렇게 서로 달라진다. 서로 다르면 저절로 불화가 생기고 불화하면 단결이 안 되고, 단결이 안 되면 무엇 하나 이룰 수 없음은 불 보듯 뻔하다. 그러므로 불교를 살리려면 사찰을 통할함이 가장 시급하다.

통할에는 두 가지 방식이 있는데 첫째는 혼합 통할이요, 둘째는 구분 통할이다. 전자는 불교 전체를 한꺼번에 다스리는 것이요, 후자는 전체를 두 개 이상 나누어 다스리는 것이다. 이 둘은 동시에 취할 수 없기 때문에 어느 하나를 취하고 나머지는 버려야 하는데, 각각 장단점이 있으니 대강 설명해 보겠다.

혼합 통할의 장점

1) 사람과 재산이 한곳에서 집중 관리되기 때문에 일을 효과적으로 처리하는 데 유리하다.
2) 어떤 일을 할 때 모두 일치하기가 쉬워 넘치거나 모자람이 없다.

3) 상호 대립이 사라져 입장 차이에 따른 충돌과 갈등이 사라질 것이다.

구분 통합의 장점

1) 백성들이 지혜롭지 못한 사회는 분열을 좋아하고 화합을 싫어하며 협력심은 적고 이기심은 많아, 갑을이 대립할 때 경쟁과 질투가 생기기 쉽다. 그런데 경쟁과 질투는 아름답지는 않지만 일을 처리하고 한 걸음 진보하는 데 효과적일 수 있다.

2) 서로 견제하고 서로 꺼리기 때문에 마음대로 하는 폐단을 막을 수 있다.

3) 회의나 교섭 같은 일들은 보다 간편해지니 쉽게 성취될 것이다.

혼합 통할의 장점은 구분 통할의 단점이 되고 반대로 구분 통할의 장점은 혼합 통할의 단점이 되니, 둘 가운데 어느 쪽을 택할 것인가? 원칙으로 보면 세상 사람들은 단합을 중시하고 분할을 싫어하기 때문에 혼합 통할을 택함이 옳다. 그러나 오늘날 우리 불교계는 산만하게 마구 지내 왔기 때문에 통할이 무엇인지도 모르는데 어찌 잘못을 뉘우치고 단결할 수 있겠는가? 만약 혼합 통할을 택할 경우 동쪽을 보강하면 서쪽이 부족하고 이쪽을 막으면 저쪽이 터지는 폐단이 생길 것이다. 게다가 승려 가운데 통할을 맡아 책임지고 이끌어 갈 적격자도 없어 보이며, 각 사찰은 지혜와 식견이 부족하고 공덕심이 없어 혼합 통할을 하기에는 어려움이 크다. 또 구분 통할을 한다면 불교계가 공연히 분열하여 오이를 자르고 콩을 쪼개는 이상한 상황이 벌어질까 두렵다. 그래서 두 방법 가운데 어느 쪽도 택하지 못하고 주저하면 대세는 돌이킬 수 없는 지경에 이를 것이다. 우리처럼 지혜로운 눈이 없는 사람이 판단하기에 참으로 어려운 문제라 여겨진다.

아! 마르틴 루터는 한 사람의 힘으로 유럽의 종교를 뒤흔들지 않았던가. 유럽 전체를 조망하던 그 눈빛으로 조선의 불교를 본다면 문제가 너무 작아 현미경으로 보지 않으면 안 될지도 모른다. 사찰 통할의 문제는 그렇게 아주 작은 것이지만 나는 끝내 그 방법을 찾지 못하고 있으니, 스스로 생각해도 우스운 일이 아닐 수 없다.

지리멸렬하고 힘없는 조선 불교를 전체적으로 관리하고 이끌어 갈 통일 조직이 필요하다는 생각은 만해뿐 아니라 당시 뜻있는 승려들 대부분이 공감한 것이었다. 일본이 식민지 사찰령으로 획정한 31본산 체제를 극복한다는 점에서도 통할 조직은 큰 의미가 있었다.

31본산 체제는 조선총독부가 1911년 사찰령을 선포하면서 식민 통치의 편의를 위해 우리나라 전국의 사찰을 한손에 장악하려는 의도로 만든 체계였다. 전국의 사찰 가운데 규모가 큰 31개 사찰을 본사로 지정하고 주변의 크고 작은 사찰들을 말사로 배속시켜 31본사 체제가 성립되었다. 이로써 우리 불교계는 총독부의 분할 통치 정책에 고스란히 편입되었고, 이전의 수평적 사찰 관계는 본사와 그 하부 조직이라는 수직적 관계로 바뀌는 계기가 되었다. 이렇게 본산을 분할해 관리하는 방식은 우리 불교계의 역량을 모으고 통일하는 데 큰 걸림돌이었다.

이런 상황에서 1920년대 조선불교청년회의 개혁 운동을 통해 총본산 운동이 시작되었다. 만해도 이 운동에 적극 참여했는데 이들은 본산 주지들의 탐욕과 횡포에 맞서 사찰령 폐지를 주장했다. 그 이후 창립된 조선불교유신회는 10개 본사와 함께 조선불교중앙총무원을 만들어 불교계의 자주적인 통합 기구를 만들고자 시도했다. 일제의 사찰 분할 통치 정책에 맞서 불교계 통일 기구를 구성하고자 시도했지만, 일제의 탄압으로 별다른 성과를 거두지는 못했다.

그 뒤 1929년 조선 불교 선교 양종 승려 대회를 개최하면서 총본산 건설 운동은 본격화한다. 친일 불교 단체가 추진하던 조선 불교 대회에 맞서 자주적으로 불교 승려 대회를 개최해 종헌과 종법을 제정하고, 종회와 중앙 교무원의 설치를 결의했다. 그리고 종헌에 따라 교정(敎正, 불교계의 상징적 지도자)으로 박한영·김경운·방한암 등 일곱 명의 스님들이 선출되었다. 그러나 총본산 건설 운동은 총독부의 방해와 친일적인 본사 주지들의 비협조로 순탄하게 진행되지 못했다. 도중에 많은 사람들이 이탈하고 종회와 중앙 교무원도 결국 소멸되고 말았다.

그런데 일제는 1930년대에 들어와 군국주의 정책을 가속화하면서 그동안 불교계 통합에 반대해 오던 태도를 돌변하여 총본산 건설에 찬성한다. 군국주의로 무장한 일본 제국주의는 중일 전쟁과 태평양 전쟁을 일으키고 신속한 전시 동원 체제를 구축해야 했다. 때문에 불교계 역시 일사불란한 통일된 지휘 동원 체계를 갖는 방향으로 총독부가 입장을 바꾸었던 것이다.

그리하여 구체적인 총본산 건설 계획을 협의하고, 건설 사업을 추진하는 총본산 건설 위원을 선정해 총본산 건설 사업은 갑자기 활기를 띠었다. 그리하여 서울에 단층 목조 건물로 총본사를 짓고 고려 시대 태고 보우 스님의 법맥을 잇는다는 뜻에서 총본사를 태고사로 명명했는데 오늘날 서울 종로에 있는 조계사의 전신이다. 그리고 종명을 조계종으로 하여 오늘날까지 한국 불교의 맥을 잇게 되었다. 그리고 1941년 중앙 종회에서 방한암 스님을 우리나라 조계종의 최초 종정으로 선출했다. 비록 일본의 의도적인 협력에 의한 것이었지만, 1920년대 이후 줄곧 추구해 온 불교계 통일 총본산 설립 운동이 그 결실을 맺은 셈이다.

하지만 총독부는 사찰령과 사찰령 시행 규칙을 그대로 존속시킴으로써 그 법령에 의거한 31본산 체제를 변경하지 않았고, 조계종 총본사는 31본사 주지 임명과 사찰 재산 처분 등 종단 관리의 최종 권한을 가질 수 없었다. 총본사가 설치된 이후에도 사찰의 인사와 재정의 실질적 권한은 여전히 조선총독이 행사했기 때문에, 조선총독부의 분할 통제 방식에서 완전히 벗어난 것은 아니었다. 결국 조선 총독부가 총본산 건설 운동을 주도하여 태고사와 조계종을 창립하게 한 것은, 우리 선각자 승려들의 염원과는 무관하게 일제가 31본산 체제를 효율적으로 통합 관리하는 방편이었다.

한편 총본사와 조계종이 창립되면서 한국 불교계는 조선총독부의 지원과 협력에 감사하고 환호하는 분위기가 역력했고 일제의 의도를 간파하고 문제를 제기한 사람은 거의 없었다. 만해 역시 총본산 건설 운동과 관련해서는 별다른 반대를 표하지 않았고, 오히려 그는 총본산 건설을 '조선 불교 재흥의 광명'이라고까지 표현하며 큰 기대를 걸었다. 당시 총본산 건설이 전시 체제에 동원하기 위한 일본 정부의 의도임을 모르지 않았겠지만, 실패를 거듭해 온 불교계 통일 조직의 염원을 실현하기 위해 총독부나 친일 승려들의 협조가 불가피하다고 생각한 것으로 보인다. 사실 그러한 시각이 개혁적이든 보수적이든 당시 불교계의 일반적인 시각이기도 했다.

그러나 1930년대 후반부터 총본산은 태생적인 한계로 인해 친일 세력이 장악하면서, 일제에 협력하는 친일 부역 기구로 전락한다. 중일 전쟁과 그에 이은 태평양전쟁 수행을 위한 국민 총동원 체제에 불교계도 편입되면서 일제 식민지 동원 술책에 이용당했기 때문이다.

일본군 필승을 기원하는 구국 법회를 열었고 국방 자재 헌납을 결의했으며, 무기류 생산을 위해 불상과 범종, 유기 등의 공출에 앞장서고 5대의 군용기를 일제에 헌납하는가 하면, 승려도 천황의 성전에 참여해야 한다고 주장하는 등 군국주의 정책에 적극 협조하고 나섰다. 그런 차원에서 불교계는 친일이라는 오점을 역사적으로 안게 되었고, 조계종 창립 과정에서 생긴 종단 체제의 구조적인 모순은 해방 뒤에도 좀처럼 청산하기 어려운 불행한 유산으로 남게 되었다.

물론 만해는 이런 불교계의 친일화에 대해 강력하게 비판했다. 하지만 이 무렵 만해는 이미 은퇴해서 심우장에서 조용히 은거하는 상태였고, 결국 해방을 맞지 못하고 1944년에 타계하고 만다. 불교 개혁이라는 열망을 안고 젊은 시절부터 동분서주하던 만해였지만 결국 불교계의 나약하고 부끄러운 모습만 보면서 눈을 감은 것이다.

6장

결론

마음이 움직이는데 겉으로 나타내지 않을 수 있겠는가. 아마 힘들 것이다. 실제로 행하지 않더라도 말로 나타낼 것이요, 말로 나타내지 않더라도 안색으로 보일 것이다. 어찌 속이 있는데 겉이 없겠는가.

일에는 내가 할 일과 남이 할 일에 구별이 있는데, 내가 할 일은 물론 내가 하겠지만 남이 할 일은 내가 하려 해도 할 수 없는 경우가 있다. 행동하려는 뜻은 나에게 있어도 실제 행동은 남이 해야 하기 때문이다. 그래서 남이 나의 영향을 받지도 않고 움직이지도 않는다면 행동하려는 나의 뜻도 멈출 수밖에 없다.

하지만 내가 하려는 근본 뜻은 비록 남이 행동하길 거부한다 해도 없어지지 않는다. 남이 거부하는 마음이 강할수록 내가 하려는 마음은 더 열렬해질 것이다. 그리하여 열렬한 마음은 편안하지 않아 끝내 말하게 되고, 말해도 사람들이 들어주지 않으면 더 큰 소리로 세상을 향해 외치게 된다. 내가 지금까지 떠든 구구한 수만 마디 말이 모두 이렇게 해서 나온 것들이다.

대부분 말하지 않으려 해도 내면에서 열렬히 끓어올라 말하지 않을 수 없게 된 것이 바로 이 글이다. 그러니 이 글에 어찌 사사로운 마음이 조금이라도 있겠는가?

그러면 《유신론》에서 내가 말한 것들은 모두 옳은가? 옳고 그름은 내가 판단할 일이 아니다. 그러면 모두 실행 가능한가? 실행 가능성 역시 내가 함부로 말할 것이 아니다. 다만 내 마음이 그토록 절실했기에 그대로 주장한 것뿐이며 또 말해야 할 의무가 있기에 말한 것뿐이다. 그 외의 문제는 내가 함부로 판단할 일이 아니다.

그러나 다시 우리 승려 동지들에게 할 말이 있다. 《유신론》에서 조금이라도 채택할 것이 있다면 그 취지를 좇아 우리 동지들과 내가 함께 실천하기 바란다. 이 글에서 조금도 채택할 것이 없다면 영영 폐기함이 옳지만 그렇지 않다면 어떤 방법을 마련해 실천하기를 진심으로 원한다. 우리는 불교와 매우 깊은 인연을 맺었고 중생들과 맺은 인연도 더할 나위 없이 소중하다. 무량한 세계와 무량한 영겁의 인연도 얼마나 지중한가 그러니 우리 책임은 결코 끝나지 않을 것이다. 날로 새롭게 자신을 향상시켜 마침내 지옥까지도 아름답게 장엄(莊嚴)하는 날에 이른다면 이것이 내가 우리 승려 동지들에게 진정으로 바라는 것이다.

아! 슬프다. 비린내 나는 바람이 불고 피 같은 비가 어지럽게 쏟아지고 검수(劍樹, 칼이 숲을 이룬 지옥)와 도산(刀山, 칼이 산을 이룬 지옥)이 크게 참회하니, 인간 세상은 과연 어떤 세상인가. 취한 듯 살다가 꿈같이 죽을 뿐 텅 비어 아무것도 없도다. 과연 무엇이 있는가.

외부에서 단견(斷見, 모든 것이 허무해서 결국 아무것도 없다고 보는 견해)이니 상견(常見, 진리는 항상 어떤 고귀한 실체로 존재한다고 보는 견해)이니 들은 적이 없으니 과연 이것이 꿈인가 생시인가. 나비도 장자도 모두 보이지 않는구나.(《장자》의 〈제물론〉에 나오는 이야기로 장자가 어느 날 나비가되어 날아다니는 꿈을 꾸었는데, 꿈에서 깨어난 뒤 "내가 꿈속에서 나비가 된 것인지, 나비가 꿈에서 내가 된 것인지" 알 수가 없다고 말했다.) 바야흐로 밤이 길지만 잠이 안 오고 생각이 꼬리를 물고 이어지니 시름 또한 깊도다. 시름에 끝이 없어 한숨과 노래가 뒤섞이니 오 형제들이여, 들리지 않는가? 귓가에 앵앵거리는 파리 소리가 아니라 새벽이 왔음을 알리는 닭의 울음소리로다.

백담사에서 한용운 지음.

이렇게 《조선불교유신론》은 마무리된다. 사실 한말과 일제강점기 우리 불교는 조선 왕조 500년의 숭유억불 정책의 결과로 비참한 지경에 내몰렸지만 19세기 말부터 다시 위상을 회복하고자 노력했다. 이런 노력의 하나로 불교계 스스로 전근대적인 한계를 벗어나려는 혁신 운동과 개혁 이론도 등장했다. 여기에는 일본 불교와 기독교 등 외래 종교가 새롭게 유입되면서 영향을 미친 측면도 많았다.

일본 불교가 전파되면서 우리 불교계에 자각의 목소리가 더욱 높아졌다. 일본 정토진종 부산 별원의 개원이나 총독부의 사찰령 시행 등은 조선 불교의 각성을 촉구하는 중요한 사건이었다. 또 "조선 불교사는 소규모의 중국 불교사에 지나지 않는다"라는 일본 불교학계의 조선 불교 비하론은, 일본에 대한 강력한 반발과 더불어 우리 불교에 대한 뼈아픈 각성을 고조시켰다.

이런 상황에서 《조선불교유신론》이 등장했다. 그러나 이 글에 대한 평가는 발간 당시는 물론 오늘날까지도 참으로 다양하다. 적극 찬동하는 쪽에서는 "만해 스님의 불교 개혁 정신을 대표하며 한국 근대 불서를 대표하는 기념비적 저술"이라고 칭송한다. 하지만 "급진적 개혁에 조급해 우리 불교의 근본을 소홀히 다루었다."라는 비판의 목소리도 있다.

이런 논란에도 《조선불교유신론》에서 지적한 주제들이 오늘날 여전히 중요한 의미를 지닌다. "한국 불교가 낡은 껍질에서 벗어나지 않는 한 한용운의 《유신론》은 가장 무섭고 날카로운 화살로 우리에게 되돌아올 것"이라는 경고가 서슴없이 나오고 있다.

사실 한국 불교계는 해방 이후 여러 난관을 극복하고 오늘에 이르렀다. 친일파 승려와 친일 유산의 청산, 비구·대처승 간 충돌, 5·16 쿠데타 이후 권력에의 굴종 등 여러 문제가 산적해 있었다. 만해의 《유신론》은 이런 현실적인 문제를 푸는 데 선각자의 지혜를 제공한 셈이다.

물론 만해의 시대와는 근본적으로 달라진 현대 사회에서 《유신론》의 내용들이 모두 옳다거나 그대로 따라야 한다고 할 수는 없다. 하지만 '만해학'이라는 말이 나올 만큼 만해 한용운에 대한 연구가 활발해진 오늘날 한국 불교가 나아갈 길을 밝히려 했던 한용운의 《유신론》은 아직도 큰 가르침을 발하고 있음은 분명하다.

《조선불교유신론》, 불교 개혁의 상징이 되다

1. 한용운의 생애

1) 어린 시절과 가족 관계

만해 한용운은 1879년 8월 29일 충남 홍주(지금의 홍성)의 가난한 선비 집안에서 태어났다. 얼마나 빈곤했던지 "갈고 심을 땅 한 뙈기도 없고 저녁거리가 없어 이웃에 조나 감자를 꾸러 갈" 형편이었다고 어떤 시에서 스스로 밝힌 바 있다. 그러나 조선 초기 세도가 한명회의 후손으로 양반 가문에서 자랐던 만해는 어릴 때부터 남달리 기억력과 이해력이 뛰어나, 마을 사람들은 그를 신동이라 불렀고 그의 집은 신동 집으로 통했다고 한다.

당시 교육 방식은 아이들에게 무조건 사서삼경 같은 한문책을 달달 외우게 하는 것이었는데, 다른 아이들이 하루에 겨우 칠, 팔 행을 외우면 만해는 분량이 얼마든 배우는 대로 다 기억했다. 한번은 만해가 《대학(大學)》을 읽고 있는데 옆에서 보니 책에 무엇인가 지워 버린 자국이 가득해 훈장님이 그 까닭을 물었다. 그러자 "선생님! 여기 이 '정자왈(程子曰)……' 하는 주(注)가 마음에 들지 않아요. …… 그래서 지워 버렸지요."라고 답했다 한다. 그가 일곱 살 때 일이라고 하니 비록 정확히 고증된 이야기는 아니지만, 가히 신동 소리를 들을 만한 만해의 총기와 영리함을 느끼게 된다.

아버지 한응준은 유학자 집안의 자손답게 학식과 교양을 갖추었지만 벼슬을 제대로 한 적은 없었다. 한때 홍주 관아에서 중간 직위의 군인으로 일한 적이 있었다고는 하나 집안은 늘 어려웠고 곤궁을 면하지 못했다. 하지만 아버지는 자식에게 정의로운 삶의 중요성을 어릴 때부터 심어 주었다. 만해가 잡지 〈삼천리〉(1930)에 기고한 글 〈나는 왜 승(僧, 스님)이 되었나〉에서 그는 어린 시절을 이렇게 회고했다.

나는 어린 소년의 몸으로 선친(아버지)에게서 내 일생의 운명을 결정할 만한 중요한 교훈을 얻었다. 그것은 국가 사회를 위하여 일신을 바친 옛날 의인들의 행적이었다. …… 어린 마음에도 역사상 빛나는 그분들의 기개와 사상을 숭배하는 마음이 생겨, 어떻게 하면 나도 그렇게 훌륭한 사람이 되어 보나 하는 생각을 늘 하여 왔다.

이렇듯 아버지로부터 의인 열사들의 행적을 들으며 어린 나이에도 만해는 가슴에 이상한 불길이 일어나, 그런 훌륭한 사람이 되리라 다짐하며 유년기와 청년기를 보냈다고 한다.

한용운의 공식 학력은 그리 주목할 만한 것이 없다. 어릴 적 서당에서 배운 한학과 출가 뒤 설악산에서 배운 불교 경전 수업 그리고 일본 여행 도중 잠시 조동종 대학에서 공부한 경험이 전부였다. 하지만 독서의 폭이 넓었고 지적인 재능을 타고났기 때문에 독학으로 유교나 불교 등 지식을 터득할 수 있었고, 뛰어난 선각자 스님들을 통해 중국이나 서구 근대사상도 접할 수 있었다.

만해는 당시 조혼 풍습에 따라 열네 살 어린 나이에 자기보다 나이 많은 전정숙과 일찍이 혼례를 올렸다. 여자 교육에 무관심했던 관습과 달리, 배우지 못한 아내에게 만해는 천자문을 가르치기도 했다. 하지만 첫 번째 결혼은 단지 부모의 뜻에 따라 치렀기 때문에 한용운의 생애에서 별 의미를 갖지 못했다. 만해가 출가한 이후 아들이 하나 태어났지만, 출가하기 이전의 가족에 대해 한용운은 냉정하고 분명하게 선을 긋고 지냈던 것 같다.

그의 아들 한보국은 3·1 운동이 일어난 뒤 아버지를 찾아 서울로 올라온 적이 있었다. 태어나서 한 번도 아버지 얼굴을 보지 못한 아들을 19년 만에 처음 만났지만 만해는 냉정하게 잘라 말했다.

"나는 이미 출가했으니 죽은 사람이나 다름없다. 다시는 나를 찾지 마라."

만해의 아들은 서울의 중동고보에 입학해 사회주의 이념 서클에서 활동하다가 학교를 중퇴하고 홍성에 내려가, 엿장수도 하고 신간회 사무실에서 임시직으로 일하는 등 여러 일을 전전했다고 한다. 그리고 사회주의 활동을 이어 갔는데 해방 뒤에는 건국 준비 위원회에서 활동한 적도 있고 해주에서 열린 인민 대표자 회의에도 참석했던 것으로 알려져 있다. 그로 인해 서대문형무소에 수감되었고 출옥한 뒤 6·25 전쟁 기간에는 홍성군의 한 읍면과 공주에서 인민 위원장으로 활동했다고 한다. 그 뒤 한보국은 가족을 이끌고 북한으로 들어가 1976년 사망했다고 북한의 〈노동신문〉에 보도되었다. 한보국의 딸이 다섯 명인데 모두 아버지를 따라 북한으로 가서 오늘날 딸과 사위, 손자 삼십여 명이 모두 북한에 살고 있다고 확인되었다. 한보국은 죽기 전 딸들에게 "통일이 되면 나 대신 너희들이 할아버지(한용운)를 찾아가 성묘하여라."라고 유언했다고 한다.

2) 출가, 세상을 향한 꿈

만해는 19세 즈음 처음으로 집을 떠났다. 세상은 급속도로 변하는데 그런 세상과 담을 쌓고 산골에서 답답하게 지내는 삶을 벗어나고자 무작정 길을 나선 것으로 보인다. 이때 만해가 어디로 어떻게 집을 나왔는지 기록된 자료는 없다. 구한말 어수선한 세상에서 고향에 막연히 처박혀 있기에는 그의 피가 뜨거웠고 의욕이 넘쳤던 것으로 보인다. 집을 박차고 나왔지만 아직 어린 탓으로 갈 곳을 몰라 방황하다가 다시 고향으로 돌아왔다. 그리고 1903년 25세 무렵 모든 것을 버리고 완전히 출가한다.

그가 잡지에 기고한 글에 보면 이때 그는 "서울에서 무슨 조약이 체결되어 뜻있는 사람들이 구름같이 경성에 모여 든다는 말이 들리어 …… 표연히 집을 나와 노잣돈 한 푼 없이 담뱃대 하나만 들고 서울이 있다는 서북 방면을 향하여 걸었다." 그러나 "해는 기울고 배는 고파 어느 주막집에 들어가 하룻밤을 지내는데 자신이 너무도 무모하였음을 통감하고 …… 인생의 덧없음에 깊은 회의를 느끼고 …… 에라, 인생이란 무엇인지 그것부터 알고 가자."라는 생각에 서울 가던 길을 버리고 속리산으로 들어갔고 다시 오대산으로 갔다.

오대산 월정사 강원에서 만해는 본격적으로 불교를 공부했는데, 어린 시절 한학을 익혔기 때문에 불교 공부는 그리 어렵지 않았다. 강원에는 청소년 수도승들이 많았는데, 울창한 솔밭 속을 거닐고 눈

덮인 자연을 바라보면서 불경 읽기 외에 아무런 잡념이 없는 오롯한 시간을 약 1여 년 보냈다.

그 뒤 그는 설악산 백담사로 가서 절에서 나무하는 부목 노릇을 하며 승려의 길에 정식으로 들어섰다. 1905년 27세에 백담사에서 김연곡 선사를 은사로 사미계(정식 승려인 비구가 되기 전 예비승인 사미가 되는 의식)를 받고 '봉완'이라는 법명도 받았다. 또 백담사의 이학암 스님으로부터는 《기신론》, 《능가경》, 《원각경》 등 불교 경전을 본격적으로 배우면서 불교 지식도 깊어졌고 철학적 종교적 안목도 점점 높아졌다. 특히 건봉사에 쌓여 있는 다양한 근대사상 서적들을 독파하면서 근대화한 세계에 대한 관심과 열정이 날로 커졌다.

폭넓은 독서를 통해 세계의 움직임을 간파한 만해는 특유의 열정과 모험심으로 고요한 산사를 거부하고 드넓은 세계로 나가는 결단을 내렸다. 그의 꿈은 시베리아 횡단을 시작으로 유럽에 도달하고 다시 대서양을 넘어 미국까지 가는 것이었다. 그래서 만해는 생애 최초로 거대한 국제선 배를 타고 한반도를 넘어 시베리아 대륙 여행을 감행한다. 1906년 28세에 미지의 세계에 대한 호기심으로 세계일주라는 꿈을 안고 백담사를 나와 원산을 거쳐, 러시아 블라디보스토크로 향한 것이다.

그런데 블라디보스토크에 도착한 한용운은 뜻하지 않게 갑작스러운 테러를 당하고 생명이 위태로운 지경에 이른다. 당시 만주 일대에

248

사는 한인들은 대부분 절망적인 가난과 핍박을 피해 필사적으로 해외로 떠난 사람들이기 때문에, 자신들을 돌보지 않은 정부와 외세 일본에 대한 원한이 깊이 사무쳐 있었다. 그래서 머리 깎은 자를 무조건 단발령에 앞장선 일본 앞잡이로 보았고, 친일파 일진회 회원으로 간주해 살인도 마다하지 않을 만큼 분위기가 살벌했다. 이런 동포들의 위태로운 분위기를 알 턱이 없었던 만해는, 무방비 상태로 근처 바닷가를 거닐다가 어떤 청년 일당의 습격을 받아 거의 죽을 고비를 넘기고 간신히 탈출했다. 그 바람에 블라디보스토크에서 더는 세계로 나아가지 못하고 급히 귀국하고 말았다.

귀국한 뒤 잠시 석왕사에 머물며 심신의 안정을 도모하고 좌선 수행을 했는데 다시 "동양 문화는 동경에서 피어나니 일본으로" 가 보자는 생각이 들었다. 하지만 그 또한 쉽지는 않은 일이었다. 세계적인 차원의 문제를 늘 머릿속에 그리며 이리저리 방황하던 한용운은 잠시 고향 홍주를 찾아갔다. 그런데 고향의 가족들에게 엄청난 비극이 일어났음을 알게 된다. 자신이 떠나고 없던 사이 의병 활동을 했던 아버지와 어머니, 형과 형수 등 일가족이 한꺼번에 몰살당하고 어린 조카들까지 행방이 묘연한, 참으로 놀라운 광경을 보게 되었다. 한순간에 몰락한 집안을 황망하게 돌아보면서 만해는 비교적 안정된 처가로 잠시 거처를 옮겨 살았다. 그러나 급변하는 세상을 향한 만해의 불같은 마음은 시골 농가에서 한가하게 가족이나 돌보며 살도록 허락하지 않았다. 그는 다시 집을 떠났고 승려로 되돌아가기 위해 다시 산으로 들어간다.

3) 재입산과 본격적인 수행 정진

구한말 불교는 조선 시대부터 핍박받던 오랜 전통에 젖어 있어 중심이 없었고, 당시 백담사도 그리 규율이 엄하지 않아 만해는 쉽게 승려로 복귀할 수 있었다. 만해의 스승인 연곡 선사는 돌아온 제자 봉완(처음 받았던 법명)을 따뜻하게 맞이하면서 다시 계를 받게 해 주었다. 이리하여 한용운은 불교를 제대로 공부하고 참선 수행에 몰두할 절호의 기회를 얻는다. 처음 입산했을 때는 오세암에서 독학했기 때문에 공부에 두서가 없었으나 이제부터 당시 유명한 학승이었던 이학암 스님으로부터 체계적으로 불교를 배우게 되었다. 이때 만해는 바깥세상에도 눈 돌리지 않고 내설악의 깊은 산속에서 불교 공부를 제대로 할 수 있었다.

하지만 당시는 을사조약이 체결되고 한반도가 일본의 침략 정책에 마구 휩쓸리던 격동의 시대였기 때문에, 세상에 관심과 열정이 많았던 만해로서는 수수방관할 수 없었다. 그럼에도 그는 경전 공부와 참선 수행을 통해 내면 수양에 몰두하며 이겨냈던 것으로 보인다. 일설에 따르면 경전을 가르치던 학암 스님 앞에서 한용운은 눈물을 뚝뚝 흘리며 울었다고 한다. 위기의 시대에 현실과 동떨어진 고요한 산속에 앉아 무슨 힘이 있겠느냐는 통한의 눈물이었으리라.

이렇게 만해는 백담사에서 열심히 불교 경전을 공부한 뒤 금강산 건봉사로 가 처음으로 하안거(여름철 3개월간 선수행자들이 산문 밖을 나오지 않고 오로지 참선 정진에 몰두하는 행사, 겨울에도 똑같이 3개월 동안거를 치른다.)에 동참했다. 당시 건봉사는 유점사와 더불어 금강산의 2대 사찰 중 하나였고 규모와 재력이 막강한 유명 사찰이었다. 이런 큰 사찰에 들어가 참선, 정진하며 한용운의 수행은 상당히 깊어진 듯하다. 이 하안거에서 그는 밤잠을 자지 않고 무섭게 수행하며 용맹히 정진해 여러 스님들로부터 찬사를 받았고, 만화 선사로부터는 법을 이어받아 '용운'이라는 법호까지 받았다. 훗날 만해는 선(禪)에 관해 여러 글을 썼는데 건봉사 선원에서 했던 치열한 참선 수행이 그 바탕이 되었을 것이라 추측한다.

스승인 연곡 선사로부터 선 수행을 이끌어 준 만화 스님에 이르기까지 큰 스승들의 가르침으로 한용운은 이 시기에 불교 사상과 수행 체계를 나름대로 정립할 수 있었다. 이때부터 근대 한국 불교의 선구자들이라고 할 박한영, 방한암, 송만공과 같은 뛰어난 수행자들과 두루 사귀면서 한용운의 불교 사상은 더욱 깊이 발전했고, 이후 경전 번역이나 저술 강연 등 여러 분야에서 활약하는 발판을 마련할 수 있었다.

4) 양계초와 일본 유학

백담사에서 만났던 스승 연곡 선사는 만해에게 당시 만인의 시선을 받던 중요한 개화 서적을 보여 주었다. 청나라 양계초가 지은 《음빙실문집》이라는 책이다. 만해는 처음 입산했을 때도 연곡 선사가 소개하는 중국의 개화 서적들을 읽고 19세기 말 격동하는 세계의 움직임에 크게 자극받은 바 있었다. 당시 《영환지략》 《해국도지》 같은 서적은 한반도 주변 열강들뿐 아니라 서양의 움직임에 대해서 만해의 눈을 뜨게 해 주었다.

당시 개화 서적 가운데 《음빙실문집》은 중국이나 일본은 물론 우리나라에서도 지성인이라면 누구나 읽어야 하는 근대화의 필독서였다. 한용운은 이 책을 보면서 칸트, 헤겔 등 서구 근대철학과 계몽사상, 사회 진화론과 같은 서구 근대사상을 처음 접하게 되었는데, 이때부터 서구 근대사상에 대한 학문적 욕구가 강렬히 싹트게 되었던 것으로 보인다. 사실 《조선불교유신론》도 《음빙실문집》이 동기가 되어 저술하게 된 것이다.

양계초는 청나라 말기의 유명한 사상가요 정치가로서 봉건 질서를 벗어나지 못한 중국 사회를 바꾸고자 자강 개혁의 길을 모색하던 사람이었다. 이른바 변법자강운동을 이끌었던 핵심 인물인데 이 운동은 청나라 근대화를 위해 의회 민주 제도와 입헌군주제를 추구하던 개혁 운동이었다. 그러나 서태후 일파의 반동에 부딪혀 실패하고 대다수 변법자강 운동가들은 죽음을 당했다. 위기를 간신히 모면한 양계초는 일본으로 망명했는데, 이전부터 그는 일본 메이지유신과 근대화에 깊은 영향을 받고 있었다. 《음빙실문집》에 나타난 양계초의 개혁 사상들도 주로 일본 학자들의 근대화 이론에 영향을 받은 것이었다. 그러므로 양계초의 책을 읽고 그의 사상에 심취한 만해는 자연스럽게 일본으로 관심을 돌리지 않을 수 없었고, 마침내 그에게도 일본 방문의 기회가 찾아왔다.

당시 일본은 한반도를 장악하기 위해 다양한 측면에서 조선의 지식인들을 포섭하려고 들었는데, 그 일환으로 조선 불교계에 대한 포섭 작업도 있었다. 이 일에 앞장선 이들이 일본 조동종 승려들이었다. 이들은 통감부 민간사업의 하나로 우리나라 사찰들을 순례하면서 곳곳의 조선 승려들을 유학 등을 미끼로 포섭하려 했다. 하지만 이런 저간의 사정을 잘 파악하지 못했던 만해는 당시 유명한 선승이던 월화 스님이 일본 조동중 승려들의 유학 제의에 만해를 추천하자 이를 받아들였다.

그 결과 만해는 1908년 4월 부산을 떠나 조동종의 영접을 받으며 일본에 당도했다. 만해는 1908년 5월부터 10월까지 약 반년을 일본에 머물며 일본 불교계와 일본 사회에 대한 견문을 넓혔고, 조동종 대학에서 당시 일본 지식인들이 경도되었던 서양 근대 철학을 청강하기도 했고 일본의 근대화된 불교 시스템이나 불교 철학에 대한 강의도들었다.

　전통적인 서당이나 사찰의 강원에서 공부하던 방식과는 너무나 다른 근대적 대학 교육을 접한 만해는 크게 놀랐고, 앞서가는 일본 문물까지 접하자 크나큰 자극을 받아 조선과 조선 불교의 개혁과 근대화라는 화두를 집중적으로 고민했다. 일본 조동종 승려들은 만해를 포섭하기 위해 여러 친절과 편의를 제공하면서 끌어들이려 했지만, 만해는 일본 유학을 중도에 그만두고 국내로 돌아오고 말았다.

　하지만 만해의 일본 여행은 앞서 시베리아 여행보다 얻은 바가 훨씬 많았다. 우선 3·1 운동에 참가하게 된 결정적인 동기를 부여했던 일본 유학생들과의 만남을 들 수 있다. 선진 의식으로 가득 찬 유학생들을 통해 만해는 민족 독립의 열정을 키울 수 있었고, 민족 사상이나 불교 사회주의 사상도 접할 수 있었다. 그리고 일본의 앞서가는 사상과 학문을 접하면서 그의 시적 감수성도 큰 자극을 받아 일본에서 한시 30여 편을 남기는 등 시작 활동의 계기도 되었다.

5) 3·1 운동과 이후 민족운동

　1차 세계대전이 끝나고 민족 자결주의를 포함한 14개조 평화안이 발표되자 한반도에서도 세계의 민족주의 흐름에 힘입어 3·1 운동이 일어났다. 이보다 앞서 만주에서 혁명가 39인의 조선 독립선언서가 나왔고 동경 유학생 600여 명이 2·8 독립 선언을 발표하는 등 국내

외에서 자주 독립의 열망이 고조되자, 중국에 있던 우리나라 지도자들도 국내 독립운동을 시도했다.

이러한 분위기에 만해는 민족 독립의 의지를 불태우며 적극 항일 운동에 앞장서게 된다. 그는 불교계를 대표할 인물을 몇 사람 교섭했으나 결국 백용성 스님만 승인하여 불교 대표로 한용운과 백용성이 참가했다. 하지만 만해의 열정과 맹활약으로 그가 사실상 불교계의 대표처럼 인식되었다. 어쨌든 만해는 혼신을 다해 3·1 운동에 앞장섰는데, 그의 지나칠 만큼 과도한 열정 때문에 최린 등 3·1 운동 지도자들 중 일부는 일제의 밀정이 아닌가 의심할 정도였다고 한다.

최남선이 독립선언서를 작성하고 한용운이 독립선언서에 공약 삼장을 추가하여 마침내 그 유명한 "……최후의 일인까지 최후의 일각까지……"가 전국에 울려 퍼졌다. 독립선언서 낭독 후 33인 대표들은 일본 총감부에 전화를 걸어 자수하고 말았지만, 서울의 만세 운동은 전국으로 확산되었고 일제의 무차별 검거와 탄압이 시작되었다. 이 사건으로 만해는 1919년 3월 1일부터 1922년 3월까지 만 3년간 옥중 생활을 했는데, 감옥에서 보여 준 그의 불굴의 정신과 매서운 의기는 오늘날까지도 널리 회자될 만큼 유명하다. 일본인 관리들까지 감화시킬 정도로 만해의 기상은 하늘을 찌를 정도로 당당했다.

검사의 취조에 "조선의 독립운동은 어디까지든지 할 것이며 …… 만약 몸이 없어진다면 정신만이라도 영세토록 독립운동의 마음을 가지고 있을 것"이라고 진술해, 담당 판사 나카지마 유조는 "3·1 운동이 헛되지 않구나."라는 탄성을 내질렀다고 한다.

그리고 옥중에서는 '조선독립의 서'(일명 '조선독립 이유서')를 작성했는데, 어떤 역사학자는 이 글이 한용운의 위대함이 응축된, 그의 업적 가운데 최고작이라고 극찬했다.

이 글은 예심 판사의 공판에서 구두 답변을 거부하고 감옥에서 글로써 답한 것인데, "자유는 만유의 생명이요 평화는 인생의 행복이라……"라고 시작되는 명문이다.

3년 수감 뒤 출옥한 만해에게 곳곳에서 강연 요청이 쇄도했고 그는 수많은 강연을 통해 민족 독립의 의지를 드높여 명성은 날로 높아갔다. 그러던 어느 날 만해는 "내가 드디어 성병(聲病)에 걸렸구나! 명성(名聲)이라는 병에."라고 탄식하고는 이후 어떤 초청 강연에도 응하지 않았다고 한다.

이후 만해는 주로 선학원에서 지내며 불교 경전 번역과 불교 강연회 등을 통한 불교 대중화 사업에 몰두했고 조선 불교 청년회 총재에도 취임했다. 하지만 일제의 압박이 심해져 활동이 여의치 않게 되자 만해는 다시 설악산 오세암으로 들어간다. 1925년부터 시작된 설악산 시대는 3·1 운동과 그 이후의 맹렬함을 접고 다시 조용히 칩거하면서 내면의 성숙을 기하는 시절이었다. 서울 활동을 뿌리치고 설악산으로 들어간 만해는 《십현담주해》라는 선(禪)에 관한 해설서를 쓰고, 그를 일약 유명 시인의 반열에 올려놓은 〈님의 침묵〉을 완성했다.

《십현담주해》는 조선 시대 김시습이 오세암에 머물면서 이미 주해를 썼던 것인데, 만해 역시 오세암에 머물면서 주해를 다시 붙여 선(禪)에 관한 자신의 생각을 정리한 것이다. 《십현담주해》가 나온 뒤 곧이어 유명한 《님의 침묵》이 시집으로 발행되었다. 이렇게 그는 고요한 사찰에서 홀로 집필 활동에 몰두한 결과 그의 일생에 길이 남을 역작들을 낳았고, 예전의 날카롭고 매서운 투사 이미지를 탈피하고 아름다운 서정 시인으로 거듭난다.

이처럼 시인으로서도 유명해지자 수많은 사람들이 만해를 보고자 열망했다. 이러저러한 사연으로 다시 서울로 돌아온 그는 집필, 강연, 불교 개혁 운동 등을 전개하며 분주한 나날을 이어 갔다. 하지만 예전처럼 불교 근대화 운동을 활발하게 벌일 수는 없었다. 이미 요주의 인물로 일제의 감시가 심해져 정치 활동에 많은 제약을 받았고, 신간회 시절 잠시 자유로운 활동이 가능한 듯했으나 그 역시 오래가지 못했다.

1927년 우익과 좌익의 대립을 극복하고 민족 독립운동의 새로운 전환을 이루기 위해 한국 최초로 좌우 합작 민간 사회단체인 신간회가 발족했다. 만해는 신간회의 중앙 집행 위원 겸 경성지회 회장을 맡아 몇 차례 강연 활동을 했는데, 얼마 가지 않아 신간회가 해산되면서 그의 활동도 멈추었다.

하지만 만해는 신간회 운동을 계승해 보려고 기존 조선 불교 청년회를 조선 불교 총동맹으로 개칭하고 불교 단체로서 사회단체 기능을 대신하려 했다. 불교라는 종교에 국한되지 않고 조선인의 당면 문제들, 예를 들면 결혼이나 문자 해독 문제 등 다양한 사회문제를 다루어 보려 노력했지만 사회적인 영향을 크게 미치지 못했다. 또 월간지 〈불교〉를 인수하고 거기에 많은 논문을 발표하여 불교 대중화와 독립 사상 고취에 힘써 보았지만 재정적인 어려움에 봉착해 곧 중단한다.

1930년대 일제는 만주 침략을 계기로 전시 체제로 전환을 시도하면서 만해를 비롯, 독립운동가들에 대한 감시와 억압을 더욱 강화했다. 이 무렵 공개적인 민족운동이 거의 불가능해지자 불교계 청년 운동가들을 중심으로 비밀결사 단체인 '만당'을 조직해 불교 민주화와 민족 독립운동을 추진했는데, 이들은 비밀리에 만해를 총재로 추대했다. 그러나 비록 조직은 결성했지만 일제의 감시와 탄압이 심해져 역할은 제대로 못하다가 불교계에 내분이 일어나는 바람에 자진 해산하고 말았다.

6) 결혼과 심우장 시절

만해는 55세 즈음 〈불교〉 잡지사 사장을 그만두고 당시 36세의 간호사였던 유숙원과 재혼해 뒤늦은 결혼 생활을 시작했다. 그 무렵 만해는 서울 성북동 산기슭에 작은 한옥을 지어 심우장(심우(尋牛)는 소를 찾는다는 뜻으로 진리를 찾아가는 과정을 의미함)이라 이름 붙이고 살았는데, 이 집은 여러 사람들이 조금씩 모은 돈과 금융 조합에서 빌린 돈으로 지었다. 심우장은 애초 정남향으로 설계했지만 만해가 조선총독부 청사를 바라보며 살 수는 없다고 고집해 정북향으로 바꾸어 지었다는 일화로 유명하다. 그 이전에 1932년 총독부의 식민지 수탈 기관인 식산 은행에서 만해를 매수하기 위해 성북동의 국유지를 주겠다고 제의했으나 거절했던 일이 있었다. 그런데 집도 절도 없이 비승비속의 힘든 생활을 하던 만해에게 주위 분들의 배려로 대지 52평짜리 집이 생겨 행복한 신접살림을 시작할 수 있게 되었다.

이후 만해는 심우장에서 10여 년간 살다가 죽음을 맞이하는데 거기서 딸 영숙이 태어났다. 하지만 만해는 부인과 딸을 호적에 올리지 않았고 학교에도 보내지 않았다. 일제 식민지 민적에 올리기를 거부하고 식민지 교육을 거부한다는 뜻이었다. 대신 그는 집에서 딸에게 천자문과 소학을 가르쳤는데, 딸이 신문에 난 일본 글자를 물어보면 "그건 글자가 아니야."라고 하면서 알 필요도 없다는 태도로 무시했다고 한다.

이 무렵 신문에 〈흑풍〉, 〈후회〉, 〈삼국지〉 등의 소설을 연재했지만 곧 중단되었고 보잘것없는 원고료를 받아도 신채호의 비석을 세우는 등 공적인 활동에 사용하고 생활비에 거의 충당하지 않아 집안 살림은 매우 궁핍했다. 하지만 타협을 모르는 꼿꼿함은 나이가 들어도 변치 않았다. 그는 최남선, 이광수, 최린 등 과거 3·1 운동에 참여했던 유명 인사들이 창씨개명을 하고 식민지 침략 전쟁을 미화하면서 협력하는 쪽으로 변절하자 철저히 교류를 끊었다. 하루는 길거리에서 만해가 육당 최남선을 만났는데 만해가 본체만체 지나가자 육당이 따라와 "만해 선생, 오랜만입니다." 하고 인사하자 만해는 "당신은 누구시오? 내가 아는 최남선은 벌써 죽어서 장사까지 치렀소." 하고는 얼른 떠났다고 한다. 그러고는 지인들을 음식점에 불러내어 "이제부터 왜놈들에게 종노릇을 자처해 조선의 의기로부터 떠나 죽은 고 최남선의 장례식을 거행하겠습니다."라고 선포하고 최남선의 부고장을 만들어 지방으로 보낸 뒤, 최남선 본인에게도 장문의 부고장을 보냈다는 일화가 전한다.

천재 소설가 춘원 이광수는 불교에 관한 소설도 많이 써서 불교 교리나 사상에 의문이 나면 종종 만해를 찾아와 묻곤 했었다. 그런 이광수가 일본식 이름으로 창씨개명을 하자 만해는 춘원의 변절을 매우 침통해 했다. 어느 날 춘원이 심우장을 찾아와 집 안에 들어서자 만해는 춘원이 인사도 하기 전에 호통쳐 내쫓았다고 한다. 또 3·1 운동의 민족 대표 33인 가운데 한 사람이었던 최린은 만해가 일본에 갔을 당시 유학생으로 처음 만났던 사람으로, 그 뒤 민족운동을 함께 해 온 동지로서 서로 인연 깊은 사이였다. 그런 최린 역시 창씨개명을 하고 친일로 돌아섰다는 말을 듣고는 최린이 심우장을 찾아오자 "내 없다고 하오. 꼴 보기도 싫으니."라고 부인에게 말하고는 만나기를 거절했다. 최린은 돌아가면서 어린 딸 영숙에게 당시 쌀 열다섯 가마니를 살 수 있는 돈 백 원을 쥐여 주고 갔다. 그 사실을 알고 만해는 마구 화를 내고선 명륜동 최린의 집으로 가서 마당 안으로 돈 백 원을 던져 버리고 돌아왔다고 한다.

이처럼 독립지사로서의 곧은 절개를 끝내 간직했지만, 심우장 시절 만해는 예전의 열정과 격렬함을 벗어나 수행자의 자세로 내면을 반조하면서 글을 쓰거나 정진하면서 주로 지냈다. 일제의 쌀 배급도 거절할 만큼 항일 의지를 고수했기에 집안은 무척 곤궁했지만, 만해는 뛰어난 한시를 썼고 참선과 경전 집필, 산책, 화초 가꾸기 등을 하면서 마음에 평안을 유지했다. 하루는 인터뷰하러 온 기자에게 "나에게는 고적함이나 침울함이라는 것이 통 없지요. 한 달 잡고 내내 조용히 앉아 있어도 심심치가 않아요. 무애자재(無礙自在)한 이 생활에서 무엇을 탓하며 무슨 불안을 느끼겠소?"라고 말해, 그동안 갈고닦은 수행자로서의 면모를 십분 발휘하면서 고요하고 평화롭게 살았다.

친분 있던 많은 유명인사들이 친일로 변절할 때 만해는 고독했겠지만 내면의 깊이를 쌓으며 지조를 지키다가 1944년 66세로 이승을 하직했다. 유해는 망우리 공동묘지에 안장되었는데, 독립운동가이자 시인이며 불교계의 저명인사였던 인물로서는 지극히 초라한 장례식이었다고 한다.

만해의 유해는 불교식 화장(다비)을 했는데, 미아리 화장장에서 유해를 태우고 나니 치아는 타지 않고 남아 부처님처럼 치아 사리를 남겼다. 불가에서는 치아 사리를 귀하게 여기는데, 수행력이 높지 않으면 잘 나오지 않는다고 한다. 어떤 이는 만해의 깊은 법력이 치아 사리를 만들었다고 칭송하면서 우리 민족에게 길조가 있으리라 말했다고 한다. 그런데 이 말이 마치 예언이라도 된 듯 그다음 해에 일제가 물러가고 민족 해방이 이루어졌다. 그리고 만해의 치아 사리는 항아리에 담겨 그의 유골과 함께 망우리 공동묘지에 지금까지 안장되어 있다고 한다.

만해의 장례식에는 많은 조문객들이 몰려들었는데, 시인 정인보는 다음과 같은 추도시를 쓰고 '고(故) 용운당 대사를 생각하고'라는 부제를 붙여 만해 한용운의 죽음을 애도했다.

풍란화 매운 향내 당신에게 견줄손가
이날에 님 계시면 별도 아니 더 빛날까
불토(佛土)가 이외 없으니 혼(魂)아 돌아오소서!!

2. 식민지 시대와 한용운의 불교 개혁

1) 개항기의 불교계

1876년 개항 이전까지 조선은 불교, 동학, 천주교 등 민족 종교와 외래 종교를 가리지 않고 모두 탄압과 금지 정책을 폈다. 특히 천주교에 대한 박해는 서양 문물에 대한 불신과 경계심으로 신도들 약 십여만 명이 살해되었다고 한다. 또 민족 종교인 동학에 대해서도 혹세무민(세상을 현혹시키고 백성을 어지럽히는 것)의 종교라 하면서 혹독하게 탄압해 교주 최제우와 많은 동학교도들을 체포해 사형시켰다.

그런데 개항 이후 사실상 종교의 자유가 인정되었고 이와 더불어 일본 불교도 조선에 유입되기 시작했다. 일본의 정토진종은 부산에 동본원사를 두고 포교를 시작했고 그 뒤 일본의 거대종파인 일련종(日蓮宗)이 서울에 들어오고 뒤이어 정토종도 들어왔다. 정토종은 조선 불교를 흡수하고자 통도사를 정토종의 말사로 편입하려다 쫓겨나는 일도 있었다.

일련종 승려인 사노는 1895년 조선에 승려 도성 출입 금지법이 있음을 알고 이를 풀고자 노력했다. 그는 당시 무기력하고 지리멸렬한 조선 불교를 일련종 산하로 포섭하겠다는 목표를 세우고 이 법을 없애는 데 온 힘을 다해 마침내 1905년 승려의 도성 출입이 허용되었다. 조선 세종 때 승려 도성 출입 금지법이 시행된 이후 수백 년 지속된 출입 금지가 한 일본 승려의 노력으로 풀리자 친일에 앞장섰던 용주사 주지는 사노에게 감사 편지를 보내 그 공로를 치하했다고 한다.

승려의 도성 출입이 허용되었다고는 하지만 당시 사찰은 정부의 무관심 아래 거의 보호를 받지 못했고 사찰의 재산을 빼앗기거나 승려들이 절 밖으로 쫓겨나는 일들이 비일비재했다. 예를 들면 김제 금산사 주변에는 금맥이 많기로 유명했는데, 금을 찾아 나선 사람들이 사리탑 밑까지 파고들어 오자 금산사 주지가 강력히 막다가 사람들에게 몽둥이로 맞아 죽는 일이 있었다. 하지만 정부는 아무런 법적 보호 조치도 하지 않았다고 한다.

이렇게 불교는 오랜 세월 억압과 천대를 받아 왔기 때문에 유구한 역사를 지닌 사찰들은 급속히 황폐해지고 승려들은 사회의 바닥에 내동댕이쳐진 하층민으로 떠돌았다. 그나마 민중 속에 오랜 세월 뿌리내린 불교 신앙과 관습이 있었기에 국가적 냉대 가운데서도 불교 명맥이 끊이지 않고 보존될 수 있었다. 이런 상황에서 사찰들은 국가가 발행해 준 공명첩과 신도들의 계 조직 활동 등으로 어려운 재정을 타개해 나갔다. 당시 국가는 실제로는 없는 유령 직위를 써 주고 이름 칸을 비워 둔 공명첩을 발행해, 천민 출신 부자나 하급 관리들에게 돈을 받고 팔아 국가 재정을 보충했고 또 필요한 곳에 공명첩을 발행해 국가 보조를 해 주었다. 사찰의 재정난이 심각해지자 정부는 공명첩을 일부 발급해 주었는데 이를 팔아서 사찰은 간신히 지탱할 수 있었다. 정조 17년에는 금강산 유점사에 정조가 공명첩 백 장을 발행해 주었고 이를 팔아 유점사는 영산전을 세웠다고 한다. 그 뒤 법주사에 사백 장이 발행되는 등 조정에서는 돈이나 땅 같은 현물보다는 공명첩으로 사찰 지원을 대신했다.

또 조선 후기에는 백성들 사이에 상부상조하는 뜻으로 계 조직이 활발했는데 동갑계, 우계(한우 마련), 학계(서당 학비 지원), 비녀계(금비녀 마련) 등 친목계나 경제적 목적을 추구하는 계들이 많았다. 불교 쪽에서도 사찰계를 조직해 재정을 지원하고 공동체 신앙 활동을 이끌었다. 예를 들면 범어사에는 19세기 말까지 사찰계 40여개 조직이 활동하면서 절 살림을 돕고 신행 생활을 이끄는 역할을 했다고 한다.

2) 일제시대 불교계의 친일 행위와 그 청산 운동

이처럼 조선 불교 자체는 오랜 억압과 차별로 세력이 약한 데다가 불교 승려들의 타락과 안주로 여러 어려움에 처해 있었다. 이런 상황에서 엎친 데 겹친 격으로 일본 불교가 유입되어 조선 불교를 휘하로 끌어들이려는 음모를 벌였다. 이에 부응하여 조선의 일부 승려들은 자진해서 친일화에 앞장서기도 했다. 해인사 주지 이회광은 조선 불교를 근대화한다는 기치 아래 원종을 창시하고 대종정으로 취임했다. 원종은 친일 단체인 일진회가 배후 노릇을 하고 있었고 일진회는 일본 조동종 승려 다케다가 또 배후에 있었다. 이회광은 조선 불교가 살아남기 위해 일본 불교와 연합해야 한다며 원종과 일본 조동종 사이에 협약을 맺고 우리 불교를 일본 불교에 편입시키는 절차를 적극 밟기도 했다.

한편 이회광 등의 불교 친일화에 반대하여 만해, 박한영, 진진응 등 민족의식을 가진 승려들은 조선 불교의 법통은 임제종에 있음을 천명하고 민족 불교 수호 운동을 전개했다. 이들은 순천 송광사와 부산 범어사에 임제종 종무원을 두고 이회광의 원종에 맞섰다. 원종과 임제종의 대립을 총독부는 방관하는 듯했지만 곧 조선총독부가 나서서 사찰령을 반포하고 사찰 규칙을 만들어 우리 불교를 직접 통제하고 나섰다.

이 법으로 원종과 임제종은 모두 폐지되었고 사찰의 어떠한 움직임도 조선 총독의 허가를 받아야 했으며, 사찰의 재산 처분, 사찰 통폐합, 주지 임명권 등등이 모두 총독부 권한으로 넘어갔다. 그 결과 일본 천황의 생일이나 일본의 국가 기념일에는 절에 일장기를 게양하도록 강제하고, 각종 불교 행사를 통해 노골적인 친일 행위를 강요했다.

1930년대에 들어오자 일본은 군국주의를 내걸고 1931년 만주 사변을 일으켜 대륙 침략 정책을 노골화했다. 이로 인해 조선은 전쟁 물자를 동원하는 병참 기지가 되었고 일제는 전쟁에 필요한 인적·물적 자원을 악랄하게 수탈하기 시작했다. 일제는 정신대와 학도병으로 젊은이들을 내몰았고 창씨개명, 내선 일체, 황국 신민화와 같은 각종 조치와 정신 교육을 강화해, 식민지 정책에 무조건 순응하도록 압박했다.

한편 그 이전부터 불교계에서는 일제의 사찰령에 따른 31본산 제도를 없애기 위해 총본산 운동이 일어났었는데, 처음에 일제는 이 운동을 반대했지만 전시 동원 체제를 갖추려면 일사분란한 지휘 체계가 필요하다는 생각에서 조선 불교계가 요구한 총본산 체제를 법적으로 승인한다. 그래서 불교계 전체를 지휘하고 관리하는 중앙 본부를 건설해 태고사라 이름 지었다. 오늘날 서울 조계사의 전신이다. 만해는 이 총본산 운동에도 적극 참여해 활동했는데, 《유신론》에서도 중앙 통할 기관의 필요성을 역설한 것처럼, 불교 발전을 위해서는 분권적이고 친일적인 31본산 체제에 반대한 바 있었다.

하지만 불교계의 총본산은 총독부의 통제와 손아귀에서 벗어나지 못했다. 친일 성향의 승려들이 중앙 종무원을 장악하면서 창씨개명에 적극 동참하고, 일제가 태평양전쟁을 일으킨 뒤에는 승리를 위한 기도 법회를 열거나 국운을 비는 기원제까지 열었다. 그리고 사찰의 불상이나 유기 그릇 등을 공출해 전쟁 물자로 바치고 시줏돈을 모아 군용기 다섯 대를 헌납하는 등 친일화의 길에 적극 앞장섰다.

만해를 비롯해 뜻있는 승려들은 불교계의 친일화에 반대하면서 불교 개혁과 민주화를 주장하고 나섰다. 특히 만해는 조선 불교 청년회를 조직하고 적극적으로 반대에 나섰지만 1930년대에 들어와 일제의 방해 공작과 억압으로 점차 힘을 잃고 만다.

이 무렵 만해는 이미 심우장에 은거하던 상황이었는데, 비승비속의 경계에서 주로 내면 세계에 침잠하고 있었다. 이처럼 만해는 평생을 식민지 조선의 해방과 조선 불교의 자주적 혁신을 위해 헌신했지만, 끝내 그 결과를 보지 못하고 해방을 불과 1년 앞둔 1944년 타계하고 말았다.

3. 한용운의 사상

한용운은 불교 선승이자 독립운동가이며 시인이었다. 그러므로 이 세 방면에서 만해 한용운을 조명해야 그의 삶과 사상을 총체적으로 이해할 수 있을 것이다. 하지만 여기서 만해의 문학 세계나 독립운동가로서의 만해의 활동에 대해 논의할 상황은 아니라고 본다. 그런 까닭에 여기서는 불교 승려로서 만해의 사상과 업적을 조망하는 데 그치겠다.

1) 근대화와 불교 개혁

구한말 대원군의 쇄국정책이 막을 내리고 1876년 개항이 단행되면서 우리나라에는 일본과 중국은 물론 서구의 종교와 사상도 물밀듯이 들어왔다. 서양 제국주의가 지구촌을 장악하는 시대 분위기에 따라 우리나라에도 곳곳에 교회가 설립되었고, 교육·의료·봉사 등 사회 각 분야에서 서구 사상과 기독교의 힘은 그 영향력을 점점 확대하고 있었다.

또 일본 유학생이 증가하면서 메이지유신을 통해 아시아에서 가장 근대화에 앞장서 나가던 일본의 실질적인 변화를 체득하고, 일본이나 중국을 통해 들어온 서구 사상과 근대화의 움직임은 근대화 시기 선각자들의 변혁에 대한 열정과 안목을 더욱 자극했다.

그러나 불교계는 조선 시대부터 핍박받던 역사의 연장선에 놓인 채 오랜 침체를 벗어나지 못했다. 사찰은 가난했고 승려들은 천민 신분으로 서울 사대문 안으로 들어오지도 못하고 깊은 산중에 은거하며 격동하는 시대를 등진 채 안일하게 지내고 있었다.

이런 당시 승려들에 대해 만해는, 빈곤과 천대에 시달리면서도 불교의 정법을 모르고 미신에 빠져 있으며 게으르고 나약하게 살아가는 존재라고 《유신론》에서 개탄을 금하지 못하고 있다. 혼란한 시대를 이끌어 갈 불교계의 지도자는 찾아보기 어려웠고, 신도들은 가난하고 소외된 기층민이 대부분이라 미신적이고 기복적인 신앙을 탈피하지 못했다. 당시 만해와 더불어 3·1 운동에 불교계 대표자로 참여했던 용성 스님도 그 시절을 "청정한 도량이 음탕한 소굴로 변했으며 술과 고기와 오신(五辛)이 낭자하고 또 개인 이익에만 몰두하니, 악마가 사문(수행자)이 되어 불도(佛道)를 스스로 멸망케 하고 있다."고 탄식했다.

그러므로 승려의 올바른 수행도, 신도의 올바른 신행도 없는 당시 불교계의 암담한 현실 앞에서 만해는 울분을 금할 수 없었고, 불교 본래의 철학적·종교적 위대함을 복구하고 침체된 조선 불교계를 혁신하고자 《유신론》을 집필했다.

2) 근대 계몽주의와 만해 사상

만해는 중국 근대화의 기수였던 양계초의 《음빙실문집》을 읽고 《유신론》 집필에 대한 직접적인 동기를 얻었다. 《음빙실문집》은 구한말과 일제강점기 우리나라 지식인과 불교계 인사들에게 많은 영향을 미친 책이었다. 이 책은 봉건 사회의 모순을 변혁하기 위해 사회 진화론과 계몽사상이라는 관점에서 중국이 나아가야 할 방향을 제시하고 있었다.

일본 근대사상계의 영향을 받았던 양계초는 약자가 강자의 지배 아래 놓이고 적자생존의 법칙이 세계를 이끈다는 사회 진화론을 흡수하면서, 중국도 과거 강대국이라는 환상을 깨고 하루빨리 근대화에 매진해 새로운 강대국으로 거듭나야 한다고 주장했다.

만해는 불교 승려였지만 출가 이전부터 사회 흐름에 관심이 많았고 근대화의 동향에 대한 지식에 목말라 있었는데, 양계초의 책을 읽고 크게 감명받았다. 사실 두 사람은 승려와 정치가로 서로 다른 이력이 있었지만, 문학에 조예가 깊었고 사회 변혁에 직접 뛰어든 점에서도 비슷한 면이 있었다. 그래서인지 《유신론》의 내용이나 문체도 사실 양계초의 책과 상당 부분 닮아 있었으며, 《유신론》에서 언급한 서양 근대 철학자들은 거의 양계초의 지식을 통해 습득된 것이었다.

만해는 불교가 '미신(迷信)'이 아닌 '지신(智信)'이 되어야 한다고 강조했다. 무지몽매한 신앙에서 탈피해 지혜롭게 믿는 종교가 되어야 한다는 말인데, 이런 만해의 생각에는 불교적 계몽사상이 자리한다. 또한 사회 진화론의 영향으로, 불교도 염불과 기도에 몰두해 극락왕생을 추구하는 구시대의 종교로 머무르지 않고 새 시대의 변화와 발전에 앞장설 것을 강조한다.

불교 계몽사상이란 불교를 통해 민중의 몽매함을 깨우치는 것이며 불교를 통해 구시대적인 관습과 잘못된 인식을 바로잡는다는 뜻이다. 그런 입장은 만해가 계속 강조했던 승려 교육과 민중 교육에서, 그리고 그가 1920년대에 주력했던 불교 청년 운동에서도 잘 드러난다. 만해는 불교 계몽사상에 근거해 승려들을 근대식 교육으로 새롭게 각성시키고자 노력했으며, 청년 불자들을 앞세워 국가의 근대적 발전을 이룩하고 구시대 불교의 환골탈태를 이루고자 시도했다.

한편《유신론》에서는 혼자 수행하고 지혜를 얻는 것은 독선(獨善)으로 흐를 우려가 있기에 중생들과 함께 지혜를 닦아 가는 겸선(兼善)을 강조하는데, 그 중심은 '구세주의'와 '평등주의'라는 불교의 기본 사상이었다.

불교는 출발 당시부터 평등주의에 기초한 철학이다.《금강경》에도 "이 진리는 평등하여 높고 낮음이 없다."라고 했으며 석가모니 부처님은 시대를 초월한 대표적인 평등주의자였다. 인도의 뿌리 깊은 신분 차별 제도인 카스트에 치명적인 충격을 가하며 평등주의 공동체를 지향했던 대표적인 인물이 석가모니 부처님이다.

그는 신분의 귀천은 본래 타고나는 것이 아니며 자기의 불성을 깨달으면 누구나 부처가 될 수 있다고 선언했다. 이 말은 진리 앞에서는 현실의 신분도 능력도 아무런 장애가 되지 않으며 누구나 평등한 위치에서 진리를 깨달을 수 있다는 뜻이다. 또한 삼라만상은 서로 의존하며 살아가는 공생(共生) 관계이기 때문에 개인 간, 집단 간, 국가 간 어떤 관계에도 우열이나 위계를 정할 수 없고 모든 생명체는 우주적 평등 관계에 있다고 본다. 이러한 평등 개념은 만해가 일제 식민지로부터 민족의 자주 독립을 열렬히 추구하게 된 사상적 동기로도 작용했을 것이다.

그런데 이런 평등주의 사상은 현실에서 그냥 구현되는 것이 아니라 "잘못된 세상을 구제하겠다."라는 구세주의가 바탕이 되어야 한다. 자유와 평등을 실질적으로 누리고자 한다면 구세주 정신이 발동해야 한다. 세상은 억압과 차별로 가득 차 있기 때문에 자유와 평등의 세상으로 바꾸겠다는 구세주의 정신이 발휘되지 않으면 평등 실현은 불가능하다. 구세주나 구원이라는 용어는 기독교적 냄새가 다분히 풍기지만 불교에서도 중생 제도(濟度)라는 용어로 같은 차원에서 사용되고 있다.

불교에서 궁극적으로 추구하는 해탈이란 개인의 자유와 행복만을 추구하는 소극적이고 이기적인 것이 아니라, 모든 중생이 너와 나를 가리지 않고 함께 해탈하는 "자타일시(自他一時) 성불도(成佛道)"를 뜻한다. 이것이 불교의 기본 정신인 자비심이며, 자비심으로부터 구세주의가 싹트고 구세주의로부터 평등주의와 자유주의 세상이 만들어진다.

만해는 자신에게도 타인에게도 동시에 이익이 되는 '자리이타(自利利他)' 정신으로 근대 계몽 철학의 제요소들을 받아들여 불교 계몽주의 운동을 실천했고, 누구보다 앞장섰다.

그런 맥락에서 만해가 한말 애국 계몽 운동에 적극 참여한 것은 당연하다. 제국주의가 세계를 장악하고 약육강식이 전 세계를 지배하는 근대사회에서 살아남으려면, 한국 불교의 계몽주의적 실천은 막중한 임무였다. 그러므로 만해의 불교 개혁론은 불교의 근본 취지라

할 자유와 평등, 그리고 구세주의를 불교 계몽주의에 입각해 실현하려는 의지와 노력이었다.

3) 선(禪)불교와 만해 사상

만해 시절의 불교는 객관적인 조건이 무척 열악했기 때문에 물질 면은 물론 정신 면도 매우 낙후되어 있었다. 선불교는 불교의 양대 산맥인 교종과 대비한 선종을 말하는데, 당시 선불교 수행승은 매우 적었고 특히 뛰어난 수행자는 손꼽을 만큼 극히 드물었다.

교종이 팔만대장경과 같은 방대한 불교 경전을 연구하여 부처님의 가르침을 따르는 종파라면 선종은 '직지인심 견성성불(直指人心 見性成佛)'을 추구한다. 어려운 문자나 경전에 의지하지 않고 '자기 마음을 즉각 바로 보아서 바로 부처님의 성품임을 깨닫고 스스로 부처'를 추구한다. 그렇기 때문에 선종은 독경, 염불보다 좌선과 같은 참선 수행을 통해 스스로 깨달음에 도달하는 것을 무엇보다 강조한다. 선종은 인도의 승려 보리달마(흔히 달마 대사라고 부름)가 6세기 초에 중국에 와서 전래한 것으로 우리나라는 신라 시대에 들어왔다.

그런데 만해가 참으로 개탄했듯 당시 불교 승려들은 스스로 수행하여 해탈을 이루려는 자력 신앙의 모습보다는 밤낮으로 고성 염불을 하며 극락왕생을 비는 타력 신앙에 대부분 의존했다. 스스로 깨닫는다는 불교의 근본 도리를 망각하고 미신과 기복에 빠진 이런 무지몽매함에 만해는 가장 날카로운 비판을 가했다. 물론 여건이 좋지 않다 보니 당시 대중을 올바르게 이끌어 줄 도력 있는 선지식도 거의 없었고 바른 법을 실천하는 선 수행자도 찾아보기 어려웠다. 그렇게 가면 우리 불교 자체가 망할 것이라는 위기의식은 곳곳에 싹트고 있었다.

이런 가운데 선불교의 중흥조로 일컬어지는 경허 스님이 등장하여 꺼져 가는 선불교에 새 바람을 불러일으켰다. 경허 스님은 선지식을 찾아 바른 법을 배우고 함께 도업을 이룩하자는 취지에서, 해인사에서 1899년 정혜결사(定慧結社, 선정과 지혜를 닦기 위해 함께 수행하는 모임으로 고려 시대 지눌 선사가 불교 개혁을 주창하면서 내세움)를 조직했다. 이어서 통도사·범어사·화엄사·송광사 등을 돌며 결사 운동을 확대했고 전국 곳곳에 선방을 다시 세우면서 우리나라 선불교 전통을 회복하는 데 혼신의 힘을 기울였다.

경허 스님의 이런 선풍 진작 운동은 근대 한국 불교사에서도 획기적인 시도였지만 오랜 침체 분위기에 갇혀 있던 불교계 풍토에서 당장 바른 선풍이 진작되기는 힘들었다. 그런 의미에서 경허 스님과 동시대를 산 만해가, 전국 곳곳에 선방이 유행처럼 생겨나고 선 수행자들이 구름 떼처럼 몰려들지만 대부분 생계 해결형 가짜 수행자들이라면서 "진정한 선객은 봉황의 털이나 기린의 뿔처럼 귀하다."고 《유신론》에서 지적했다.

이렇게 불교계 전반의 위기 시절에 만해는 출가하여 승려가 되었다. 그는 백담사에서 경전 공부를 시작했고 금강산 건봉사에서 최초 안거에 들어가 본격적으로 참선 수행자의 길에 들어섰다. 참선 수행자들은 1년에 두 차례 여름 3개월, 겨울 3개월을 산문 밖으로 나오지 않고 두문불출하며 안거 수행에 들어간다. 안거 기간에는 오직 내면 세계로 깊이 몰두하여 불교의 궁극 목표인 깨달음을 향해 스스로를 채찍질하게 된다. 이렇게 하여 마침내 39세 때 내설악 오세암에서 다음과 같은 깨달음의 노래(오도송)를 읊었다.

대장부 남아 가는 곳 어디나 고향인데
얼마나 많은 사람 나그네 시름에 갇혀 있나
한마디 소리 질러 삼천 세계를 뒤흔드니
흰 눈속에 점점이 복사꽃 붉게 지네

《유신론》에서도 만해는 "마음 밖에 한 물건도 없으니 어떤 것도 어찌 마음을 떠나 존재할 수 있겠는가. 삼라만상이 모두 마음에 의존해 있으니 마음 밖에 독립적으로 존재하는 것은 없다 …… 결국 우리는 자기 마음을 깨끗이 해 그 마음의 본체를 스스로 밝히는 길밖에 없다. 그러므로 잡다한 말과 생각들을 모두 멈추고 일체 인연도 단박에 끊고 고요히 화두를 잡아 끝까지 깊이 참구해 들어가면 어느 날 확실히 대오(大悟)하여 큰 깨달음에 이르게 된다. 그러면 마음의 전체 작용이 확연히 드러나 근본 마음의 문제가 얼음 녹듯 절로 풀리게 된다."라고 하면서 오직 화두에 몰두하는 참선을 강조했다.

만해는 이렇게 중생과 더불어 깨달음을 강조하는 불교에 대해 철학적 종교이며 미래에 도덕과 문명의 원천이 될 위대한 종교라고 보았다. 하지만 당시 미신적이며 왜곡된 불교를 혁신하고 본래 불교 정신을 회복하지 않는다면 불교의 미래를 기약할 수 없다는 것이 그의 고뇌였다. 그래서 만해는 《유신론》를 쓰고 불교 개혁의 목소리를 높였던 것이다. 사실 《유신론》의 내용도 한마디로 요약하면 불교의 본래 정신을 회복하자는 것 아닌가.

참다운 믿음의 대상은 밖에서 구할 것이 아니라 우리 내면에 있다는 사실을 거듭 강조한 것도 그런 맥락이다. 그러므로 깨달음을 향한 선종의 본래 정신을 회복하자는 것이 《유신론》의 사상적 기초를 이룬다. 물론 당시 불교는 너무나 많은 문제점을 안고 있었기 때문에 만해는 그 같은 현실을 극복하기 위해 불교계의 부단한 개혁을 촉구했지만 결국은 중생과 더불어 해탈에 이른다는 선(禪) 불교의 정신으로 돌아가는 것이야말로 유신의 근본 해법임을 잊지 않았다.

만해의 선불교 정신은 《유신론》에 이어 1914년 근대 한국 불교사에 중요한 사건으로 기록될 만큼 당시 반응도 열렬했던 《불교대전》 발행에서도 잘 나타난다. 1912년부터 양산 통도사에 비치된 방대한 《고려

대장경》1511부를 낱낱이 열람하여 중요 부분을 초록하고 정밀하게 분류하고 집대성하여 편찬한 것이 역작인《불교대전》이다. 이 저술은 한용운 불교 사상이 담고 있는 대중화, 평등화, 자주화, 혁신 정신이 담긴 당시 최고 업적이었다. 이 책이 발간되면서 불교 경전이 소수 학자나 고고한 승려들만의 소유물에서 벗어나 세속 대중 속에서 보급되고 이해되는 계기를 마련했다.

한편 통도사에 머물며《불교대전》을 집필할 때 만해는 강원에서 사미승들을 지도하기도 했는데, 가르치는 태도가 얼마나 냉정하고 날카로웠는지 학인들이 그를 제일 무서워했고, 그를 '고추 여래'라고 불렀다는 일화가 전한다.

4.《유신론》의 개요와 그 사상적 의미

1913년 출간했던《유신론》의 서술 순서는 17개 장을 내용 구분 없이 쭉 나열하는 방식이었다. 그 때문에 일목요연하게 전체 개요를 파악하기가 쉽지 않다. 그래서 이 책에서는 만해가 제시한 유신의 내용을 주제별로 나누어 1)서론 2)불교의 근본과 혁신, 3)승가의 혁신, 4)수행과 포교의 혁신, 5)사찰과 의례의 혁신 6)결론 등 모두 6장으로 묶어서 목차를 재구성했다.

그럼 이런 서술 순서에 따라 《유신론》의 요지를 살펴보기로 하자.

1) 유신론의 개요

1장 서론

서론에서는 먼저 당시 모든 분야에서 근대화를 향한 변화와 유신의 기운이 차오르고 있는데, 오직 조선 불교만이 유신(혁신)을 외면하고 있음을 한탄하고 있다. 그리고 그에 대한 책임은 종단이나 사찰이라기보다는 오직 '나'에게 있음을 강조하면서 여러 승려 도반의 각성을 촉구한다. 이렇게 서론에서는 책의 저술 동기를 밝히고 《유신론》이 불교 혁신의 선구자요 촉매제가 되기를 희망하는 마음을 담았다.

2장 불교의 근본과 혁신

이 장은 본래 간행된 책의 2장 '논불교지성질(論佛敎之性質)', 3장 '논불교지주의(論佛敎之主義)', 4장 '논불교지유신의선파괴(論佛敎之維新宜先破壞)'를 1)불교의 성격 2)불교의 주의 3)불교의 유신은 파괴가 먼저 등 3개의 절로 나누어 다루었다.

만해는 먼저 불교의 근본 성격이 무엇인지 살펴본다. 불교는 단순한 미신이나 철학이 아니라 시대와 지역을 초월한 위대한 사상으로서 동양과 서양, 현재와 미래를 이끌어 갈 철학적·종교적 가르침이라는 사실을 밝히고 그 근거를 논하고 있다. 그리고 불교의 근본 사상을 평등주의와 구세주의라는 두 갈래로 그 성격을 밝혔다. 불교의 이상은 평등주의와 구세주의에 있으며 서양의 민주적이고 과학적인 발전을 가능케 한 자유주의 사상과도 통한다고 보았다.

마지막 절에서는 유신이 파괴를 전제로 한다는, 얼핏 듣기에 과격한 주장으로 시작한다. 시대에 뒤떨어진 불교계의 구습이나 무지몽매한 인습을 타파하여 새로운 근대적인 방향으로 혁신하지 않으면 불교는 존재 가치를 위협받게 될 것이기 때문에, 불교 유신을 위해서는 제일 먼저 파괴가 선행되어야 한다고 단언한다. 만해는 "조선 불교 유신에 뜻을 둔 사람은 유신하지 않음을 걱정하지 말고 파괴하지 않음을 걱정해야 한다."고 말했다.

3장 승가의 혁신

이 장은 《유신론》 본래 목차에서 5장 '논승려지교육(論僧侶之敎育)', 12장 '논승려지극복인권필자생화시(論僧侶之克復人權必自生和始)', 13장 '관어승려지가취여부자(關於僧侶之嫁娶與否者)', 15장 '논승려지단체(論僧侶之團體)'를 묶어서 1)승려의 교육 2)승려의 인권 회복과 생산 3)승려의 결혼 문제 4)승려의 단결 문제로 구분했다.

먼저 근대사회의 변화에 걸맞게 승려의 자질을 높일 수 있는 개선된 승려 교육의 필요성을 강조한다. 당시 승려의 품위는 땅에 떨어지고 그 타락상은 말로 다할 수 없었는데 그 원인이 근대 교육의 부재에 있다고 보았다. 그래서 승려 교육 프로그램으로 기초 학문 과정인 보통학을 가르치고, 자연계와 인문계를 포괄해 지도할 수 있도록 사범학을 가르치며, 학문과 지식의 발전과 교류를 위해 외국 유학 등을 제시한다.

승려의 인권 회복 부분에서는 승려들도 "스스로 생산을 시도"하는 데서 인권은 출발한다고 말했다. 승려들이 신도의 보시에만 의존해 스스로 구차하게 지낼 것이 아니라 승가의 조건을 십분 활용해 경제적으로 자립하고, 사찰의 수익 사업을 통해 자활의 길을 열어야 그에 걸맞은 정당한 인권을 누릴 수 있다는 것이다.

그다음으로 《유신론》 발간 당시부터 오늘날까지 가장 많은 논란을 불러일으킨 승려의 결혼 문제를 제기한다. 만해는 조선 불교 부흥이라는 역사적인 과제를 풀기 위해 승려의 합법적인 혼인을 시급한 문제로 주장한다. 승려 혼인은 불교 계율로 금지한 일이지만, 계율이란 시대와 상황에 따라 득도하기 위한 방편으로 설정된 것이기에 상황에 맞게 탄력적으로 운용할 수 있다는 것이다. 승려가 독신 생활을 계속하면 사회적인 윤리에 해롭고, 인구가 줄어 국가적으로 손실이며, 포교에도 해롭고, 풍속에 해롭다는 네 가지 이유를 들어 만해는 승려 혼인을 개인의 선택에 맡기자고 주장한다. 그리고 그는 한 걸음 더 나아가 승려 결혼의 합법화를 이루기 위해 식민지 일본 정부에 두 차례에 걸쳐 청원서를 제출했는데, 그 전문도 공개하고 있다.

마지막으로 승려의 단결을 강조한다. 승려들은 대부분 외딴 산사에서 대중과 고립되어 살아가기 때문에 독선적이고 이기적인 성향이 될 가능성이 높다는 것이다. 그러므로 승려들 사이에서도 서로 단결이 이루어지지 않는다고 한탄하면서, 조직과 체계가 있는 중앙 교단을 만들고 승려들 모두 대중적인 봉사 정신으로 뭉쳐야만 불교계의 유신은 가능하다고 보았다.

4장 수행과 포교의 혁신

이 장은 본래 책의 6장 '논참선(論參禪)', 7장 '논폐염불당(論廢念佛堂)', 8장 '논포교(論布敎)'를 묶은 것으로 이 책에서는 1)참선 2)염불당의 폐지 3)포교의 3절로 나누었다.

참선에 대한 논의에서는 선불교를 지향하는 만해의 입장이 그대로 드러난다. 생계 해결을 위한 사이비 참선자들이 선방의 대부분을 차지하고 있는 현실을 개탄하면서, 승속을 불문하고 일정한 시험을 치르고 그것을 통과한 사람들만 선방에 들이자고 한다. 그리고 선학관(禪學館)을 만들어 선의 이치에 밝은 스승을 모시고 일정한 시험을 거친 뒤 일정한 시간에 정진할 수 있도록 하자는, 선 수행에 대한 새로운 원칙과 실천방안을 제기한다.

다음으로 당시에 특히 유행했던 염불 신앙을 강렬히 비판한다. 극락왕생을 외치며 고성 염불로 날밤을 새우는 것은 거짓 염불이기 때

문에 당장 그만두어야 할 일이라고 말했다. 스스로 성불하여 서방정
토에 이르고자 한다면 마음속으로 부처님의 마음을 염(念)하고 부처
님의 말씀을 염하며 부처님의 행(行)을 염해도 충분하다면서, 과시적
이고 위선에 찬 소리만의 염불을 비판한다. 그래서 당시 유행처럼 번
지던 전국의 염불당을 당장 폐지하자고 주장했다.

마지막으로 포교 문제를 짚었는데, 낙후된 조선 불교가 다시 살아
나기 위해 포교에 사활을 걸어야 한다고 보았다. 당시 조선에는 서
양의 기독교가 밀려와 열성적인 포교 활동을 전개했고 교육·의료·
봉사 등의 각종 사회사업으로 민중에게 호응을 얻으며 교세를 확대
하고 있었다. 반면 조선 불교는 구시대의 안일한 인습에 갇혀 자멸의
위기에 있다고 보고, 적극적인 포교 방법으로 도시 대중 포교를 내세
운다.

5장 사찰과 의례의 혁신

이 장은 원래 9장 '논사원위치(論寺院位置)', 10장 '논불교숭배지소회
(論佛教崇拜之塑繪)', 11장 '논불가지각양의식(論佛家之各樣儀式)', 14장 '논
사원주직선거법(論寺院住職選舉法)', 16장 '논사원통할(論寺院統轄)'을 1)사
찰의 위치 2)불가에서 숭배하는 조각과 그림 3)불교의 의례 4)사찰 주
지의 선거법 5)사찰의 관리 등 5절로 나누어 다루었다.

먼저 만해는 산중에 고립된 사찰의 지리적 특성 때문에 불교가 낙

후되어 간다고 보았다. 절이 산중에 있기 때문에 진보 사상·모험 사상·구세 사상이 부족하고 이를 자극할 수 있는 경쟁도 없이 침체되어 있다는 것이다. 또한 지리적인 격리로 인해 교육·포교·교섭·통신·단체 활동·재정 등 많은 부분에서 포교에 매우 불리하다고 보았다. 구세주의를 완수하기 위해서라도 사찰은 도심지로 나와야 하며, 중생과의 교류를 넓히는 것이 승려나 불교의 존재 이유임을 역설한다.

다음으로 사찰에 모셔진 각종 조각상이나 그림들 중 불필요한 것들을 철거할 것을 논했다. 당시 사찰에는 수많은 상이나 그림을 만들어 놓고 복을 비는 폐단이 극도에 달했기 때문에, 불상이나 불화가 본연의 기능을 상실했다는 것이다. 신앙과 예배의 대상으로서 석가모니 한 분만 모셔 놓고 나머지 미신 요소가 많은 탱화나 상들을 일절 없애자고 주장한다.

그다음 불교의 모든 의식 절차를 철저히 간소화하고 불필요한 의식을 폐지하자고 말한다. 그동안 답습되던 의식 절차들은 모두 번잡하니 과감히 간소화하여, 예불은 하루 한 번만 하며 복을 빌고 제사 지내는 재공양 등은 모두 폐기하자고 주장했다.

그리고 마지막 2개 절에서는 전국 사찰의 체계적인 관리에 대해 언급했다. 합리적이고 민주적인 주지 선거 제도의 도입과 중앙 종단 체계와 중앙 기구 수립을 통해 불교계의 일원적인 지휘 체계를 갖추자는 주장이다.

주지는 당시에 윤번 주지, 의뢰 주지, 무단 주지 등 세 형태가 있었는데, 모두 개인적 이익을 추구하는 방편으로 활용되어 왔다. 한 사찰의 성쇠가 주지에게 달렸다고 해도 과언이 아니기 때문에 합리적인 선거 방법을 통해 주지를 뽑고 또 월급을 주어, 사원 행정을 책임지고 할 수 있게 해야 한다고 주장했다.

또 전체 사찰과 그 재산까지도 일률적으로 통괄하는 조직과 기구가 마련되어야 한다고 하면서, 기존의 무질서한 관리 방식을 버리고 일정한 원칙하에 전체를 통괄하는 기구를 수립하자고 역설하고 있다.

6장 결론

이 장은 본래 《유신론》의 결론 부분이다. 만해는 이 글이 우리 불교계의 낙후함을 통탄하는 마음속 충동을 못 이겨 저절로 나왔기에, 여과하지 않고 있는 그대로 말했다고 토로한다. 하지만 자신의 의무라고 생각되어 토로했으니 내용의 옳고 그름이나 실천하고 못하고를 섣부르게 판단하지 말고, 《유신론》의 개혁 방향에 동의한다면 미래 지향적인 변화로 나아가는 데 동참하길 바란다는 염원을 밝히고 있다.

2) 《유신론》의 사상적 의미

〈고난의 칼날에 서라〉(1932년)라는 글에서 만해는 조선 청년들에게 이렇게 권했다.

"하늘과 땅을 돌아보아 조금도 부끄럽지 않을 일이라 하면 용감하게 그 일을 하라. 그 길이 가시밭길이라도 가라. 그 일이 칼날에 올라서는 일이라도 피하지 말라. 가시밭길을 걷고 칼날 위에 서는 데서 정의를 위하여 싸운다는 통쾌한 느낌을 얻을 것이다. 그러므로 나는 지금 다난한 조선에 있어서 정의의 칼날을 밟고 서라고 말하고 싶다."

〈나에게 만일 청춘이 다시 온다면〉(1929년)이라는 글에서는 또 이렇게 충고한다.

"내가 언제나 생각하고 있는 것은 사람마다 제각기 전문 지식을 연구해야 한다는 것이다. 따라서 나에게 청춘이 다시 돌아온다면 무슨 학문이든 과학이고 철학이고 전문으로 돌진해서 무찌르겠다. 세상 일이 대소 사업을 물론하고 모든 일이 모두 알고 알지 못하는 데서 그 일의 성패가 나타나는 것이다. …… 그러한즉 금일 청년들은 나처럼 기력이 쇠진한 뒤 잘못을 되풀이하지 말고, 오늘 당장 용단을 내려 전문 지식을 연구하여 장래의 우리, 영구적인 나를 좀 더 행복스럽게 광영한 생활을 하도록 노력하라고 충고하고 싶다."

이런 짧은 글에서도 도전 정신과 불타는 정의감이 드러나듯 만해는 일평생 식민지 조국의 독립과 발전을 위해 대쪽 같은 자세로 실천적인 삶을 살다 갔다. 《유신론》역시 불교 혁신을 통해 조국 근대화와 사회 발전에 기여하고자 하는 스스로의 다짐이자 사람들에게 각성을 촉구하는 결과물이었다.

오늘날 《유신론》은 근대 한국 불교의 개혁 정신을 밝힌 탁월한 저술로 평가받는다. 그 핵심은 전통 불교의 미신적·기복적·은둔적 성격을 탈피하고 불교 본래의 정신, 즉 중생 구제와 자유평등 실현이라는 정신을 회복하기 위해 시대에 걸맞은, 나아가 시대를 선도해 가는 근대 불교로 새롭게 태어나자는 것이었다.

만해는 일본에 잠시 유학하면서 메이지유신을 통해 봉건 사회에서 근대사회로 급격히 탈바꿈한 일본의 발전상을 목격했고, 일본 불교의 근대적 발전을 관찰하면서 많은 것을 느끼고 돌아온 뒤 《유신론》을 집필했다.

1909년에 집필을 끝냈지만 그 파격적인 주장이 몰고 올 충격과 파장을 의식했던지 출간을 늦추어 1913년 간행했다. 과연 예상대로 승려 결혼이나 의례의 간소화 등 급진적인 주장 때문에 불교계뿐 아니라 사회 전체에 큰 반향을 일으켰다. 하지만 만해가 주장하는 불교혁신의 방향은 상당 부분 올바른 것이었다. 그러함에도 식민지 치하의 불리한 정세와 불교계의 보수적이고 안일한 자세로 인해 《유신론》의 개혁안은 현실적인 성과를 얻지 못했다.

오늘날 대다수 학자들은 《유신론》을 시대를 앞서가는 혁신적이고 선구적인 저술로 높게 평가한다. 그 이유로 ① 구한말부터 일제하에 이르기까지의 조선 불교를 총체적·다각적으로 진단하고 비판을 가했다는 점, ② 근대사상과 불교 사상을 토대로 논리적이고 혁신적인 대안을 내놓았다는 점, ③ 현재는 물론 미래에까지도 한국 불교의 종교·사회적 역할을 올바르게 분석, 예견한 점 등을 들고 있다.

물론 앞에서도 언급했지만 《유신론》에 분명히 문제점도 있다. 이를테면 당시 교단의 현실 고충을 깊이 파악하지 못한 채 혁신에만 조급했다든지, 승가의 계율 문제(결혼 문제)를 중추원, 통감부 같은 식민지 권력에 의지해 해결하려 했다든지, 대안으로 제시한 방안들이 실현 가능성이 희박하다는 등 여러 비판도 나온다. 그래서 해인사의 일타 스님도 "《유신론》은 …… 참으로 통쾌하고 속 시원하게 해놨지요 …… 하지만 그렇게 대번에 혁명을 해 바꿔 놓을 수가 있는 것인가요……."라며, 그 원칙의 명쾌함은 인정하지만 실현 가능성에는 회의를 표했던 적이 있다.

그렇지만 《유신론》은 한국 근현대 불교가 나아갈 방향과 대안을 제시한 근세 이후 보기 드문 걸작이라는 점, 한용운 자체가 근대 불교 개혁의 열렬한 지도자요 뛰어난 선각자였다는 점에 대해 이의를 다는 사람은 없을 것이다.

5. 오늘날 우리에게 《유신론》은 어떤 의미를 지니는가?

1970년대 들어 민족 문학에 대한 관심이 고조되면서 만해 한용운에 대한 관심도 더불어 높아졌다. 그의 문학세계와 업적을 재조명하는 분위기가 고조되면서 문예지 〈창작과비평〉에서는 만해의 문학이 그의 독립운동이나 불교 수행과 같은 맥락의 결실이라고 보고, 그 세 분야를 아우르는 저작으로 〈죽음〉, 〈조선독립이유서〉, 《조선불교유신론》을 차례로 잡지에 싣기도 했다.

이런 문학계의 뜨거운 재조명 작업에 발맞추어 1990년대 들어서는 불교계에서도 한용운에 대한 관심이 전에 없이 고조되었다. 만해의 정신적 고향이라 할 설악산 백담사에는 만해 마을이 조성되었고 만해사상실천선양회가 결성되어 1999년 제1회 만해 축전을 개최했다.

그리고 해마다 한용운을 기리는 학술 문화 행사가 다양하게 열리며 불교계에 남긴 만해의 업적과 발자취에 대한 관심과 열기도 점점 고조되었다. 2001년에는 만해사상실천선양회에서 일제강점기에 발행된 잡지 〈유심〉을 복간하기도 했다. 〈유심〉은 백담사의 후원을 받아 만해가 잠시 발행했던 잡지인데, 혼자서 논설, 수필 가릴 것 없이 거의 전면을 채우곤 하다가 자금 사정으로 3개월 만에 폐간되었다.

또한 만해 마을의 '평화의 시벽'에는 세계 각국의 유명 시인들이 한용운을 기리며 써 보낸 시들이 빼곡하게 새겨져 있다. 이 시들은 만해가 식민지 시대를 대표하는 민족 지성의 표본임을 칭송하는 내용들이다.

이렇듯 현대 한국 사회에서 만해에 대한 관심과 연구가 학술적·종교적으로 고조되는 가운데 그의 《유신론》에 대한 토론도 눈에 띄게 활발해졌다. 그러면서 《유신론》의 의미를 개항과 근대화 시기에 나온 과거의 개혁론으로 보지 않고 현대 한국 불교계가 완수해야 할 미완의 과제라고 보는 입장도 생겼다. 《유신론》의 개혁안들은 근대 한국 불교의 성립과 발전에 적지 않은 영향을 끼쳤을 뿐 아니라 오늘날 우리 불교가 가야 할 방향과 과제를 제시했다고 보는 것이다.

그런 측면에서 《유신론》에서 가장 주목할 점은, 이 논의가 당면한 현실에서 출발했다는 사실이다. 현대 한국 불교는 양적·질적으로 많은 변화와 발전을 거쳐 왔지만 여전히 해결해야 할 문제들이 많다. 그 때문에 오늘날까지도 제2의 《유신론》을 고대하는 것은 당연하다. 그런 점에서 우리 시대에 불고 있는 만해 열풍은 한용운의 정신을 현대 불교의 상황에 맞게 되살린다는 면에서 매우 고무적이다.

사실 과거에도 만해에 대한 평가는 칭송이 주류를 이루었다. 민족학자 정인보는 "조선 청년은 한용운을 배우라. 한용운은 한국의 간다."라고 했고, 송만공 스님은 "만해 같은 중은 없다. 방한암이 뼈라면 만해는 심장이다. 박한영이 할아버지라면 만해는 아버지다."라고 극찬했다. 시인 조지훈은 "한용운은 혁명가와 선승과 시인의 일체화"라고 말했고, 시인 서정주는 "민족의 애인이요 민족의 인도자"라고 존경을 아끼지 않았다.

미국의 유명한 계관시인 로버트 핀스키는 "1920~30년대 동양에 이렇게 심오한 사상을 가진 시인이 존재했다는 사실이, 게다가 식민지 조선에 그런 분이 있었다는 사실이 정말 상상하기 어렵다."라며 만해의 사상적·문학적 깊이에 찬탄했다. 불교 경전의 한글화에 탁월한 공헌을 하신 운허 스님도 《유신론》을 처음 보고 만해의 해박한 식견에 너무나 놀랐다고 했다. 당시 고루한 한학에 젖은 지식인들에게서는 들어 본 적 없던 말과 문자들이 수없이 튀어나오는데, 구한말에 짚신 신고 다니던 30여 세 백담사의 중(스님)이 쓴 글이라고 하기에는 너무나 경이로운 충격이었다고 토로했다.

이처럼 만해의 정신은 과거나 현재나 여전히 우리 속에 살아 숨 쉬고 있는데, 그 핵심은 부처님의 중생 구제 정신의 실현, 민족의 자주독립과 발전, 불교와 사회의 근대화와 개혁일 것이다. 이 점에서 《유신론》은 자라나는 청소년들에게 불교의 참다운 정신과 우리 근대 역사가 당면했던 개혁과 발전의 과제가 무엇인지 정확하게 알려 준다고 할 수 있다. 《유신론》은 여전히 개혁과 발전이 절실히 필요한 오늘날 불교계뿐만 아니라 우리 사회 전체에 시대를 조명하는 거울과 같은 책이라 하지 않을 수 없다.

한용운 연보

1879년   충남 홍성에서 출생.

1884년~1887년(6세~9세) 서당에서 《자치통감》《대학》 등을 읽으며 한
                   학 공부.

1892년(14세) 조혼 관습대로 어린 나이에 연상의 전정숙과 첫 결혼.

1896년(18세) 향리의 서당에서 학동들 지도.

1897년(19세) 1차 출가. 미지의 세계에 대한 도전을 처음 시도.

1903년(25세) 2차 출가. 서울로 가던 중 속리산에 들러 수행자의 삶으
             로 방향 전환.

1904년(26세) 오대산 월정사 강원에서 본격적으로 불교 공부. 설악산
             백담사로 입산한 뒤 처 전정숙은 아들 한보국 낳음.

1905년(27세) 백담사에서 김연곡 선사를 은사로 수계하며 '봉완'이라는
             법명 받음. 백담사 이학암 스님께 《기신론》《능가경》《원
             각경》 등 불교 경전을 본격적으로 수학.

1906년(28세) 세계에 대한 도전과 호기심으로 시베리아 행. 시베리아

에서 죽음의 위기를 넘기고 돌아와 석왕사 칩거. 명진학
교 보조과 수학.

1907년(29세) 금강산 건봉사에서 최초의 안거에 들어가 참선 수행. 만
화 선사로부터 법을 받아 '용운'이라는 법호를 받음.

1908년(30세) 유점사에서 《화엄경》 공부. 일본 시찰 겸 유학(조동종 대학
잠시 수학), 귀국 후 건봉사에서 다시 《화엄경》과 《반야경》
공부.

1909년(31세) 표훈사 강사 .

1910년(32세) 중추원과 통감부에 승려 결혼 합법화를 건의하는 건백서
올림. 《조선불교유신론》 완성.

1911년(33세) 원종에 반대하여 임제종 운동 이끌며 임제종 종무원 원
장 취임.

1912년(34세) 임제종 중앙 포교당 개설. 통도사에서 팔만대장경 공부.

1913년(35세) 통도사 강원의 강사 역임. 〈조선불교월보〉에 '승려의 단
결'을 싣고(《조선불교유신론》의 일부) 처음으로 '만해'라는 필
명 사용. 불교서관에서 《조선불교유신론》 간행.

1914년(36세) 《불교대전》 발행. 조선청년불교회 조직하여 회장으로 활
동. 불교 동맹회 조직.

1917년(39세) 《정선강의 채근담》 발행. 오세암에서 참선 수행 마치고
오도송 지음.

1918년(40세) 월간 교양지 〈유심〉 발행.

1919년(41세) 최린 등과 3·1 운동 논의. 민족 대표로 참여한 뒤 독립 선
언식 치르고 체포.
경성 지방 법원에서 유죄판결.

1921년(43세) 감옥에서 나와 선학원에서 지냄.

1922년(44세) 불교 경전 번역과 불교 대중화를 위해 법보회 조직. 민립
대학 설립 운동에 참여.

1924년(46세) 조선 불교 청년회 총재 취임.

1926년(48세) 《십현담주해》와 《님의 침묵》 발간. 6·10 만세 운동으로
구속.

1927년(49세) 신간회 활동. 신간회 경성 지회장으로 임명.

1929년(51세) 광주 학생 운동 민중 대회 사건으로 구속.

1930년(52세) 불교 항일 비밀결사 '만당'의 당수로 비공식 추대.

1931년(53세) 불교사 사장으로 취임해 〈불교〉지 발행.

1932년(54세) 불교계 대표 인물 투표에서 절대 다수의 지지로 1위 차지.

1933년(55세) 불교사 사장을 퇴임하고 유숙원과 재혼해 심우장을 짓고
결혼 생활.

1934년(56세) 딸 한영숙 출생.

1939년(61세) 회갑연. 조선일보에 〈삼국지〉 번역 연재.

1944년(66세) 심우장에서 입적. 망우리공동묘지에 안장.

1962년	대한민국 공로 훈장 추서.
1967년	탑골공원에 용운당 대선사비 건립.
1973년	《한용운 전집》(전6권, 신구문화사) 간행.
1996년	만해사상실천선양회 결성(백담사).
1999년	제1회 만해 축전 개최, 만해대상 시상.
2001년	잡지 〈유심〉 복간(만해사상실천선양회).